2021 年度河北省社会科学发展研究课题(课题编号:20210201051)
《燕赵地区传统村镇沿革与地名法律规制研究》

YANZHAO DIQU CHUANTONGCUNZHEN YANGE
YU DIMING FALÜ GUIZHI YANJIU

燕赵地区传统村镇沿革与地名法律规制研究

张琳琳◎著

中国政法大学出版社
2021·北京

声　明　　1. 版权所有，侵权必究。

　　　　　　2. 如有缺页、倒装问题，由出版社负责退换。

图书在版编目（CIP）数据

燕赵地区传统村镇沿革与地名法律规制研究/张琳琳著.—北京：中国政法大学出版社，2021.12

ISBN 978-7-5764-0230-8

Ⅰ.①燕… Ⅱ.①张… Ⅲ.①地名－文化－研究－河北 Ⅳ.①K922.2

中国版本图书馆CIP数据核字(2022)第005626号

出 版 者	中国政法大学出版社
地　　址	北京市海淀区西土城路25号
邮寄地址	北京100088 信箱8034分箱　邮编100088
网　　址	http://www.cuplpress.com（网络实名：中国政法大学出版社）
电　　话	010-58908586(编辑部) 58908334(邮购部)
编辑邮箱	zhengfadch@126.com
承　　印	北京九州迅驰传媒文化有限公司
开　　本	720mm×960mm　1/16
印　　张	17.75
字　　数	300千字
版　　次	2021年12月第1版
印　　次	2021年12月第1次印刷
定　　价	76.00元

"燕赵文化与法治建设论丛"编委会

编委会主任：陈玉忠　宋慧献
编委会成员（按姓氏笔画排序）
　　　　　　马　雁　王宝治　朱　兵　仲伟民　孙培福
　　　　　　刘国利　张琳琳　肖　辉　杨福忠　杨　凡
　　　　　　周刚志　范海玉　房建恩　柯阳友　赵立程

总 序
依法守护文化家园

进入新世纪以来，我国经历着一个文化空前发展的新时期。一方面，在经济繁荣与技术进步推动下，文化生产勃兴、文化产品繁盛、文化消费活跃；另一方面，享受着现代文明的人们愈益强烈地认识、体验到传统文化的魅力，那些从遥远的过去走来的村与镇、路与桥、亭台楼阁、寺宇街巷等，重新以新的姿态进入人们的视野。在此背景下，加强公共文化服务、全面普及文化认知、促进文化产业、保护文化遗产……逐渐成为摆在全社会，尤其是政府面前的新使命，而文化法治也自然成为我国法律与法学界面对的新任务。

毋庸讳言，我国文化领域的法律实践与法学学术曾长期呈现为一片处女地，其中最突出的表现是，相关立法可谓寥寥。除了1982年颁行的《中华人民共和国文物保护法》，并有《中华人民共和国著作权法》《中华人民共和国刑法》涉及文化事业之外，2000年之前我国文化领域再无其他专门立法。进入21世纪，人们不得不感叹的是，文化领域的专门法纷纷出台：2011年，《中华人民共和国非物质文化遗产法》颁布实施，加上多次修订的《中华人民共和国文物保护法》，我国文化遗产保护法律体系基本形成，而且达到了与国际社会同步的水准。随后，涉及文化事业核心与全局的几部重要立法相继出台：《中华人民共和国电影产业促进法》和《中华人民共和国公共文化服务保障法》于2016年底颁布；《中华人民共和国公共图书馆法》于2017年11月颁布。现如今，另一部涉及文化发展之整体法治的重要法律也在紧锣密鼓地起草过程中——历经多年起草工作，司法部不久前公布了《中华人民共和国文化产业促进法（草案送审稿）》，面向社会征集意见。人们有理由相信，无需太久，全面涵盖我国文化事业与产业发展的成文法体系将臻于形成。

与全国文化事业与法治进展同步，河北省文化产业与各项事业同样进入了一个空前发展与活跃的历史时期。除了传统的书报刊出版、印刷与发行，广播电视等，各类民办文化企业，尤其数字网络产业异军突起。与此同时，伴随着产业与经济发展，公共文化服务得到全面展开，正在进入各地村镇。比如，有关部门统计，在公共文化设施建设方面，目前全省各地拥有各级公共图书馆170多家，群众艺术馆和文化馆180多家，文化站2000多家。

而尤其引人注目的是传统文化遗产之保护与开发。河北省地处华北，历史悠久，其鲜明的文化特征更以"燕赵文化"名闻天下。燕赵文化肇始于春秋战国，至今凡2500年之久；位居中原与塞北之中、齐鲁与关陇之间，与南北沟通、共东西脉动，既以慷慨豪放著称，兼具四面八方之多样性。所以，无论是有形体的物质文化遗物、还是非物质的文化遗产，河北省全域拥有、流传的数量均居全国各地区的前列。按照统计，河北省目前共有全国重点文物保护单位近300个；国家级历史文化名村32个、名镇8个、名城6个；国家级风景名胜区10处、省级风景名胜区39处；并且，有8处4项文化遗产被列入世界文化遗产代表性项目名录。在非物质文化遗产方面，国务院2006年以来先后公布的国家级非物质文化遗产代表性项目中，河北省占163项，其中有6个项目入选世界人类非物质文化遗产代表作名录，涉及剪纸、皮影戏、太极拳。丰富与多样的遗产既为开发、利用提供了资源，也为保护事业提出了挑战。

在全面开展文化遗产保护实践的同时，为了做到依法规范保护与利用，河北省先后颁布、实施了多部地方法规。其中，为配合并依据全国性立法，全面构建物质性与非物质性文化遗产保护的一般性制度体系，1993年《河北省文物保护管理条例》、2007年《河北省实施〈中华人民共和国文物保护法〉办法》（2021年修正）、2014年《河北省非物质文化遗产条例》以及2018年《河北省城市紫线管理规定》先后颁布并实施。为适应河北省特色文化遗产保护，《河北省长城保护办法》于2016年发布，《河北省长城保护条例》于2021年6月开始实施，而《河北省大运河文化遗产保护和利用条例》正处于积极制订过程中。此外，某些地区还为本地文化遗产项目制定了专项地方法规，如《承德避暑山庄及周围寺庙保护管理条例》《清东陵保护管理办法》和《保定市清西陵保护条例》等。

实践促进着学术,并且,实践也离不开学术。文化公共服务保障、产业促进和遗产保护与利用需要学术界做出理论与思想上的呼应。在过去的20多年间,我国学界已有大量学者致力于文化法治的研究,为文化法律实践提供了必要的智力资源。国家社科基金、教育部人文社科研究基金资助的项目中,涉及文化法治的立项早已不在少数。就其内容看,研究视角已经涉及文化法治的方方面面。但就河北省而言,相关研究尚难成规模,尤其是具有地方针对性的研究成果不可谓多。对于河北省的法学学术圈,这意味着莫大的学术机遇,也提出了空前的学术挑战。于是,在河北大学燕赵文化高等研究院的支持下,河北大学法学院鼓励本院教师,以文化与法治为主题,展开了多角度、多层面的广泛探索和深入研究。

我们充分认识到,燕赵文化是在燕赵地区形成的具有区域特点的文化现象,而文化是一个复杂的体系性社会现象;因历史传承与现实发展、局部与整体之交融等原因,燕赵文化具有多方面的复杂性。那么,在社会沿革与发展的过程中,如何保证燕赵文化在传承与弘扬之间、主流与边缘之间、文化与经济之间、文化统一性与多样化之间保持各方面关系的动态平衡与整体的良性发展,需要借助于政策手段的介入、法律机制的保障。

研究中,大家始终坚持理论与实践的充分结合,研究视角涉及文化之法律治理的一般理论问题、文化多样性背景下的燕赵文化保护与促进、燕赵文化发展与公共服务的具体保障问题、雄安新区建设与传统文化弘扬等;并且,更多具体的文化与法治现象值得学术上的不断挖潜,开放的立场与心态至关重要。

至此,大家的研究初步形成了一批各具特色的学术成果。经充分考虑与整合,我们将部分成果编纂为一套丛书,奉献于全国文化与法学界,以为交流、更期指正。同时,该套丛书也是向河北大学百年校庆"献礼",表达法学院全体师生对河北大学百年校庆的祝福之情!祝愿河北大学继往开来,再谱华丽篇章!

"燕赵文化与法治建设论丛"编委会

2021年7月

前 言

地名是历史文化的产物,是以语言文字为载体的文化符号,地名浓缩了一个地域的集体记忆,其与语言、历史、地理、民俗、文化等都有着密切关系。2007年第九届联合国地名大会上,地名被确定为"非物质文化遗产"。地名规划与管理是伴随着中国城镇化发展而出现的。在城镇化建设过程中,保护传统村镇的地名,不仅可以有效地避免先建设后命名造成的地名滞后与混乱,也有利于保护传统村镇地名中所蕴含的非物质文化遗产,进而推进地名标准化,综合提升国家公共服务管理水平,提高国家治理能力,加速国家治理体系的现代化。习近平总书记强调:"要推动乡村文化振兴,加强农村思想道德建设和公共文化建设,以社会主义核心价值观为引领,深入挖掘优秀传统农耕文化蕴含的思想观念、人文精神、道德规范,培育挖掘乡土文化人才,弘扬主旋律和社会正气,培育文明乡风、良好家风、淳朴民风,改善农民精神风貌,提高乡村社会文明程度,焕发乡村文明新气象。"[1]乡村文化建设中,地名看似是小问题,其中折射出的内容却是广泛的,既包括地名的命名更名问题,也包括地名文化、地名信息化、地名法律管理等问题。中国地名文化遗产保护工作十分必要,爱泼斯坦曾以中英两种文字为"保护工作"题写了"为地名文化扬名树威"的条幅,并在90岁寿辰之际启动"爱泼斯坦90北京胡同地名文化遗产保护工程";季羡林先生也曾亲自题写了"千年古县"并阐释了中国县志的重要意义,指出地名是中华传统文化存储

---

[1] 参见"习近平在参加十三届全国人大一次会议山东代表团审议时的重要讲话",载 https://wenmjs.cn/specials/zxdj/jswmjs/zylszb/2018/201803/t20180320_4626610.shtml,最后访问时间:2019年9月16日。

的基本单位。地名拥有丰富的历史文化内涵，是传统文化的重要组成部分。2017年中共中央办公厅、国务院为建设社会主义文化强国，增强国家文化软实力，发布《中共中央办公厅、国务院关于实施中华优秀传统文化传承发展工程的意见》，其中对如何实施中华优秀传统文化传承发展工程作出了具体要求，明确提出了要"推进地名文化遗产保护"工作。

燕赵文化源远流长、博大精深、丰富多样，具有鲜明的包容性和创造性。新型城镇化背景下给燕赵地区行政区划带来了诸多变化，也带来了传统村镇的保护问题。地名，是人们赋予某一特定空间位置上自然或人文地理实体的专有名称，具有社会性、时代性、民族性、地域性、代表性等特征。从管理方案上看，地名规范管理是综合性的管理活动。地名管理中面临的问题很多，包括地名命名与更名、地名标志设置、地名门户编码与安装门牌、地名信息系统建设、地名文化保护与宣传等。从管理内涵上看，地名涉及内容丰富，包含行政学、法学、语言学、民俗学、建筑学等多个学科的知识，需要将多个学科的知识与城市的可持续发展有机统一起来。本书以燕赵地区传统村镇为切入点，分析管理过程中存在的无序化成因以及制度性困境，从而提出地名规范化管理的法律制度路径。现行《地名管理条例》自1986年颁布施行，至今已经三十几年，这么多年来中国城市发生了巨大的变化，城市乡村规划、道路和基础设施建设、住宅小区的新建都呈现出高速发展态势。与此相关，地名的命名、更名活动频繁，陆续出现了"大、洋、怪、重"的地名，且有泛滥的趋势。

民政部于2019年10月18日公布《地名管理条例（修订草案征求意见稿）》，此次条例修订，由现行《地名管理条例》的13条扩展到共8章63条，除总则和附则外，分别规定了命名和更名、标准地名、地名文化保护、地名公共服务、监督管理、法律责任等，使得我国地名命名、更名的规范化管理有了法律上的保障。地名命名与更名亟须在全国形成统一的管理标准，需要在民政部门的统一领导下，协调有关单位和部门积极参与，形成有效的行政监管体制；同时，从法理上梳理其中规范化管理的法律基础和法治规律，确保我国地名的规范化管理。本书将"燕赵地区传统村镇沿革与地名法律规制研究"作为研究主题，力图以小见大，从燕赵地区传统村镇的地名入手,挖掘地名中的文化现象,展现燕赵文化精髓、弘扬燕赵文化精神。在此基础上,提出地名规范化方案,明确传统村镇地名在法律上的产生条件、范围和流程;传统村镇地名文化遗产的保护措施、管理路径,以及制度对策方案等,可以说具有一定的理论意义和现实意义。

(1) 理论意义。对燕赵地区传统村镇沿革的梳理,有助于深入认识和理解燕赵文化的内涵。同时,地名法律规制研究需要理论支持,特别是需要法学理论研究提供支撑。一方面为民政部门修订和实施《地名管理条例》提供法学理论支撑,另一方面为将来制定《地名管理条例实施细则》做好充分的理论准备和可操作性的技术支撑。根据立法科学性的要求,《地名管理条例》作为行政法规,不能规定得过细。因此,为了贯彻实施《地名管理条例实施细则》,应从行政法的角度展开研究,增强行政法规及其实施细则的可操作性。同时,各地民政部门内部管理条例体制也在改革调整之中,研究成果将有助于推进国家治理体系和治理能力现代化的提高。本书研究成果具有推动立法、促进法律实施和提升行政管理水平的理论价值。

(2) 现实意义。地名是历史文化的重要标志,它宣示着国家的主权,服务经济社会的发展,对于方便群众生产生活也具有重要意义。1979年至1986年,我国组织了第一次全国地名普查。近30年来,随着经济社会的高速发展,我国的地名情况已经发生了巨大的变化。据不完全统计,每年约有20 000个新地名产生。目前,我国地名管理工作面临着数据掌握不新、不全、不准等问题。为了积极响应和贯彻落实习近平总书记以及党中央、国务院领导同志关于地名管理工作的重要批示精神,进一步提高地名管理水平,防止和杜绝各种地名乱象,国务院开展了第二次全国地名普查。从这次全国地名普查的结果来看,各地出现了具有一定普遍性的"大、洋、怪、重"的地名。各地开展的一系列清理、整治不规范地名的行动,引发社会广泛关注。整治行动中有的收到良好的规范效果,有的也暴露出一些问题,如个别地方的做法存在"矫枉过正""一刀切"、标准不明等问题;部分地方民政部门行政监管能力和手段不足,未能严格履行地名审批职责;特别是,我国地名管理方面的法律法规滞后于社会发展水平,需通过立、改、废、释予以完善。近年来,燕赵地区地名管理已经取得长足进步,但无序化问题依然存在。其中的原因包括地名问题本身的复杂性,也包括新型城镇化下地名管理的新诉求等问题。本书将重点放在传统村镇地名文化发展脉络上,结合燕赵地区的地貌特征、历史遗迹等自然人文资源,对地名文化作全面分析。实施燕赵地区传统村镇地名保护,对于维持古老地名的稳定,延续地名文脉,挖掘、弘扬和传承中华优秀传统文化具有重要的战略意义。

目 录

总　序 ··· 001
前　言 ··· 004

第一章　燕赵地区历史文化概述 ······································· 001
第一节　燕赵地区地理范围 ··· 001
一、燕赵名称的历史渊源 ·· 001
二、燕赵地区的总体文化特征 ·· 001
第二节　燕赵地区传统村镇的文化现状 ······························ 003
一、燕赵文化历史沿革 ·· 003
二、燕赵地区传统村镇文化保护现状 ·································· 004
第三节　燕赵地区传统村镇的历史文化特色 ·························· 026
一、燕赵地区的地理文化特色 ·· 026
二、燕赵文化精神的具体表现 ·· 032

第二章　燕赵地区传统村镇地名的命名和分类 ······················· 035
第一节　城镇化对地名文化的新影响 ································ 035
一、网络生活方式下的从众心理 ······································ 035
二、地名作为非物质文化遗产的保护 ·································· 035
第二节　传统村镇地名的分类标准 ·································· 036
一、地名文化的含义 ·· 036
二、地名文化的研究对象 ·· 037
第三节　燕赵地区传统村镇以姓氏为专名 ···························· 039
一、以普通姓氏为专名 ·· 039

二、以历史事件中的人物为专名 …………………………………… 040
　第四节　燕赵地区传统村镇以历史民俗文化为主题的专名 …………… 041
　　一、以神话故事为主题的专名 ………………………………………… 041
　　二、以历史故事为主题的专名 ………………………………………… 044
　　三、以民俗故事为主题的专名 ………………………………………… 055
　　四、以燕赵地区英雄事迹为主题的专名 ……………………………… 058
　第五节　燕赵地区与思乡情相关的专名 ………………………………… 060
　第六节　与村镇地理方位、生活方式相关的专名 ……………………… 061
　　一、与地形地貌相关的专名 …………………………………………… 061
　　二、与方位相关的专名 ………………………………………………… 063
　　三、与河流相关的专名 ………………………………………………… 064
　　四、与距离相关的专名 ………………………………………………… 065
　　五、与生活设施、交通设施相关的专名 ……………………………… 066
　　六、与职业、经济民生相关的专名 …………………………………… 066
　第七节　行政干预、军事战争对地名文化的影响 ……………………… 067
　　一、与军事设施相关的专名 …………………………………………… 067
　　二、与官职相关的专名 ………………………………………………… 068
　　三、与燕赵格局变动中历史故事相关的专名 ………………………… 068
　第八节　与吉祥美好愿望相关的专名 …………………………………… 069
　第九节　与传统建筑、历史文学相关的专名 …………………………… 071
　　一、与寺院建筑相关的专名 …………………………………………… 071
　　二、与典型建筑相关的专名 …………………………………………… 071
　　三、与历史文学典故相关的专名 ……………………………………… 072
　第十节　与生态环境、特色风景相关的专名 …………………………… 072
　第十一节　与谐音或误传相关的专名 …………………………………… 073

第三章　燕赵地区传统村镇地名文化遗产的分析和保护 ………………… 078
　第一节　地名文化遗产概述 ……………………………………………… 078

第二节　推动燕赵地区地名文化遗产保护工作 ……………………… 080
　　一、联合国地名专家组的关注与支持 ………………………………… 080
　　二、推动传统村镇的文化开发建设 …………………………………… 082
　　三、增强对地名文化遗产的保护意识 ………………………………… 083
第三节　雄安新区地名设置中的文化延续 ……………………………… 083
　　一、白洋淀地区地名的历史典故 ……………………………………… 084
　　二、雄安新区历史文化中的地名 ……………………………………… 085
　　三、雄安新区建设中的新增地名 ……………………………………… 088
第四节　燕赵地区地名文化遗产保护路径探析 ………………………… 090
　　一、文献调研和实体调研为主要研究方法 …………………………… 090
　　二、地名文化遗产保护的基本思路和原则 …………………………… 090

第四章　燕赵地区传统村镇地名保护中现存的问题

第一节　地名问题本身的复杂性 ………………………………………… 092
　　一、地名内容的复杂性决定管理方法的多样性 ……………………… 092
　　二、新型城镇化进程中地名管理的新诉求 …………………………… 093
　　三、社会文化的传承与时代从众心理的矛盾 ………………………… 094
第二节　地名规范化管理的法律现状 …………………………………… 094
　　一、《地名管理条例》和《地名管理条例实施细则》的关系 ……… 094
　　二、《地名管理条例》和地方性地名管理法规的关系 ……………… 097
　　三、《地名管理条例》与上位法的关系 ……………………………… 097
第三节　新型城镇化进程中地名管理的程序问题 ……………………… 098

第五章　燕赵地区传统村镇地名规范化管理的路径

第一节　地名规范化制度设计中的法理基础 …………………………… 101
　　一、地名审批的法律性质 ……………………………………………… 101
　　二、地名命名、更名中的法文化理论 ………………………………… 105
　　三、地名命名、更名中信用管理的理论问题 ………………………… 108
第二节　传统村镇地名规划的基本思路 ………………………………… 109

一、开展燕赵地区传统村镇的寻找和搜集工作 …………… 110

二、道路交通规划、公共设施及传统景观中的地名规划 …… 110

三、文化遗产保护规划中的地名 ……………………… 111

四、旅游规划思路引导传统村镇地名 ………………… 112

五、明确村镇地名保护的责任主体为县级政府 …………… 113

第六章　地名规范化管理的制度要点对策研究 …………… 114

第一节　地名规范化的主体职权定位问题 …………… 114

第二节　地名审批的决定主体及其相关设置 ………… 115

一、地名审批的决定主体 ……………………… 115

二、不同类型地名审批程序的特征 …………… 116

三、地名审批过程中的客体 …………………… 117

第三节　地名规范化管理中的程序性规范 …………… 117

一、事前审批规划 ……………………………… 118

二、事中审批程序 ……………………………… 119

三、事后监管程序 ……………………………… 120

第四节　地名制度设计中的制度激励问题 …………… 122

一、公众的制度激励 …………………………… 122

二、委托方的制度激励 ………………………… 123

第五节　以地名维护为契机，整合燕赵文化成果 …… 124

第六节　燕赵地区传统村镇地名的规划实施保障 …… 125

一、完善传统村镇地名标志 …………………… 125

二、燕赵地区传统村镇地名体系的整体保护 … 126

结　　语 …………………………………………………… 130

参考文献 …………………………………………………… 131

附　录　一　燕赵地区部分传统村镇地名录 …………… 133

附　录　二　相关的规范性法律文件 …………………… 141

第一章

燕赵地区历史文化概述

第一节 燕赵地区地理范围

一、燕赵名称的历史渊源

燕赵文化可以追溯到春秋战国时期。这一时期，河北地属燕国和赵国，固有"燕赵"之称。在战国七雄争霸时期，河北辖域，北为燕诸侯国之地，南为赵诸侯国之地。元、明、清三朝定都北京，河北成为拱卫京师的畿辅之地。公元前445年，春秋时期的北方大国晋国发生了我们历史上划时代的大事件——韩、赵、魏三家分晋，从此中国历史进入战国时代，出现了秦、楚、齐、燕、赵、魏、韩七国争雄的新局面。在今天河北省的版图上主要是燕国（位于北部）和赵国（位于南部），这也是后来河北大地被称为"燕赵"的历史渊源。燕赵区域的地理范围是南以黄河为界、东以大海为界、西以太行山为界、北以燕山山脉为界。在人们的惯常意识中，"燕赵"往往是河北省的别称。其实，古代的"燕赵"大地还包括现在的北京市、天津市、辽宁省以及山西省、河南省北部、内蒙古自治区南部、朝鲜大同江北部的燕赵周边部分地区。但我们通常理解的河北省简称冀，古称燕赵，因此本书所称"燕赵"地区主要是在河北省省域内。

二、燕赵地区的总体文化特征

（一）刚柔相继的文化性格

通过深入研究燕赵地区的历史典籍和历史事件可以看出，燕赵自古以来就是哺育了中华民族的一方沃土，演绎了许多影响中国历史进程的重大事件。比如，黄帝与蚩尤的涿鹿之战、东汉末年的黄巾军起义、明代土木堡之变、第二次鸦片战争、义和团运动等。在河北省境内还有很多广为流传的历史故事及成语典故，比如"价值连城""负荆请罪""围魏救赵""老马识途""胡服骑射""毛遂自荐""图穷匕见""怒发冲冠""完璧归赵""刎颈之交"等。历史名人更是数不胜数，如改革家赵武灵王、数学家祖冲之、地理学家郦道元、戏剧家关汉卿、数学水利天文家郭守敬、文学家曹雪芹等。这些历史故事和成语典故如同群星闪耀照耀着燕赵大地。河北省是中华民族和合文化的发祥地，是中华三祖（黄帝、炎帝、蚩尤）统治的交汇地，是北方游牧民族和中原农耕民族的连接地带。在燕赵大地上，农耕文化与游牧文化相互竞争与融合，正因这样的文化竞争与融合，才孕育了燕赵文化游牧民族的强悍粗犷和农耕民族的机警平和的特质，并最终形成了燕赵地区刚柔相济的文化性格和和合精神。

同时，文化是经济政治的反映。燕赵文化的地域性就是由这种区域的物质环境与社会结构相互作用的结果。燕赵大地，从地貌上看既包括山地、高原，也包括丘陵、平原、盆地这些基本地貌类型。从西北到东南依次是坝上高原，太行山、燕山两大山脉和众多丘陵，洋河盆地和桑干河盆地，河北平原。从气候看，燕赵地区湿润多雨，地貌种类丰富、森林茂密，河流纵横，物产丰富。如此多样的地形地貌和湿润的气候，推动着燕赵地区农耕、畜牧和狩猎业的发展，影响着这里人们的生活方式，使燕人具备刚柔相济的文化特征，也决定了农耕民族和游牧民族并存而生的社会结构。

（二）多股文化力量结合的文化特征

重视村镇地名的开发和利用，就是培养地域文化认同的过程。燕赵文化是中华文化的组成部分，人杰地灵、物华天宝的华北平原是中华民族的发祥地之一。燕赵文化的形成有其独特的环境，主要是草原的游牧民族和平原的农耕民族长期交错，争夺、交汇与融合，充分展示了平原农耕文化与草原游牧文化融于一体的特征。这一特征使得燕赵文化具有极强的融合性、开放性和包容性。燕赵文化是一个类文化现象，内部是由多股文化力量汇集而成的，包括燕文化、赵文化、清文化、滦河文化、避暑山庄文化等，是多种文化相互融合的产物。这些文化相互融合，使得区域地名呈现出强烈的多元化和同根性。

（1）燕文化是燕赵文化资源的重要组成部分。曾经作为战国七雄的燕国历史悠久、文化丰富。燕文化有一个长期形成和发展的过程，在战国时期达到高峰，形成了其自身独特的文化意蕴。燕地文化代表人物燕太子丹和荆轲奏响了慷慨悲歌。在易水边上，荆轲一首"风萧萧兮易水寒，壮士一去兮不复还"的千古绝唱展现了其大义凛然的精神。

（2）赵文化也是燕赵文化资源的重要组成部分。其可以被追溯到战国时期。赵国锐意进取、勇于改革，"铸刑鼎""扩亩制""奖军功""穿胡服""习骑射"等都是赵文化开拓进取精神的见证。用人尚贤也是赵文化精神的突出反映。"赵氏先祖简子、襄子，在选立继后问题上，敢于打破嫡传血缘的传统观念，而且在选拔国家官吏上更是注重选贤任能。"[1]赵文化的这些品质对燕赵文化的形成与发展产生了深远的影响，赵文化中敢于冲破传统束缚，用人尚贤的精神，不仅在过去，就是在当代仍具有重要意义。

（3）清文化对燕赵文化资源的影响。清文化是在元、明以来政治中心北移的基础上逐渐形成的。在清文化的影响之下，燕赵文化整体呈现出主流意识形态的特征。在燕赵地域范围内，承德承载了清文化的精华。作为世界文化遗产的承德避暑山庄是康乾时期的杰作，体现了清文化的精华，代表了中华民族的优秀传统文化。

第二节 燕赵地区传统村镇的文化现状

一、燕赵文化历史沿革

古燕赵地区的主要部分在今河北省省域之内，从人文历史环境来看，燕赵文化自古形成于华北平原中部，东南与知礼乐仁、民性仁厚的齐鲁文化、中原文化毗邻，西边与尚兵重商、民性刚毅的秦晋文化相连，西北与游牧文化相望，东北与关东文化接壤。在五千年的历史舞台上，燕赵大地上最早对峙和交融的是炎帝一族和黄帝一族。炎帝族最初为游牧民族，自神农起开始耕种。进入中原以后以农耕为主，形成了擅长农业的传统联合。黄帝一族进

---

[1] 河北省历史文化研究发展促进会编：《燕赵文化论粹》，河北人民出版社2007年版，第10页。

入中原时，仍然以游牧为主，擅长狩猎征战。距今大约4600年前，擅长游牧的黄帝一族联合擅长农耕的炎帝一族为争夺黄河下游（今河北省和山东省）广袤的水草地带与蚩尤一族发生冲突，引发涿鹿之战，战役结束后，黄帝和各部落首领"合符"釜山，釜山会盟实现了众多部落的大联合，华夏各部族初步实现统一。合符文明代表着统一、团结、协作，这也是燕赵地区合符文明的源头。

燕赵地区独有的物质环境和社会结构特点使之成了农耕民族和游牧民族争斗的战场。历史上战争不断，仅燕齐、秦赵、燕赵间便有七次大规模的战争。战争蕴含着人们对生存的希冀，锻造了燕赵人民勇武侠义和变革图强的文化性格。韩愈在《送董邵南游河北序》中写道："燕赵古称多感慨悲歌之士。"燕赵土地诞生过一代又一代的英雄豪杰，哺育了一批又一批名垂青史的思想家、政治家、军事家、科学家、文学艺术家。要想弄清楚燕赵文化的优势，就需要深入燕赵大地的传统村镇，去考察传统村镇的文化现状。

二、燕赵地区传统村镇文化保护现状

随着古村镇旅游产业的兴起，近几年来对名村名镇风俗民情和文化资源的研究越来越多。由住房和城乡建设部和国家文物局从2003年起共同组织评选的"中国历史文化名镇名村"活动就是一次重要的尝试，目的是保护一些具备传统风貌和地方民族特色的镇和村。从全国范围来看，这些村镇分布在全国25个省份，包括太湖流域的水乡古镇群、皖南古村落群、川黔渝交界古村镇群、晋中南古村镇群、粤中古村镇群，既有乡土民俗型、传统文化型、革命历史型，又有民族特色型、商贸交通型，基本反映了中国不同地域历史文化村镇的传统风貌。

（一）燕赵地区中国传统村落范围

河北省共有206个村庄被列入中国传统村落名录，数量上在北方地区名列第二；有40个村镇被认定为中国历史文化名镇名村，其中名镇8个、名村32个，河北省传统村落和历史文化名镇名村保护取得了积极成效。

近几年来，河北省持续推进传统村落和历史文化名镇名村保护，河北省政府在2013年颁布的《河北省历史文化名城名镇名村保护办法》中对历史文化名镇名村和传统村落的保护规划与实施、保护措施、法律责任等方面都作出了明确的规定。2017年施行的《河北省城乡规划条例》专门增加了历史文化名镇名村和传统村落保护的相关内容。

燕赵地区的历史文化名镇名村主要集中在河北省省域内，这些名镇分别是：

1. 永年县广府镇

（1）地名由来：因明清时期曾是广平府治所而得名广府镇。广府镇被誉为中国历史文化名镇，杨式、武式太极拳的发源地。境内的广府古城是全国闻名的古城、水城、太极城。

（2）历史沿革：广府镇在秦汉时期为曲梁、广平县治和广平郡治。隋仁寿元年（公元601年）后，为永年县治。唐宋时期，为洺州州治。明清时期，为广平府治。中华人民共和国成立后，为永年县政府驻地。1950年，设城关镇。1957年5月，撤区并乡，仍为城关镇。1958年6月，县政府迁至临洺关；同年11月，撤销城关镇，属张西堡公社。1961年6月，成立城关公社。1983年2月，置城关乡。1984年5月，撤乡，置城关镇。1988年1月，改名广府镇。1996年1月，石官营乡并入。2016年9月，邯郸市部分行政区划调整，撤销永年县，设立邯郸市永年区，以原永年县的行政区域（不含南沿村镇、小西堡乡、姚寨乡）为永年区的行政区域，广府镇改属永年区。

2. 邯郸市峰峰矿区大社镇

（1）地名由来：因镇政府驻大社村而得名大社镇。

（2）历史沿革：1945年，解放。1950年，由武安县划入峰峰矿区。1956年，成立大社乡。1958年，成立大社公社。1980年，设立薛村街道。1984年，政社分设，改为大社乡。1985年，合并大社乡与薛村街道置大社镇。1996年，香山镇并入。地方特色民间艺术有剪纸、武术、大社面塑、何家大院建筑艺术等。响堂山传说（民间文学）、魏县梅花拳、大社面塑、何家大院建筑艺术被列入邯郸市非物质文化遗产名录。

3. 井陉县天长镇

（1）地名由来：天长极言之长久也。名起于汉代，唐为天长镇，为井陉故称。

（2）历史沿革：天长历史悠久，名起于汉代，唐代时期，为天长镇，置天长军。后晋改为天威军，宋熙宁八年（1075年）至1958年为县治之所，至今已有900多年历史。宋、金、元、明、清、民国时期，为历代县治。1949年，属井陉县第一区。1958年，属城关公社。1983年，改为天长镇。1988年12月，山北乡、板桥乡、高家庄乡并入天长镇。

（3）**人文环境**：天长镇共有国家级文物保护点1处，省级文物保护点7处，市县级文物保护点29处。2006年被河北省命名为河北省历史文化名镇，现正在申报国家级历史文化名镇。天长镇历史悠久，自汉代至今有两千多年历史，是井陉县西部政治、经济、文化中心；天长镇文化发达，民间业余文艺节目种类繁多，有晋剧、竹竹马、拉花、社火、腰鼓、高跷、龙灯、狮子舞等，其中庄旺拉花入选世界非物质文化遗产名录，长生口收藏点被命名为八路军长生口纪念馆和井陉乡风博物馆。

4. 涉县固新镇

（1）**地名由来**：固新，旧称故县，是涉县有文字可考的最古老的村庄之一。据马乃廷《涉县史志纵横》考证："故县者，故临水县治所在地也。"魏晋南北朝时期，临水县迁治所于涉城，原县城遂改名"故县"。相传，唐朝末年，唐朝猛将李克用曾在此屯兵筑城。那么，故县又是何时因何而改称"固新"的呢？据《涉县地名志》记载："民国二十年，国民党军队打垮了本县'天门会'首领冯贵德，在此设立区政府，为了加强其统治，取'固'字，并取巩固新政权之意，改名为'固新'。"如今，当地文人雅士又赋予了这个村名以新的含义，"固"通"故"，所以"固新"亦可解释为温故而知新，或者吐故纳新，或者革故鼎新等意。

（2）**历史文化**：据记载，固新镇内的固新村、原曲村是古赵大地较大的行政村，是涉县有文字可考的最古老村庄之一。北齐立国时（公元550年）就有此村。该镇有着悠久的历史，史称"固县"，其源悠久相传。西通山西、南至河南、地处交通要道，为世代商贾云集之地。该镇是涉县农业大镇，无工业污染，较好地保留着原始生态。涉县有着众多风景名胜，如林旺石窟、"小鲁转步"摩崖石刻、固新古槐、固新洞阳观、清泉寺、黄花山、南山寺等。

5. 蔚县代王城镇

（1）**地名由来**：俗称大王城。在今河北省蔚县东北部。《方舆纪要·卷四十四·蔚州》载：代王城，"项羽封赵歇为代王，歇迁赵，立陈余为代王，又汉高六年立兄喜为代王，此其故城"。

（2）历史文化：北宋乐史所著《太平寰宇记》记载："代地本瞿、姜姓之国，周末强大，在七国前称王。"明人尹耕所著《两镇三关志》记载："代商汤所封。"《史记·赵世家》记载："赵襄子北登夏屋（今山西代县草垛山）诱代王，使厨人操铜斗以食代王及从者，行斟阴令宰人各以斗击代王及从者，遂兴兵平代地，封伯鲁（赵襄子兄）子为代成君。"《史记·秦始皇本纪》记载："秦王贲灭燕，还攻代，虏代王嘉。"汉高祖六年（公元前201年）正月以云中、雁门、代郡五十三县为诸侯国，立兄宜信候刘喜为代王，国都即今代王城古城区，划分出了宫殿、宫邸、商业区和居民区。代王城是汉王朝巩固北方的军事势力，防御匈奴入侵的重要藩屏。但坚固的城池未能挡住匈奴的滚滚铁骑。汉高祖七年（公元前200年）匈奴大举入代，代王刘喜弃国逃回，被刘邦降了两级，废为合阳侯。

《汉书》记载："代地居常山之北，与夷狄边，赵乃从山南有之远，数有胡寇，难以为国。"高祖十一年（公元前196年），封刘恒为代王，迁都晋阳（太原），从此短暂的藩王都邑——代王城，仅仅立国一年就被强悍的匈奴铁骑灭掉了。

代王城镇的"响杆"被列入市级非物质文化遗产名录。[1]代王城镇的文物古迹包括：代王城镇三面戏楼、明初木构龙王庙、地藏寺、财神庙、清雍正圣谕碑，大小堡城，大古民宅等遗存；其境内的代王城遗址被列入第五批全国重点文物保护单位名单。

6. 蔚县暖泉镇

（1）地名由来：暖泉镇因境内暖泉古镇而得名。"暖泉"之名源于村中温泉；泉水经东西两龙口相向而出，环村缓流。

（2）历史沿革：民国十七年（1928年），置暖泉镇。民国二十年（1931年），为蔚县二区。民国三十年（1941年），划归山西省广灵县。民国三十五年（1946年），划归蔚县，为二区。1953年，为暖泉镇。1958年，暖泉

---

[1] 中华人民共和国民政部编：《中华人民共和国政区大典·河北省卷》，中国社会出版社2015年版，第2109~2110页。

镇改为暖泉公社。1984年，暖泉公社改为暖泉镇。

（3）文化特色：暖泉镇元代建镇，明清时期形成"三堡、六巷、十八庄"格局。现有西古堡、华严寺和老君观3处全国重点文物保护单位，保存较好并有独特风格的古寺庙、古民居、古城堡、古戏楼等200余处，其中古民居宅院160余处。暖泉镇拥有丰富多彩的民俗社火活动，省级非物质文化遗产"打树花"最独具特色。大型实景民俗演出《火树金花》已成为古镇声名远扬的靓丽品牌。

暖泉镇凭借独特的资源优势和深厚的文化底蕴，先后被评为中国历史文化名镇、国家AAA级旅游景区、全国特色景观旅游名镇、全国十佳旅游村镇、中国最美乡村、中国北方民俗胜景第一镇、全国"文明乡镇"。

7. 武安市伯延镇

（1）地名由来：因镇政府驻伯延村而得名。旧时村状如大雁，故取村名为"伯雁"。后人将"雁"写作"延"。

（2）历史沿革：清代，始设镇。民国沿之，属武安县第三区。民国三十四年（1945年），武安解放后，改镇为伯延村。1953年5月，设伯延乡。1958年，改为伯延公社。1984年3月，政社分设，置伯延镇。1996年1月，庄晏乡并入。2015年12月将武安市伯延镇伯延村纳入中央财政支持范围。伯延古民居建筑的特点是成群连片、规模宏大、建筑精美，现存清末建筑150余处，是冀南大地保存较为完整的清末民初建筑群。伯延古民居大都是一个或数个相连的四合院，高门楼、高台阶、墙厚屋高，朝外不开窗，形成了一个相对封闭的"堡垒"。大的府第院落还有炮楼、枪眼夹墙、暗室等，具有较强的防御功能。

8. 武安市冶陶镇

（1）地名由来：冶陶建村于唐代，原名野头，后将野头写作冶陶。因镇政府驻冶陶村而得名冶陶镇。

（2）历史沿革：明清时期，属武安县顾义里。民国二十九年（1940年），属武安县第四区。民国三十五年（1946年），改属第九区。1956年，设冶陶乡。1958年9月，属徘徊公社；同年12月，划归涉县。1961年，复归武安县，设立冶陶公社。1984年2月，政社分设，改设为冶陶镇。

（3）冶陶村建筑历史久远，文化底蕴深厚，许多流传至今的神话故事体现着与人相善、乐于奉献、追求幸福生活，极具教育理念。如药王显灵、黄龙庙显灵、九龙战、金丝姑传说、张子敬发家传说、关帝显灵拦匪兵、冶陶烧锅传说等。

燕赵地区在河北省范围内的历史文化名村主要有以下32个：

1. 井陉县于家乡于家村

（1）地名由来：于家村位于太行山腹地，高山与丘陵的衔接处，井陉县中西部，是于家乡政府所在地。于家村原名白庙村，因当地有一座白庙而得名。清初实行联庄制，和周围18个村组成白庙庄。白庙村因于氏家族居住于此，改名于家村。

（2）历史文化：于家村，是明代政治家、民族英雄于谦直系后裔的聚居地，全村95%以上的村民归属于氏家族。在明代成化年间，于谦之长孙于有道从井陉南峪村迁居于此，繁衍至今已24代、400多户、1600多口人。据史料记载，于谦有一子于冕，另有一养子于康，于冕无子，于康之后无从考证。

按村里老人的说法，500年前先祖于谦遇害后，其子逃往冀晋交界处娘子关外的南峪村隐居，后生有三子。成化年间，因生活所迫，于谦之长孙于有道迁居至现于家村。于氏后人至今仍把这块先祖选中的土地称为"风水宝地"。

不知是否是先祖冥冥之中的指引，"风水宝地"果然灵验。在当初"与木石居，与鹿豕游"的土地上，于氏先人靠勤劳的双手，代代开山凿石，辈辈垒房盖屋，建造了规划有序、工艺奇特、粗犷豪放、独具特色的石头村落。古村落较为完整地保留了明清时期的石街石道、石楼石阁、石房石墙、石桌石凳、石碾石磨、石桥石栏、石碑石碣、石井石窑、石笔石砚、石缸石盖、石锤石板、石槽石臼、石洞石龛以及许多的奇石怪石、景石雅石。现今著名的文化经典包括：于氏宗祠、御赐牌坊、石头古街、石头四合院、清凉阁等。

2. 清苑县冉庄镇冉庄村

冉庄村地处保定市西南30千米的冀中大平原，中外战争史上闻名的地道战就发生在这里。冉庄地道战遗址位于此，1961年3月被国务院列为全国首批重点文物保护单位。1995年1月被共青团中央确定为全国青少年教育示范基地，1997年6月被中共中央宣传部命名为全国爱国主义教育示范基地。这里的文化主要表现为革命战争文化经典，如冉庄地道战纪念馆、冀中冉庄地道战展厅、冉庄地道战遗址保护区等。除此之外，文化经典还包括清苑观音寺、赵宋祖陵、宋三陵、东臧村仰韶文化遗址等。

3. 邢台市路罗镇英谈村

（1）地名由来：据《邢台县地名志》记载，黄巢在龙门川内一条山沟里建立营盘，后有人居此占田为庄，以营盘命村名。后人又因唐末黄巢起义军在此扎营召开英雄座谈会为由，再将营盘村改为英谈村。

（2）历史沿革：邢台战略地位极为重要，自古便为兵家必争之地。占据太行就可以囊括三晋，跃马幽冀，挥戈齐鲁，问鼎中原。

关于黄巢起义，在太行山一带有许许多多的传说和古迹遗存，如黄巢岩、朱温坪、血流峪、天明关、贺家坪等村名地名的由来都与黄巢有关。如山西省和顺县松烟镇走马槽村，就是因黄巢的骑兵从这里经过而得名；又如圈马坪村，是因黄巢在此圈过马而得名；再如南天池村，是因黄巢在此饮过马而得名。位于邢台大峡谷半山腰石岩下的黄巢岩古建筑，是黄巢起义的历史遗存。可惜的是，该建筑于1972年因当地乡中学盖校舍而被拆掉木材作为门窗口料。与黄巢起义相关的传说，如黄巢祭旗、点将台、二鬼偷油、黄巢刀岭等在当地广为流传。

据史料考证，邢台本是黄巢朱温部的领地。朱温，宋州砀山（今安徽省砀山县）人，公元877年，也就是唐乾符四年，朱温与其兄朱存一起加入黄巢起义军，受到黄巢的重用，封为东南面行营先锋使，同州防御使。朱温负责防守东线。攻入长安后，黄巢做了皇帝，尚让为丞相。朱温因屡次被唐河中节度使王重荣击败请求增援而黄巢没有答应，便于公元882年9月背叛了黄巢，率军投降唐朝，被唐僖宗封为左金吾卫大将军，充河中行营副招讨使，赐名全忠。公元883年，被封为宣武（治汴州，今河南省开封市）节度使，与李克用等联合镇压了黄巢起义，并被提升为检校司徒，同中书门下平章事。

黄巢起义失败后，只剩千余人逃亡至今邢台市西部山区的大峡谷（今黄巢岩）扎寨，伺机再次起义。黄巢、黄邺、黄揆及他们的妻子后被其外甥林炎杀害。林炎在去报功的路上遇唐兵被杀，黄巢起义遂以失败告终。由此可见，黄巢据太行是有史实根据的。在英谈村安营扎寨也是符合历史事实的。这些传说又给英谈村增添了丰富的文化底蕴与神秘色彩。现如今，村内67处院落依山就势、错落有致，仍旧保持着典型的古太行建筑风格，是燕赵地区目前保存最完好的石寨。

4. 磁县陶泉乡北岔口村

本村落的形成年代和原因有两种说法：

第一种说法是：村落形成于元代以前。村中有始建于元朝末年的北寨遗址一处。该遗址是元朝官兵为抵御明兵进攻而建立的军事防御基地。后驻军在这里耕种繁衍，逐渐形成村落。

第二种说法是：村落形成于殷商时期。村中有一条贯穿东西的御路，原名黄路，全长3.5公里，宽4米，与涉县岭底村接壤。相传，纣王拨国银征用八百奴工，开修此路。能行对马双卒，当时实为奇观。黄路修成后，留奴工在此护路，居住点在东窑、西洞、东林等处，此地有活水沃土，地理条件较好，后逐渐发展成村。古传黄路上下十八盘，因此路是东通齐鲁、西达秦晋的交通要道，为历代兵家争战之要塞，抗日战争时期是中原野战军运输物资的要道。现存的文化遗址包括北寨遗址、柳泉寺遗址、奶奶庙戏楼、天宝寨石刻、聚龙山石刻等。

5. 磁县陶泉乡花驼村

（1）地名由来：据该村庙碑记载，该村原名为欢耳驼，相传元代以前由山西省洪洞县一郭姓居民移居于此，因该村的山像骆驼、果树遍野、百花争艳，故名"花驼"。该村村南有著名的天宝寨，传说是刘秀被王莽追杀避难的地方，寨上景色宜人，植物繁多，刘秀藏身的山洞仍在，是夏天避暑胜地。

（2）历史文化：这里曾一度是八路军第一二九师与中原野战军的秘密兵工厂，也是太行山地区建立最早、规模最大的"天尖兵工厂"。经过岁月的洗礼，如今这里已是冀南地区著名的爱国主义教育基地、红色旅游胜地、中国传统古村落、中国历史文化名村。

6. 磁县陶泉乡南王庄村

据《南王庄村志》记载，明洪武年间，王万书携家小从山西省洪洞县迁来，在此落户，取名小井村。后人口增多，改名为王家庄。后来，王枢携全家迁到小井村北5公里处落户,取名北王庄,按相对位置,王家庄则改为南王庄。2019年南王庄村被评为第七批中国历史文化名村,2012年被列为第一批中国传统村落名录;2019年12月,入选国家森林乡村。村内及周围有旅游景点56个,村内有宝贵的古村落遗迹:石磨、石碾、石街道、石庵子、石房子、石槽、石兑臼、古寺院等。南王庄村附近的文化景点有:流泉寺遗址、北寨遗址、奶奶庙戏楼、天宝寨石刻、聚龙山石刻等。

7. 怀来县鸡鸣驿乡鸡鸣驿村

鸡鸣驿,因背靠鸡鸣山而得名,是全国唯一现存的大型古驿站。鸡鸣驿已经被列为全国重点文物保护单位。1996年8月,原邮电部为纪念中国邮政创办100周年,发行了纪念邮票《古代驿站》一套两枚,其中一枚就是鸡鸣驿。鸡鸣驿有几大著名:全国现存最大、功能最齐全的古驿站,全国重点文物保护单位,入选世界百个濒危文化遗址。

鸡鸣山,《水经注》曾提道:"赵襄子杀代王于夏屋而并其土,襄子迎其姊于代。其姊代之夫人,至此曰,代已亡矣,吾将归乎,遂磨笄于山而自杀。代人怜之,为立祠焉,因名其地为磨笄山,每夜有野鸡鸣于祠屋上,故亦谓之鸡鸣山。"《明·一统志》则说:"唐太宗北伐至山闻鸡鸣,因名鸡鸣山"。

8. 怀来县瑞云观乡镇边城村

镇边城村,位于河北省张家口市怀来县瑞云观乡。村口的宣传栏显示,这座北京西侧的"边城"始建于明朝万历年间,建村之初为了抵御外敌侵袭,在这一片易守难攻的山峦之上修建了堡垒、烽火台、边墙等防御设施。镇边城村即由此得名。该村面积33.4平方公里,果园面积53公顷。该村杏扁年产50吨、核桃50吨,注册有"镇边城·万历核桃"商标。2015年10月9日,原农业部推介镇边城村为2015年中国最美休闲乡村。2019年1月21日,镇边城村入选第七批中国历史文化名村。2019年6月6日,镇边城村被列入第五批中国传统村落名录。镇边城村附近的文化景点有:黄龙山庄、鸡鸣驿城、怀来镇边古城、官厅湖、镇边城等。

9. 井陉县南障城镇大梁江村

大梁江村始建于元末明初,旧时属山西平定府管辖。中华人民共和国成立后隶属山西省平定县,1959年划归河北省井陉县。该村明代之前属山西省太原府平定州承天都管辖——村名甘桃沟，清代梁姓居多，之后更名大梁家，由于对水的企盼，自民国起叫大梁江。

2005年被评为井陉县民俗文化村，2008年被评为河北省历史文化名村。2010年被国家住房和城乡建设部、国家文物局命名为第五批中国历史文化名村。2015年列入省级乡村旅游示范村，2016年入选"中国最美古村落"。

大梁江村在明朝时就已经是村庄。现在该村共有3条街道、5条巷子，总长3700多米，全部用青石和卵石铺成。村内的314座完整四合院和4000多间房屋全部由石头依坡建成，村中石碾、石碑、石刻随处可见，石砌排水洞贯穿整个村落。

10. 井陉县南障城镇吕家村

据吕氏族谱记载，明永乐年间，本县南障城洪河漕吕氏迁居此处，以地名称"汪儿村"。后因吕氏人丁兴旺，遂于清顺治年间改为"吕家村"，沿用至今。

吕家村位于太行山深山区中，以古建筑群为中心，房屋按时代顺序向四周扩展，有古建筑群76处，最具代表风格的有12处，保存完整的有8家。1942年至1943年间，有八路军游击小组到村里宣传抗日救国，全村自愿参军人数33人，被誉为红色革命抗战圣地，村内非物质文化遗产——吕氏木楔单杠式榨油技艺颇具特色。2012年12月17日，吕家村被住房和城乡建设部、原文化部、财政部公布为第一批中国传统村落。2019年1月21日，被住房和城乡建设部、国家文物局公布为第七批中国历史文化名村。2019年12月25日，入选国家林业和草原局第一批国家森林乡村。现今代表的文化旅游景点有：吕家祠堂、关帝庙、指挥所旧址、日月楼、深沟寨垴、洞宾山等。

11. 井陉县天长镇小龙窝村

据县志载，明洪武年间，相传神龙断路，货郎仗剑斩之，至隆庆间大雨冲出枯骨一窑数百许。在山腰石壁建有"龙窝寺"，并以此取名为"龙窝"。后家族分居两村，寺西村曰大龙窝，寺东村曰小龙窝。后板桥公社并入天长镇，小龙窝属天长镇管辖。小龙窝村内较古老的街巷主要有枣园巷、槐岭巷、西场巷、榆坪巷等。诸多支巷疏密有致地与主巷有机联系在一起，构成了村落的主要格局。

位于村东的龙窝寺遗址被列为河北省重点文物保护单位，遗址墙壁上的佛龛、佛像石刻等保存尚好。龙窝寺石窟在中原地区乃至全国都是极为罕见的一种建筑形式，它既不是纯粹意义上的摩崖石窟，也不是单一功能的佛寺。主殿山墙上的石刻佛龛造像，圆雕、浮雕相结合，风格直追北魏，属于典型的摩崖造像龛，既有很强的观赏价值，又有很强的历史价值。小龙窝村的著名文化经典包括：龙窝寺遗址、槐岭尚武院等。非物质文化遗产项目主要有晋剧即中路梆子，2006年晋剧经国务院批准列入第一批国家级非物质文化遗产名录。

12. 沙河市册井乡北盆水村

北盆水村始建于明代。位于河北省邢台市沙河市册井乡，沙河与武安两市交界地，位于南边的武安市境有一个名叫"盆水"的村子，为区别起见，属于沙河市册井乡管辖的这个"盆水村"的名字前就加了个方位词，于是就称"北盆水村"。北盆水村是册井乡的一个自然村，相邻后井村、白庄村，风景秀丽，环境幽美。2016年11月，北盆水村被住房和城乡建设部等部门列入第四批中国传统村落名录公示名单。2019年1月，住房和城乡建设部、国家文物局决定：北盆水村为第七批中国历史文化名村。北盆水村拥有龙泉寺、罗汉洞、黑龙庙等一批知名文化建筑。

13. 沙河市柴关乡绿水池村

（1）地名由来：相传绿水池古为白龙居所，后有农户欲在此建庄，因嫌此处无水，遂言："白龙如若允我居此，即显灵出水"。语毕，果有一白龙从空而降，躯盘旋于山坡片刻席卷而去，龙躯碾压处出现一池绿水。农户上前观望，只见水池呈龙貌，龙头、龙身、龙爪、龙尾形貌逼真，后在龙池上游建一座石拱桥，后人谓之古龙桥。而因龙池山水碧绿，该村便称"绿水池村"。

（2）历史由来：据绿水池村王姓家谱记载，明代中晚期，四川籍王姓武官因为朝廷押解皇纲，在河南与河北两省交界外被劫，为躲避朝廷追查，其中一支逃到王硇村，另一支逃居现绿水池村。因此，绿水池村该支王姓与王硇村王姓当为同宗同族。稍后，又有邢台县山区某村另一支王姓迁至此地，繁衍后代至今，形成了现在的村落。

绿水池村始建于明代永乐年间，村内多为青瓦罩顶式和红石板罩顶式的二层楼房,明代的石阁楼、清代的古戏楼、清代古井,都保存完好,是南太行山区保存较完好、最具典型性的传统古村落。周边的旅游文化景点包括:王硇村、南奶奶顶、峡沟水库、九龙庙沟、封峦寺。

14. 沙河市柴关乡王硇村

(1) 地名由来:硇,也称垴,是山冈的一种叫法。据传,在明朝永乐年间,祖籍四川成都府两岗村的王氏先祖镇京总兵王得才,护卫皇家贡品在黄粱梦遭遇抢劫,为躲避灭门九族,遂在此定居立村。在硇的中部一片平缓的山地上,王氏祖先在此开荒种地,置产为庄,因村庄坐落在高山石硇上,故取名王家硇,后简化为王硇。

(2) 历史文化:柴关乡王硇村最著名的当属古石楼建筑群:村中一座老宅是一进七全院(从一个大门进入,可以串遍七座院,七个院相连),有东西南北上下左右八个大门,门外有碾子、水井、牛羊圈,有点类似于山西省晋中市灵石县的王家大院以及祁县的乔家大院。此外,村里还有一进三全院、一进四全院,并且院院有楼,房房有耳。

此外,王硇村也以革命老区著称:王硇村是革命老区、抗日圣地、八路军根据地、沙河县(今沙河市,下同)抗日县政府所在地、沙河县抗日独立营、抗日高校所在地,培养了一大批抗日将士。老一辈革命家朱德、刘伯承、邓小平、李德生、杨秀峰等多次在王硇村居住,范子侠将军牺牲后,遗体曾在王硇村王家祠堂停灵月余。王硇村的百姓养育了抗日将士,他们浴血奋战,将鲜血染红了这片土地。王硇村在抗日战争、解放战争中有60余人参军参战,有14人英勇牺牲,刘伯承、邓小平都曾亲自授予王硇村立功牌匾。

15. 沙河市柴关乡西沟村

西沟村隶属沙河市柴关乡,2016年入第四批中国传统村落名录,其四面环山,坐落于山谷之间,因位于凤凰岭西而得名。据传,西沟村村民大多为山西省洪洞县应诏而来周姓姑姑大侄儿的后人,其同族三侄儿后人居住在沙河市西冯村,二侄儿后人在永年区东白塔村安家落户。如今,三村周姓后人相见,提起村名和周姓也格外亲近。目前西沟村居民不足100户,有周、王两大姓氏在此繁衍生息,文化历史景点有始建于明代的石拱桥、关帝庙、土地庙、三霄庙和祠堂等。

16. 涉县固新镇原曲村

（1）地名由来：原曲村位于涉县东南，清漳河西岸，是中国历史文化名镇固新镇的核心保护区，是涉县有文字可考的最古老村庄之一，史称"原村"。因其地处弯曲的漳河之畔，周围环绕有像十二属相的山，村貌呈鱼形，故得名"源曲村"，世代为商贾云集之地。

（2）历史文化：原曲村历史悠久，文化底蕴深厚。这个村子不仅在明朝天顺五年（1461年）出了驸马秦景，清代还出了秦国奭、秦盘篴、秦致祥三位进士和秦嘉善、杨向武两位举人。原曲村民间文艺丰富多彩，不仅有各种民间表演，而且流传着很多谚语、歇后语、儿歌、传说、民间故事等民间口头文学。原曲村保护完好的古代建筑颇多，有五道明清时期的古券，其上寺庙、券阁俱全，犹如五座城门，将原曲村围成"铁桶"。村内明清老宅有150余处，寺庙中最具建筑艺术和文化价值的是明代龙王庙中的无梁殿，整个殿顶全部由古木锁扣层层搭建而成。村北始建于汉代的清泉寺，为涉县"古八景之一"，内有康熙写的"虎"、汉代张道临写的"龙"和慈禧写的"真如自在"、王羲之写的"白鹅飞到凤池中"等书法真迹。2016年原文化部、国家旅游局（已撤销）等部门公布原曲村为第四批中国传统村落。2019年1月，原曲村入选第七批中国历史文化名村。

17. 涉县偏城镇偏城村

（1）地名由来：据《涉县地名志》记载，偏城村原分为三片，东、西两片称东岗、西岗，中间为寨子，有牛、马、王、陈和罗姓家族居住，约在宋末元初，刘姓从山西辽州（今左权县）迁来，渐成旺族。刘家世代为官，罗、刘两姓均居于寨上，当时有"罗半寨，刘满寨"之称，后罗姓绝嗣，刘姓便将寨子四周筑墙以石筑城，并设东、南、北三门，俨然成了一处小山城，故改名曰"永安寨"，因地处偏僻，故又曰"偏城"，其原主人姓刘，人们又常称其为"刘家寨"。据刘氏第十九代传人，现年60多岁的刘森林介绍，刘氏发展到第十五代刘道泰时，不仅诰封武德都尉，还育有七男九女。在第十六代的七个男子中，其中老五和老六分别考取了武举人和武进士，刘姓家族就此达到鼎盛。随着清王朝的衰败，中国陷入危难，刘家寨也随之风雨飘摇。到革命战争时期，刘家寨也燃起了革命的烽火。从1938年到1946年，偏城县委、县政府驻扎于此，八路军第一二九师先遣团也在这里秘密驻扎了 7 年之久。之后，偏城县建制，偏城村成为"偏城县"的首府。

（2）历史文化：偏城村历史悠久，保存有不少古迹。2019 年 12 月 31 日，偏城村入选第二批国家森林乡村名单。同时偏城村也有着光辉的革命历史，村内有抗日战争时期八路军第一二九师司令部旧址，是国家 AAAA 级景区、全国爱国主义教育示范基地，也是国家级重点文物保护单位。

18. 蔚县南留庄镇南留庄村

（1）地名由来：南留庄村，在蔚县城西北 10 千米处，是南留庄镇政府所在地，闻名遐迩的古村。明永乐初年，保定门姓商人来蔚州做生意，发财后，看中这块宝地，聘能工巧匠，历经 12 年建成一座华贵的村堡。因是从南关而来，留在此地，故取名"南留庄"。全村有农户 2030 户，人口 5030 人，门姓人占 30%。南留庄村是一座民间古堡，留存有大量古建，如关帝庙、真武庙、娘娘庙、古戏楼和门家大院等，都是很有历史和建筑价值的遗址。现南留庄村已被列入中国历史文化名村之列。

（2）历史文化：南留庄村是一个保存较好的民间古堡，是一座独特的"穿心堡"，东、西堡门定远门、宁远门与四周堡墙形成"穿心堡"。堡内至今仍保存着明代规划的"丰"字型布局面貌。2019 年 1 月 21 日，南留庄村入选第七批中国历史文化名村；2012 年 12 月 17 日，南留庄村被列入第一批中国传统村落名录。

19. 蔚县南留庄镇水西堡村

（1）地名由来：水西堡于明朝万历年间建村，全村现有 700 多口人。与水东堡一样，南堡门楼上醒目的"水涧子堡"四个大字昭示着它的演变历史。水西堡与东边的水东堡、西边的西小堡本是一村，三个村堡地处涧沟环绕的台地，相距不远，彼此守望，被当地人称为涧沟的"小城堡"。

据有关资料记载，这三个小堡最先建的是西小堡，后来堡内人丁兴旺，人多堡小，人们外迁建起了现在的水西堡。再后来，两座堡人口繁衍众多，人们又在现水西堡的东北建起了今天的水东堡。这表明历史上这三个村堡本是一个村堡。因村边的一条涧沟常年有水（据当地老人介绍，涧沟的水是西北部的泉水，经涧沟向南流入壶流河），取名水涧子堡。人们习惯以地理方位来区别这三个堡，即水涧子西小堡、水涧子西堡和水涧子东堡。水涧子西堡原称水涧子中堡，20 世纪 60 年代至 80 年代初，水涧子西小堡和水涧子中堡共同组建了水西堡大队，以便与水东堡大队相区别。当时，中堡内居住的人口多，西小堡居住的人少，村民们所说的"水西堡"主要指水涧子中堡。后西小堡并入水涧子中堡，水涧子中堡成为水涧子西堡，简称水西堡。

（2）历史文化：水西堡村古建独特、庙宇众多。南北两座堡门，南北两门矗立在一条直线上，相对而建，遥相呼应，形成了蔚县独特的"穿心堡"。堡门楼建有帝庙，还印有精美壁画，可以说水西堡存留着珍贵寺庙文化遗产，不仅有典雅辉煌的寺庙建筑，还有工艺精湛的宗教艺术品。

20. 蔚县宋家庄镇大固城村

（1）地名由来：大固城，是蔚县城南宋家庄镇辖区内的一个村子。村子现有人口1400多人，耕地面积5400亩，其中水浇地2500亩，是宋家庄镇域内农业基础条件较好的一个行政大村。

大固城这个地方早在元朝泰定年间就出现了。不过，那个时候，大固城不在现今这个地方，在现址大固城古堡东300米处的一个破堡子内。最早堡内有吴姓人家居住，名叫"吴家堡"。

明朝成化年间，又由吴、兰、卢三姓人家在原有的辽代故城遗址上建造了现在的大固城堡，取名"故城永安堡"。后来"故城永安堡"又经历了一次名字的变更，叫作"大固城"。至于"大固城"名字的由来，在村子里一直流传着这样一个传说：清朝康熙年间，堡内有个贾姓小伙儿，能吃能喝，力大无比。他常年以赶骡帮为生，经飞狐古道往返于保定府至塞北之间，为客商运送货物。一日，小伙儿在一家常住的客栈休息。饭间，有客商议论，说当今皇上正颁诏为侄女选郡马，这小伙儿听后动了心思。第二天，贾姓小伙儿离开客栈后便上了京城。到京城后，小伙儿找到在京为官的蔚州人魏象枢，并揭了招郡马的皇榜。在魏象枢的帮助下，他顺利地通过了考核，成功地被招为郡马。皇上召见他问："你有什么要求？"小伙儿想，既然我当了郡马，总该为家乡办点事。那时候的"永安堡"处于飞狐商道之间，常遭贼盗抢劫，于是小伙儿便请求皇上为他的家乡加固堡墙和堡门，以防盗贼。皇上即刻下旨并拨银为"永安堡"加固堡门、堡墙，这样整个庄堡更加坚固了。为此，人们取"故"与"固"的同音，将"故城永安堡"更名为"固城堡"。后来，固城堡北又建一堡，为了方便区分，村人以大小分之，将"固城堡"正式命名为"大固城"。

(2)历史文化：大固城最著名的要数大固城古堡：南堡内东西走向一条正街，开设东西两座堡门，或东进西出或西进东出，所以又叫"穿心堡"。大固城古堡的历史久远，古堡里保存比较完好的东西堡门，青条基石，拱形门洞，铁皮铁钉包裹的木制门板和村里的老房子就是最好的见证。

大固城村除了众多的古宅院外，古寺庙建筑也十分丰富。如今，村里老人们能够回忆起来的有东大寺、西大寺、三贤庙、关帝庙、三官庙、龙王庙、奶奶庙、五道庙、观音庙、马神庙、五谷庙等。

21. 蔚县宋家庄镇上苏庄村

（1）地名由来：据有关专家考察，远在新石器时代，上苏庄村一带就有人类活动。后根据村民建房挖窖时出土的石磨、灶台、盆碗、钱币等物进一步证实，北魏时期上苏庄村已经是蔚县境内一个人丁兴旺、生活富庶的村庄了。但是之前村址不在现在的庄堡之上，而是在村西的低洼之处，村名也不叫上苏庄，而叫"底村"。那时候的"底村"，在东南山峦草本茂密、鸟兽成群的原始森林的掩映下，仰承北口峪和水峪两大峪口的两股山泉溪流的滋润，人们每年都能丰衣足食，乐享太平。但随着时代的变迁和人类对自然的破坏，草木疏了，山泉浑了。山洪的屡屡爆发，时时威胁着"底村"人们的居住安全。于是，他们请来风水先生在村东高处选了新的村址，于明嘉靖二十二年（1543年）建起庄堡，取名"上苏庄"，"上"与原来的"底"相对，取"上走"之意，"苏"取万物复苏之意，希望新的庄堡能为全村人再造辉煌。

（2）历史文化：太行山与燕山交汇处的塞北蔚县有一个风格奇特、文化内涵丰厚的宋家庄，被誉为"紫荆关外第一庄"。它是蔚县境内八百座庄堡中最具古文化色彩的典型村堡，始建于明洪武初年，四墙高围一门独出，街道和古民居群呈现"人"字型布局，是村庄建筑中的奇观。上苏庄村可以说是宋家庄镇辖区中最为古老且民俗独特的一个较大的村堡，在明清时代普通居民建筑中也是很少见的，很有保护价值。上苏庄这一古老村堡留下了诸多古老而灿烂的文化和淳朴独特的民俗，而且这里还曾拍摄过《敌后武工队》《亮剑》《飞》《狼毒花》等影视作品。

22. 蔚县宋家庄镇宋家庄村

（1）地名由来：据当地人说，宋家庄是因宋姓人始建而得名的。但据考证,北魏建村立寨,隋唐以后这里已是"十里一堡、五里一庄"的繁华之地。

(2)历史文化:2019年1月,经住房和城乡建设部、国家文物局决定:宋家庄村为第七批中国历史文化名村。

23. 蔚县涌泉庄乡北方城村

(1)地名由来:此村始建于明万历年间,由移民成村。因该村村貌呈正方形,而称"方城"。又因先人迁自东北小堡,故曰"北方城"。

(2)历史文化:北方城村始建于明万历四年(1576年),虽历经430多年风雨,依然基本上保持了明代规划的"丰"字形布局,建筑遗产、文物古迹和传统文化比较集中,具有较高的历史、文化、艺术和科学价值。该村由明、清时期和民国年间建筑所形成的民宅、戏楼、庙宇、碾坊、堡门等古建筑群体,数量较多、种类齐全,形制独特、格局完整,至今保护完好,是中国城池格局保存比较完整的典型的北方四合院式建筑群和传统村落之一,也是研究华北地区乃至中国历史与民俗文化的重要基地,被评为第四批全国历史文化名村。北方城古堡留下的珍贵建筑遗产,近年来受到了各地影视界人士及游人的青睐,不仅经常有人前来拍摄取景或旅游观光,而且成了研究北方明清建筑的典范。同时,这里的先民们还创造了灿烂而脍炙人口的民俗文化。

24. 蔚县涌泉庄乡卜北堡村

卜北堡村始建于西汉末年,明后期建堡,原名为赵家寨。堡内有建于明代的古戏楼、堡门、龙王庙、王振故居和玉泉寺等传统建筑。2016年12月9日,卜北堡村入选为第四批中国传统村落名录。2019年1月,住房和城乡建设部、国家文物局决定将卜北堡村列为第七批中国历史文化名村。村内现有的玉泉寺为全国重点文物保护单位。

25. 蔚县涌泉庄乡任家涧村

(1)地名由来:任家涧村四周沟涧环绕,村落居高而建,古时以"任"姓居多,故名任家涧村。

(2)历史文化:村内有建于明代的古戏楼、真武庙和清代建造的古堡门楼等建筑。2019年1月21日,任家涧村入选为第七批中国历史文化名村。2016年12月9日,任家涧村被列入第四批中国传统村落名录。任家涧村附近有卜北堡玉泉寺、蔚县重泰寺、蔚州真武庙、暖泉古镇、西古堡等旅游景点。

26. 武安市石洞乡什里店村

（1）地名由来：因其南距武安市固镇古城、西距郭口、北距丛井各为5千米而得名。

（2）历史文化：村分下街和寨上，寨上拥有2000多平方米的明清时代民居建筑群，以及古堡大门。经有关部门考证有较好的明清建筑院落30多处。解放战争时期，国际友人柯鲁克夫妇曾在此观察中国相关运动，并著有《十里店》等三部著作。现有晋冀鲁豫边区政府参议会、邮政总局、公安总局、交际处和冀南银行等旧址和柯鲁克夫妇故居等。入选国家级传统古村落、河北省历史文化名镇名村。

27. 武安市午汲镇大贺庄村

（1）地名由来：据记载，立村初时，村人饮用水困难，居者苦之，后村东突现龙井泉，甘洌可饮，村人大贺，因以名曰大贺庄。

（2）历史文化：如今村内神庙、宗祠、影壁，明代石碑、各式砖雕，虽历经沧桑，却无不尽显昔日之辉煌。2019年1月入选第七批中国历史文化名村。村中的古影壁为省重点文物，常家庄园主宅为市重点文物保护，其他的建筑群也都是极为珍贵的建筑艺术文物。

28. 邢台县将军墓镇内阳村

（1）地名由来：明代建文年间，燕王朱棣为夺取政权，在河北、山东一带发动了"靖难"之战，历史上称为"燕王扫北"，战乱长达4年之久，使这里的百姓死亡无数，人烟稀少，土地荒芜。朱棣称帝后为发展北方经济，向这里进行了多次大移民。据邢台县志记载，明永乐二年（1404年），从山西省洪洞等县先后6次向河北移民，并有大批人口迁来该县。其中有"李"姓三户，先后迁居内阳，占地建庄，繁衍生息。传说占到了八卦图"内阳穴"，故名内阳村。

（2）历史文化：内阳村历史悠久，是太行山区现状保存完好的古村落，这里的民居依山就势，就地取材，参差错落，独具特色。内阳村是革命老区、抗日根据地，有着光荣的革命传统，是红色教育基地。由于地处太行山东麓的邢西抗日根据地，群山环抱便于隐藏，而且地势险要，利于防守，加之与山西毗邻进退方便，因此在抗日战争期间，中共太行一（六）地委、邢台县委、抗日县政府、抗日区政府、抗日医院、抗日二高等机构驻扎于此。2018年12月，住房和城乡建设部拟将内阳村列入第五批中国传统村落名录；2019年1月，入选第七批中国历史文化名村；2019年6月6日，列入第五批中国传统村落名录。

29. 邢台县路罗镇鱼林沟村

（1）地名由来：据历代传说和考证，鱼林沟村始建于明代，当不同姓氏的祖辈们从遥远的地方迁来时，就村名问题专门进行了家族首领磋商会议，为保证不同姓氏家族的平等，便不以某个姓氏家族的名称来命名村名。当人们看到这块酷似鱼形并且鱼鳞清晰显现的巨石时，都认为这是神灵的昭示，是上天恩赐，象征着生活的富足和充裕，因此就把这个村定名为鱼鳞沟村。这块鱼形巨石现依然存在，几百年来，它见证着历史的变迁，蕴含着古代朴素的平等与文明观。鱼鳞沟村的村名一直沿用到20世纪70年代，才被简化书写为鱼林沟村。

（2）历史文化：鱼林沟村历史悠久，文化底蕴丰富，集庭堂文化、河桥文化、周易经山脉学文化、古朴石材文化、宗族式集群建筑文化于一体。村内民居多是青石墙的楼房，随坡就势，错落有致，形似古堡，气势壮观。2019年1月，住房和城乡建设部、国家文物局决定将鱼林沟村列为第七批中国历史文化名村。2019年6月6日，列入第五批中国传统村落名录。

30. 邢台县南石门镇崔路村

（1）地名由来：关于崔路村一名的来历，据村中老人口碑相传，崔村建于隋唐时期，在村南官道上有城隍庙，庙旁有官设茶棚，由今村东周公村崔姓人在官道茶棚管理事务，其后人在此定居，因邻靠官道名为崔路。

又有说很早之前，在通往西山的官道上经常发生劫道事件，有山匪伏在路旁对过往行人进行抢劫，位于大路旁的几户人家常常提醒路人提前行路，久而久之大家便将好心人催人上路以避劫灾的地点称为"摧路"。

（2）历史文化：《刘氏家谱》记载，明代永乐年间，始祖讳刘英从山西省洪洞县迁居崔路，至今已经有600余年的历史。通过对崔路村的考察，现村子中心几条老街基本都是明代初年形成的，目前尚保留着数通有关史料的石刻。崔路古村落是当前邢台市保存最高、最完整、建筑质量最高、文化价值最大、最有文化产业发掘价值的古村落。2018年12月，列入第五批中国传统村落名录。2019年1月，入选第七批中国历史文化名村。2019年6月6日，列入第五批中国传统村落名录。

31. 邢台县太子井乡龙化村

（1）地名由来：说起龙化村名的由来，民间流传三种说法。一说因寺得名，二说演变而来，三说先有寺后有村。三种说法都与龙华寺有关联。

因寺得名说。龙化村西山冈建有龙华寺。因村位于寺院山冈底下，故称龙华底，简称龙华。20个世纪地名办规范公社名称，为区别于柏乡县的龙华公社而改邢台县龙华公社为"龙化"公社。随之，村名中的"华"变为"化"。当时龙化人虽心存芥蒂，有些不舍，但从大局考虑从没有据理力争。时过境迁，世易时移。好多年过去，至今龙化人还怀念，自己村名中那个"华"字。

演变而来说。立于元至正十一年（1351年）的邢台县李马村《重修牛王庙碑》载有"奄华底梅庭玉捐钞贰拾两"字样。据校考，奄华底即为后来的龙华底。梅庭玉，此人在龙化梅姓家谱中有记载。660多年前龙化村名之所以叫"奄华底"，源于村西南不远曾有个叫"奄庄"的村庄。后来"奄庄"消失了，村西建造了龙华寺，才改村名为龙华底。

先有寺后有村说。后赵时期，襄国（邢台）大旱，佛图澄在达活泉布道求雨。突然一条小白龙从龙冈（西沙窝一带）石缝腾空而起，行云播雨，解除了旱情。小白龙飞到龙化小行山，蛰伏到小行山藏龙洞。旱象解除了，佛图澄甚喜。令弟子惠远在龙化一带选址建寺，于是就有了龙华寺。龙华寺香火旺盛，引来一批香客围绕着寺庙讨生活，于是渐渐形成了一个村落，这个村落就是龙华村。

三种说法虽有争议，但因寺得名说一直占据主流。村因寺得名，寺依村兴旺，和合共荣已有数百年的历史。究竟是先有村后有寺，还是后有寺而村改名，还有待进一步考证。

（2）历史文化：据史志记载，龙化村始建于北齐，距今已有1800多年的村史。在村西南的沙河北岸有"西坚固古瓷窑遗址"，出土了北齐至隋唐时期的瓷窑残壁、石臼、石碾、石槽等窑具及瓷碗，证实这一带曾是著名的"邢台白瓷"发源地。村内有龙华寺遗址。龙化村是革命老区，陈赓曾率部队进驻；解放战争时有200人参军，为中国人民解放事业做出了杰出贡献。

村内至今保存众多明清古建筑，尤其是石楼很有特色。

32. 阳原县浮图讲乡开阳村

（1）地名由来：《阳原县志》记载，开阳堡即战国时期赵国代郡之安阳邑治。《史记·赵世家》载，赵主父——武灵王封长子章为代郡安阳君。汉代称东安阳县，治所即开阳堡。这是有明确记载的阳原县境内最古老的县城和村庄，故开阳有"开阳原县村庄先河"之说，现为浮图讲乡的一个行政村。

（2）历史文化：从地形看，开阳堡中间高平，东西低洼，北靠桑干河，南部有一土丘，面临潺潺流水的沙河，很像一只灵性大乌龟，人们称"灵龟探水"，开阳堡就建在灵龟的背上。两千多年来，沧海桑田，几经变迁，这里较早的古代遗迹几乎无存，且少有文字记载，却留下了神奇的传说和众多未解之谜。据传说，开阳建城堡时，堪舆家选准了这一"灵龟探水"的风水宝地。这里的地形南部土丘如龟头，东西各有一小土丘如龟眼，北有一高台如龟背，大土包与高台之间有一条平缓的台地过渡如龟脖，土丘左右各有一向前伸出的半岛形台地如一对前爪，且龟头伸向前面溪流，似喝水状。故开阳堡有灵龟探水之说。此灵龟缺一对后爪，如无后爪，龟就不舍活动，于是在龟背的后侧建造砖塔、石塔以充后爪。据传说，开阳堡建成后，前面的沙河曾发过几次大洪水，洪水涨多高，灵龟和堡子就升多高，成为当地一大奇闻。

开阳堡的街道布局十分奇特，开阳人在建造城堡时讲究周易八卦的玄妙。堡的西北角和西南角仍旧保留着"乾三连"和"坤六断"的格局。其他街道虽几经变迁，但仍能看出一些八卦卦形的痕迹。像这样的街道布局在现今的乡村街道已十分罕见。开阳堡最为宝贵的价值就在于它保留了千年古堡的整体风貌。2014年2月19日，开阳村入选第六批中国历史文化名村。2012年12月17日，开阳村被列入第一批中国传统村落名录。开阳村附近有开阳堡、阳原西城、东城、澍鹫寺塔、侯家窑遗址、东谷坨遗址等旅游景点。

（二）燕赵地区历史文化村镇现存问题

近年来，燕赵地区历史文化村镇资源开发虽得到了长足发展，但在开发、保护利用中还存在着一些问题。

（1）燕赵地区传统村镇的传统建筑遗址保护不到位。城镇化发展意味着经济的加快发展，传统村民对现代生活方式的追求不言而喻，但很多村民没能意识到传统居民建筑和传统建筑遗址的历史文化传承价值，因此很难形成保护意识。新建建筑与传统建筑形成鲜明对比，与传统村镇整体风格不相符。燕赵地区有很多历史悠久的石头建筑，如果与舒适的钢筋混凝土建筑相比，很多年轻一代的村民更乐意选择后者。如何保护历史文化村镇的整体原始风貌，不仅仅需要村民对历史文化的自觉，更需要政府的引领和专家的指导。

（2）旅游经济开发理念和文化保护理念之间的背离。基于经济利益的驱使，一个地区的旅游开发容易激发村民的自觉主动，调动周边休闲旅游业的发展，从而提升农民收入，改善农民就业问题，但如不加以疏导容易产生自然资源破坏问题，也会损害传统村镇的整体面貌。经济开发与文化保护相冲突与背离时，应该确定文化保护优先于旅游经济开发的价值位阶。传统村镇的开发和利用可以极大地拉动当地经济财政收入的发展，但是一切都应该以不影响原村民的宁静生活为前提。从全国范围来看，很多古城都面临着同质化、商业化严重的问题，经营项目如果包括音像店、歌舞厅、网吧、酒吧、现代服装、手鼓、珠宝玉器等与传统村镇气质不相符的经营项目，则应该被限制或取缔。保护传统村镇的原始风貌才是探索文化振兴的正确道路，关键是如何让世界文化遗产活态传承。

（3）空心村现象下传统村镇非物质文化遗产流失。历史文化的传承除了要依靠古建筑等可见的建筑以外，人们生活方式的延续更是传统村镇文化的灵魂。非物质文化遗产的传承更多地要依靠原住民的口传身授，如"被列为全国非物质文化遗产的冶陶镇固义祖辈流传的、具有浓厚传统特色的傩戏；井陉县天长镇的庄旺拉花；永年广府古城的杨式太极拳、武式太极拳；河北蔚县暖泉镇剪纸、打树花等"。[1] 从全国范围来看，随着我国城镇化和工业化进程的推进，大量原住民前往城市打工，除了逢年过节能与村中老人团聚之外，大多数时间都留在城市生活，农民工二代更多地愿意留在城市中生活，但人口迁移会导致非物质文化遗产中断，导致非物质文化遗产后继无人，传统村镇中人们的生活方式发生城市同质化现象发生。而传统村镇的真

---

[1] 陈珺、王栋亮："河北省历史文化村镇现状及保护对策研究"，载《河北民族师范学院学报》2016年第1期。

正魅力在于人们随便走在一条小巷，伴着传统村镇的古老街道、强墙、碧瓦，就可以邂逅百姓家事、传统工艺，听着当地人讲述民间习俗。

第三节　燕赵地区传统村镇的历史文化特色

一、燕赵地区的地理文化特色

人类文化分为几个层面：第一层面是物质形态的文化，表现为人类所创造的物质财富；第二层面是可视的文化，表现为文字、文物、雕塑等；第三层面是思想观念形态的文化，表现为人们在口头、心理、行为活动中的文化。本书所谈的地名属于第二层面和第三层面，即可视化的村镇地名和其背后所蕴含的文化。

地名反映地域文化特色。冯骥才先生说："地名是地域文化的载体，是一个特定的文化象征，是一种牵动乡土情怀的称谓。"[1]如北京的胡同地名文化、上海的里弄地名文化等都充分地反映了当地的地域文化特色。地域文化好像血缘一样，对我们这个民族具有特殊意义，是一个区域人们的共同的根。

悠久的历史造就了燕赵地区深厚的文化沉淀。燕赵群山峻岭中雄伟的万里长城；燕赵东北部"集天下景物以一园"的承德皇家避暑山庄；闻名世界的"金缕玉衣""长信宫灯"的满城汉墓……这些构成了燕赵地区独有的历史特色。流传千年的"民间花会"和"万泉灯火"，闻名世界的"吴桥杂技"、高亢苍劲的"河北梆子"以及古老的"皮影戏"，这些无不体现了燕赵地区的民间文化特色，且至今都保留着天然、淳朴的特色。

时至今日，燕赵地区已发生了巨大的变化，秦皇岛在昔日是秦始皇求仙人海之地，如今以宽广的胸怀迎接着海内外的游客。渤海湾上正在兴建的曹妃甸深水港口是拉动河北省经济的引擎和制高点，古老的农耕技术早已被注入先进的科技。昔日的白洋淀风景区已经成为雄安新区，承接着北京市非首都功能的疏解和建设职能。

习近平总书记曾说，历史是最好的教科书。历史文化是一个城市的根与

---

[1]"地名的意义"，载《人民日报》2010年12月6日。

魂。燕赵大地历史悠久、文化灿烂，具有很强的地缘文化特色。正定古城、秦皇古栈道、赵州桥、承德避暑山庄等名胜古迹都诉说着历史的沧桑，在这块土地上，有着数不清的历史传说、民间故事和文物宝藏。梳理燕赵历史文脉，挖掘其中的人文内涵，对于提高河北省的城市凝聚力和向心力具有重要意义。

燕赵文化的萌芽以新石器时代距今一万年前的磁山文化为起点，中间经过兴隆洼文化、北福地文化、红山文化、河北仰韶文化、河北龙山文化等，这些地域文化无不滋养着传统村镇。

(一) 泥河湾文化

燕赵文化的表现之一就是"泥河湾文化"。泥河湾是河北省阳原县东部的一个小村庄，位于桑干河上游的阳原盆地。距今约二百万年前，远古的人类就活动在这片土地上。1978 年，中国考古工作者在泥河湾附近的小长梁东谷坨发现了大量旧石器和哺乳类动物化石。其中包括大量的石核、石片、石器以及制作石器时废弃的石块等。1924 年 9 月，法国古生物学家德日进和桑志华在考察完内蒙古萨拉乌苏返回的途中来到张家口，会同美国地质学家巴尔博在泥河湾进行了短暂的地质考察。

(二) 磁山文化

燕赵文化表现之二就是"磁山文化"。磁山文化，是指分布于中国华北地区的一种新石器时代文化，因首在河北省邯郸市武安磁山发现而得名。磁山文化是仰韶文化的源头之一，也就是华夏族的源头之一。磁山文化最具代表性的器物是陶盂及陶支架、石磨盘及磨棒。据碳-14 法测定年代，距今约 7600 年至 8000 年前，与 1977 年在河南省新郑裴李岗村发现的裴李岗文化的年代大体相当。磁山文化的陶器均为手工制作，用泥条盘筑法和捏塑法成型，绝大部分属于夹砂红褐陶，少部分为泥质红陶，以素面为主，烧成温度为 700℃~930℃。

磁山文化证明了河北人早在 7800 年前就已开始以种植为主的农业，比文献记载提前了 2300 年，这一发现使得学术界一致承认华北是粟作农业的起源地。磁山被誉为世界上粮食粟、家鸡和中原核桃的最早发现地，其改写了世界粟作农业、家鸡驯养和核桃产地的历史。考古认为，磁山文化是粟文化的代表之一。磁山文化代表了北方旱作农业中的谷子文化，在研究中国古代农业起源时，两者缺一不可。将中华文明上溯到8000年前，早于仰韶文化1000年。磁山文化是邯郸十大文化脉系之首，是东方文明发祥地之一。

同时，燕赵土地考古发现，正定南阳庄出土距今5500多年前精美的人工养殖蚕蛹的陶制模型。这证明了河北是世界原始瓷器制造技术和人工饲养家蚕的发祥地，也证明中国人工养蚕的历史比黄帝时代要早得多。还证明了华北原始农业发展的领先地位，原始农业发展带动了燕赵地区经济、文化和社会的全面发展。物质文化的进步，带动了制度和精神文化的发展。磁山文化以及正定南阳庄文化向世界展示了农耕与养蚕文化的辉煌历史。

（三）三祖文化

燕赵文化表现之三就是"三祖文化"。"三祖文化"是指约5000年前三祖（黄帝、炎帝与蚩尤）在涿鹿一带共同创造的灿烂文化。

河北省张家口市涿鹿县是中国历史上著名的文明古地，天赋其娇，地孕其美，华夏之源，神州之根。中华"三祖文化"是以黄帝、炎帝、蚩尤为代表的中华先民经过长期探索、碰撞、磨合、深化，历经釜山合符而共同创造流传下来的，以中华民族共认图腾——龙为象征的文化。

1992年，历史学家任昌华先生通过对涿鹿县矾山镇一带的黄帝城、阪泉、蚩尤泉等一批古文化遗址、出土的文物及历史文献和民俗风情的考证，首次提出了"三祖文化"，并著书《三祖文化始说》，第一次将蚩尤作为中华民族的人文始祖和黄帝、炎帝并排在一起，打破了传统上的成王败寇之说，确立了中华民族同祖同源的观点，明确了始祖文化是爱国主义的精髓和民族团结的基石。

"三祖文化"具有承前启后的特色，具有开创的特色，具有中华文化奠基的特色。中华文化的许多基本点都可以追溯到"三祖文化"。"三祖文化"的内涵广博，最基本的有以下几点：

（1）"三祖文化"是和合文化。中华民族是一个十分重视和谐的民族，"和而不同"是我国传统文化的重要理念。建设一个和谐的社会是中华民族的一贯追求，它的源头就是形成于4700多年前的"三祖文化"。"三祖文化"最明显的标志是涿鹿之战后黄帝与各部落之间的"合符釜山"。这是一次经过激烈战争之后的政治盛典，是一次和合的盛典。合符釜山首次提出了和合的理念。而和合理念是中华文化和谐观念的源头。由此可见，以黄帝为代表的"三祖文化"既是之后道家顺其自然、无为而治思想的渊源，也是儒家强调秩序、礼乐文化的渊源，更是中华和谐文化的渊源。

（2）"三祖文化"是统一文化。在涿鹿之战之前，中华大地上同时存在着炎帝部落联盟、黄帝部落联盟、九黎部落联盟，这些部落联盟占据着黄河中下游与长江中下游的广大地区，但他们之间互不统属，各自为政，互相攻伐。自涿鹿之战后才形成了这三大部落联盟的大统一。正如毛泽东在《祭黄帝文》中所说，黄帝"涿鹿奋战，区宇以宁"。这个区宇即三祖大一统后的国家疆界的雏形。黄帝在实现了区宇统一后，还实现了图腾统一，产生了以龙旗为标志的新图腾。三祖时期创立的大一统理念，对后世产生了极大的影响，在当今依然有着重大的现实意义。

（3）"三祖文化"是修德文化。中华民族是一个十分重视道德的民族，并在很长的历史时期一直奉行以德治国的理念，它的源头也在"三祖文化"。三祖时期的三位领袖人物都是有德行的人。黄帝是具有"土德"的"天子"。炎帝是一位为了人民的幸福，甘愿冒生命危险亲尝百草的"圣人"，最后还为人民献出了生命。蚩尤则是一位受人景仰的"战神"，他勇敢的战斗精神，五千年来一直鼓舞着中华儿女奋斗不息。

（4）"三祖文化"是农耕文化。中华文化是农耕文化，在我国，农耕文化的产生最早可追溯到黄帝、炎帝与蚩尤时期。炎帝是我国农业的发明者，他最早发明了耒等农具，教人们种植各种农作物，被人们称为"神农氏"。黄帝也是我国农耕文化的创造者，他之所以被称为"黄帝"，就是因为他十分重视农业生产，而发展农业生产最重要的是土地，黄帝所处的黄河流域大部分是黄土地，所以他便被称为黄帝。蚩尤部落在当时是一个生产技术较高的部落，据有关史料记载，是蚩尤首先发现了自然铜，并把它应用在军事和农业生产中。因此，三祖都是我国农业生产的发明者。农耕文化是"三祖文化"的重要组成部分，是"三祖文化"产生与发展的基础。"三祖文化"的农耕文化奠定了我国数千年文明发展的方向，并长期在世界上保持着非常先进的水平。这种先进水平一直保持到了工业文明的诞生。

（5）"三祖文化"是创新文化。三祖所处的时期是一个社会激烈变化的时期，是人类从野蛮走向文明的时期，是各种发明创造不断涌现的时期。许多发明创造都是在这个时期出现的。史书记载，是黄帝发明了指南车，并将其首次应用于战争之中。还传说黄帝时期的仓颉发明了文字。炎帝则是农业和医药的发明者。这些在物质文化与精神文化方面的创新，使人类文明有了划时代的进步。正是这种创新精神使得中华民族能够屹立于世界民族之林。

在"三祖文化"丰富的内涵中，农耕文化是其坚实的基础，和谐文化是其核心价值观，道德文化是其区别于其他文化的鲜明特色，创新文化是其永葆活力的源泉。这些内涵一直深深地影响着中华民族的发展，一直深深地影响着中华文明的发展，一直深深地影响着我们每一个中华儿女。在中华民族正在振兴的今天，继承"三祖文化"的精华有着十分重要的现实意义和深远的历史意义。我们应当十分珍惜这份宝贵的文化遗产，使之在新的历史条件下发扬光大，成为振兴中华的强大精神力量。

当然，我们也要看到，燕赵文化是一个历史范畴。政治经济的发展、战争与移民都使得燕赵文化发生了深刻变化，进而诞生了忧国忧民的历史使命感和经世致用的实用理性的民生文化。

（四）滦河文化

滦河，是渤海独流入海的河流，一般归入海滦河水系的滦河水系。北魏郦道元的《水经注》最早记述了它的发源地："濡水出御夷镇东南，双引夹山，西北流出山，合成一川。"古名澳水，因发源地有众多温泉而得名。澳后讹传为濡。濡、滦音相近，后唐朝演化为滦，元朝又称"御河"或"上都河"。发源于今河北省丰宁县，流经沽源县、正蓝旗、多伦县、隆化县、滦平县、承德县、宽城满族自治县、迁西县、迁安市、卢龙县、滦县、昌黎县、在乐亭县南兜网铺注入渤海。河流全长，在河北省政府网站称全长 888 公里，《河北省志·自然地理志》称全长 877 公里。

滦河源远流长，沿途接纳了众多支流，其中流域面积大于 1000 平方公里的河流有 9 条，即小滦河、兴洲河、伊逊河、武烈河、老牛河、柳河、瀑河、潵河及青龙河。支流中流域面积最大的是伊逊河，长度和水量最大的是青龙河。

受气候影响，滦河径流年际变化较大；输沙量较大，但比海河小，滦县站多年平均年输沙量为 2270 万吨。干流开发较晚，20 世纪 70 年代末，始有潘家口水库、大黑汀水库等水利工程。

滦河也是河北省北部、东部的主要水源，有著名的引滦入津工程，即将滦河水引入天津市区。滦河文化,是指滦河流域的人们在社会历史进程中所创造的物质和精神财富。滦河文化源远流长,溯源滦河文化,会发现其是由三支脉汇集而成:

第一,长城以北,滦河上游的游牧文化。游牧文化主要来源于畜牧业,牧民为逐水草过着迁徙游牧或半游牧的生活,所以在文化形态上表现为在兵器、马具和动物纹饰上印有各种动物纹饰,如猛兽、虚幻动物纹样等,这些艺术形象反映了早期游牧人的信仰和图腾崇拜。

第二,长城以南,滦河中下游冲积平原的农耕文化。汉朝推行"与民生息"的开明政策,使得农业、手工业和商业都得到了恢复到了元朝,为缓和民族矛盾,兴修水利、广辟屯田,农桑林木也日益发展。到了明朝时期,由江西、江浙等地来的大量移民来此地开发,实行"免税三年""济民授业"政策,促进了农业经济发展,出现了盐业、采煤、制陶、冶炼、造纸和酿酒等工业。清军入关后采取有利于发展生产的"纠正圈地""奖励垦荒"等措施,出现了康乾盛世,社会安定,村落辐集,成了中国北方农业开发的主要地区。

第三,以开滦煤矿为代表的唐山近代工业文化。开滦矿区位于河北省唐山市境内,隶属于开滦矿务局。京山铁路纵贯其中,各矿都有支路相通,交通便利。开滦煤矿在近代工业史上占有重要地位,中华人民共和国成立前其总部曾设在天津,是北方的大型煤矿之一。早在一百多年前,开滦煤矿开办之初就提出了"仿西技,用其人"的办矿方针,引进和采用西方先进的采煤技术和经济管理体制。光绪三年(1877年)清直隶总督李鸿章委派轮船招商局总办唐廷枢创建官督商办开平矿务局,资本银120万两。1900年被八国联军占领,矿务局改隶英国商会,最高年产量曾达136万吨。1906年直隶总督札饬天津官银号筹办滦州煤矿公司,资本银为500万两。1934年两公司正式合并,英商独占开滦矿务局。1941年太平洋战争爆发后,又被日本夺去。1942年产量达665万吨。1945年日本投降后,由南京国民政府接收,交还英商经营。

1949年,将开滦煤矿被收归国有。人民政府一方面对旧有林西、赵各庄矿进行恢复和改造,另一方面又先后建设吕家坨、范各庄、荆各庄等新矿井。范各庄矿是中华人民共和国成立后自己设计的第一座年产180万吨的大矿井。开滦有矿井8处，1975年原煤产量达2563万吨，1976年虽经强烈地震，破坏严重，但1981年原煤产量仍达1935万吨。另外，还建设了6座洗煤厂。开滦矿区机械化采煤程度较高，水力采煤技术达到世界先进水平。开滦矿区盛产烟煤，质地优良。向国外出口洗精煤，并供应上海、南京、天津等主要城市的工业用煤。

在建矿后的一个多世纪里，历史和社会原因造就了开滦的复杂个性，骄傲与屈辱混合，先进同落后并存，在多次发生的天灾人祸中，屡创令世人震惊的奇迹，锻炼和铸就了"特别能战斗"的开滦精神。

多元的滦河文化除了开滦煤矿，还包括以生产方式存在的文化形态：现代教育文化形态，如著名的遵化燕山书院、滦县横渠书院等明清书院；以文艺形式存在的文化形态，如冀东"艺术三枝花"（评剧、皮影、乐亭大鼓）；历史文物有著名的清东陵、长城、寺庙建筑、大地震遗址等。历史事件有孤竹国的灭亡、曹操北击乌桓、唐太宗东征、深州起义、冀东大暴动、开滦同盟大罢工、唐山大地震等；历史名人有义士伯夷叔齐、曹雪芹及其丰润家族、评剧创始人成兆才、无产阶级革命家李大钊、民族英雄节振国、考古学家裴文中、当代作家张爱玲等，这些都构成了滦河流域五彩斑斓、多元一体的文化体系。

滦河文化精神还体现在近现代的历史事件中，如民主革命时期发生在滦县的"滦州起义"；20世纪50年代遵化县（今遵化市，下同）的"三条驴腿闹革命"精神；20世纪六七十年代遵化县少石峪的"万里千担一亩田"的沙石峪精神；无产阶级革命家李大创为民族大业英勇献身的精神，民族英雄节振国英勇刚强的抗日精神，陈县民女杨三姐疾恶如仇的刚烈斗志等，都充分体现了滦河人民求生存、求发展的精神气概。

二、燕赵文化精神的具体表现

（1）变革图强、开拓创新。正如《易经》所讲的那样，"穷则变，变则通，通则久"。燕赵地区所处的位置决定了要想使自己强大起来，立足于世，必须励精图治，变革图强。从燕赵大地上历代移民情况来看，河北人口南迁，北方民族进入河北。汉武帝时候，徙乌桓于上谷、右北平等五郡。东汉初年，匈奴侵袭上谷、中山。两晋南北朝时期人口移动为历史之最。宋元明清时期也有反向流动现象。契丹强迫黄河以北汉人 100 万人迁徙至契丹故地，金强迫迁徙出关 10 万人。在内迁方面，女真人进入中原后，在河北、山东等地安置屯田军户达 130 余千户。蒙古人和色目人留居河北居多。满族入关以后，满族人的踪迹已不再见。移民文化无形之中形塑和强化着人们开拓变革的意识。在历史岁月的变迁中，变革图强精神深深烙在了河北人民的心中。

（2）相争与相融是燕赵文化的发展动力。战争的发生因素主要包括两点：一是农耕民族与北方游牧民族的战争；二是汉族内部不同阶级和利益集团之间的斗争。燕赵大地各朝代的农民起义接连不断，战争形塑着燕赵文化的特征，强化着人们的侠义性格和尚武精神。比如，十分著名的"赵氏孤儿"。赵国源于三晋，而晋国正是中国古代法家与豪侠的发源地。赵朔时，赵氏被灭族，门客与程婴、公孙杵臼为保护赵氏孤儿，先后壮死。再比如，"荆轲刺秦王"、荆轲刺秦王出发之前的一曲《易水歌》，"风萧萧兮易水寒，壮士一去兮不复还"，几千年来激励着历代仁人志士为实现自己的理想而前仆后继。

相争与相融过程中，燕赵文化展现出了兼容开放的特征。燕赵地区东南毗邻齐鲁文化、中原文化，西边与秦晋文化比肩、西北与游牧文化相望，东北又与关东文化接壤。燕赵在周边不同区域文化中，历经战争、移民、商业交往，不知不觉地受到周边文化影响，形成了自身兼容并包的区域文化特征。例如，战国时期赵武灵王胡服骑射，就是燕赵文化兼容游牧文化的典范；平原君不拘一格招贤养士也体现了这种兼容性格；再比如，董仲舒以儒家思想为基础，吸收道家、法家、阴阳五行等思想建立起来的"今文经学"体系。

（3）主流意识形态特征。战争和移民强化了燕赵人文精神中的开拓变革精神，但同时，随着封建制度的巩固和发展，儒家思想也得到了广泛传播，促进了燕赵文化的发展，尤其是元朝定都大都（今北京）之后，北京一直作为中国的政治文化中心，而河北又处于京畿重地，这样的社会地理环境使燕赵地区呈现出了明显的主流意识形态特征，正所谓全国政治文化中心的"近水楼台"效应。今属燕赵的名胜数不胜数，在古代就有邯郸赵王城、古丛台，保定燕下都、满城陵山靖王汉墓等著名历史遗迹，清代更是有清东陵、西陵、承德避暑山庄等皇家园林；近代有被誉为"将军摇篮"的保定陆军军校，全国现有唯一保存最完整的直隶总督府，建制较早而清代鼎盛的保定莲池书院等历史名胜。可以说，凝聚着全国文化精要的京畿文化以强大的"文化场"辐射着燕赵地区。燕赵文化表现出了鲜明的政治性和包容性。北京集结和吸纳着来自全国各地的众多文化，并创造出了较高水准的首都文化，在文化中心的影响下，燕赵文化逐步具备了政治文化特征。

综上，燕赵文化作为一种地域文化，有着丰富的内涵，人们至今仍能够感受到这种来自古老文明的痕迹，也能够看到今日和未来燕赵文化的勃勃生机。燕赵文化作为中华文化的重要组成部分，从历史传承和地域特征来看，大体相当于今日行政区域所辖属的京津冀区域文化。因此，对于燕赵文化的认识，我们要利用文化的多样性和复合性特征，既要吸收燕赵文化的精华，对变革图强、开拓创新的精神予以传承，又要自觉地抛弃那些不利于发展的糟粕。

第二章

燕赵地区传统村镇地名的命名和分类

第一节 城镇化对地名文化的新影响

一、网络生活方式下的从众心理

地名管理中蕴含了众多文化的元素，在中央广播电视总台制作的《中国地名大会》中，我们可以看到地名以与其相关知识为载体，其背后蕴含着地理、历史、语言、文学、民俗等元素，包含着文化乡情、地理地貌、历史故事等，而这些历史文化和情感是无法用言语来表达的。地名知识对弘扬民族文化，提升民族自豪感都具有重要意义。

然而，在大数据时代背景下，网络生活方式已经占据了人们的大量生活，带来了社会文化传承与时代从众心理之间的矛盾。网络时代的文化形式虽然丰富但精神并不富有，加之群众的时代从众心理，容易导致乡土地名的丢失和地名传统文化的失落，出现相关问题，如地名重复问题，随意起名、更名问题，起生僻难懂名字、崇洋媚外名字等问题，丢掉了地名文化的应有之义。笔者认为，管理手段应以制度规范为基础，运用法律手段来规范和管理地名、推广和策划地名的文化价值。

二、地名作为非物质文化遗产的保护

地名不仅是语言符号，也是文化载体，是语言和文化的结晶。地名人文内涵丰富，承载着历史、地理、语言、经济、民族、社会等因素，是人类历史的"活化石"。2007 年第九届联合国地名标准化大会暨第二十四次联合国

地名专家组会议确定地名属于"非物质文化遗产",适用《保护非物质文化遗产公约》。地名除了具有指代性和指位性以外,其实还附加着额外的文化属性,对于传播地方文化,树立地方形象具有重要的作用。除此之外,部分地名还具有一定的经济效益,成为一种地名品牌,带动当地经济发展,甚至有些还可能作为非物质文化遗产被保存下来。所以,需要具备鉴别能力去判断哪些是属于非物质文化遗产的地名。对于这些地名,如非必要不改变。地名是人赋予的,可以改变,但是地名对一个民族、一个地区也具有特殊意义,农耕民族亦是如此。正如费孝通先生在《乡土中国》中说:"从基层上看,中国社会是乡土的。"所以,地缘和血缘一样,是中国人挥之不去的情结。地名照亮了我们回家的路,更是地方历史的"活化石",是传承文脉的 DNA。

2019 年由中央广播电视总台和民政部联合摄制的地名文化节目一经播出便引发了强烈的反响,现已播出第一季和第二季。节目以地名知识为载体,从地理、历史、语言、民俗、文字等多个角度全方位地展现中华大地的万千风貌;带领观众重新认识地名文化,领略地名背后的历史、生活、情感和信仰,回望历史、赓续传统、思索当下、展望未来。这种致力于创新传播中华优秀地名文化遗产的形式,对于保护和传播非物质文化遗产的地名具有重要意义,一方水土承载着深厚历史内涵,地名可外化为一个可感知的地名故事,创造和丰富地域人格。

第二节 传统村镇地名的分类标准

一、地名文化的含义

什么是地名?正如人有名字一样,地亦有其名。地名是人类赋予某一特定空间位置的专有名称。地名是人为赋予的,具有人为特性,但是这种特性不是随意而为的,而是生活在一定区域内的人们长期共同约定俗成的集体认知。经过漫长的约定俗成的过程,地名具有相对稳定性,千百年来口耳相传,最容易保留古音古义,例如北京的大栅栏儿(da shi la'r)、山西的洪洞(tong)等仍读古音。

地名的命名对象主要包括两个方面：自然地理实体和人文地理实体，反映位置性质的地域。自然地理实体地名主要是针对山地、河流、丘陵、湖泊、海洋等自然区域的命名；人为地理实体地名主要是针对城市和乡村中的道路、桥梁、街道和建筑物等的命名。地名一般由专名和通名共同构成，专名是指专有名称的部分，是识别个别地名的主要特征；通名是指通用的名称部分，是识别个体地名所属类型的标志。地名的载体是语言文字，文字发明之前，地名靠的是口耳相传；文字发明之后，地名用文字记录。对地名的研究分析需要遵循语言文字的运用规律，在地名的选取过程中，人们更多地注重简单易记、指代明确、趋利避害、避凶求吉等。

地名是历史文化的活化石，夹杂着人们对过往历史的认知，是历史的见证。因为地名中包含着丰富的历史、地理、语言、经济、民俗、社会等内容，所蕴含的历史文化记忆可以作为历史的重要依据。地名的产生和变化受到多种因素的影响，既包括经济、政治，也包括历史、地理、民俗等多种文化因素的综合影响和作用。地名的重要性不言而喻，这就需要人们合理地规划地名，运用地名为当地发展做出贡献。加强城乡地名管理的依据，即根据国家关于地名管理的方针、政策，结合城乡规划建设，从城镇地名的历史和现状出发，确定城镇地名标准化的目标，拟定地名命名、更名及规范化工作的总体方案和具体实施计划，引导城镇地名统一、规范、科学、有序地发展。

二、地名文化的研究对象

燕赵地区传统村镇的特点表现为聚落特征，聚落性表现为人类在适应环境过程中以特定方式创造的群体活动行为空间。聚落是传统村镇群体的重要方式，一个聚落需要通过名称来指代聚落本身，"完整的地名必须具有音、形、义、时、位、类六个基本要素，也就是说，一个标准地名应包括读音、字形结构、基本含义、时间属性、大致方位和类型性质六个方面的基本信息"。[1]这些基本信息中既有指位的功能，也有文化的内涵。从自然地理环境来看，燕

---

[1] 宋久成主编：《地域文化视角下的地名规划——以新郑市地名规划为例》，中国社会出版社2015年版，第26页。

赵大地东临渤海、西倚太行、南接大河、北枕燕山。自然条件和地理环境对一个地区的风土民俗、文化性格、心理气质都会产生影响，相应地，地名中所反映出来的风土民俗特征也会很明显。尤其是产生于生产力低下、交通和信息都不发达的古代更是如此。在燕赵大地祖祖辈辈生活的人们往往从事着农耕生活，或者靠一些手艺和小本生意谋生。长期的生产生活习惯形成了其特有的文化性格——勤奋耐劳、质朴厚道、干脆爽快。

燕赵地区以今天黄河为南界，以太行山和燕山山脉为西界和北界，历史悠久，历来属于交通要道，人类迁徙非常频繁，聚落地名的命名方法也呈现出类型化现象。因此，本书将总结燕赵地区聚落地名规律，揭露燕赵地区人们的命名习惯，为今后的地名命名工作提供重要指引，为变更中的传统村镇提供地名名称来源的采词依据和文化土壤。

地名研究的计量化统计方式已经成为地名学研究的重要研究方法，采用定量方法描述现存地名。地名如同历史的"活化石"一般，其所蕴含的历史文化可以作为考史的重要依据。地名众多，如何分类也是一个问题。2019年民政部发布的《地名管理条例（修订草案征求意见稿）》将地名分为如下几类："（一）山、河、湖、海、岛礁、草原等自然地理实体名称；（二）行政区划名称，经济开发区、科技园区、试验区、保税区、农林牧渔区等功能区域名称；（三）城镇、区片、社区、村、自然村，城镇街路巷等居民地名称；（四）具有地名意义的交通运输、水利、电力、通信、气象等设施，纪念地、旅游地、住宅区、建筑物（群）等名称；（五）各国管辖范围外区域的地理实体和天体地理实体名称。"

地名由来是指地名的词语来源和命名理据。燕赵地区地名众多，本书仅选取部分典型地名，以从中了解燕赵地区的历史、地理、民俗和文化变迁。通过对燕赵地区地名进行归纳统计，分析影响聚落地名的命名方式和地名文化的因素，可以将燕赵地区地名分为如下几大类，下文将通过独立小节单独展现。[1]

---

[1] 关于地名统计的部分根据作者调查访谈、查阅地名志和相关文献整理而成，当为作者编著。

第三节　燕赵地区传统村镇以姓氏为专名

一、以普通姓氏为专名

传统村镇具有聚落性特征，是人类有意识开发利用而创造出来的生存环境。在燕赵地区，存在着大量以姓氏为专名的地名。在历史上，燕赵大地曾发生过多次移民事件，聚落地名以姓氏形式存在的主要原因是初到此地的移民希望以姓氏命名的方式来强化宗族意识。通过对"地名志"的整理和总结，我们可以发现很多地区皆以姓氏作为地名。

以石家庄赞皇县为例，县内存在大量以姓氏命名的地名的村镇。如"吴家庄"因最早有吴姓在此居住而名，"安家庄"因最早有安姓在此居住而名，"宋家庄""杨家庄"由于最早有宋姓和杨姓来此居住而名，类似的还有"鲍家滩""高家庄"。

通过对河北省保定市蠡县辛兴镇下属村镇的考察整理笔者发现："梁庄"在明朝建村时，因山西省洪洞县梁家庄的村民迁居此地，延用旧村名，故名梁家庄，后演变为梁庄。"刘庄"在清初建村时，因姓刘的村民迁居此地故名刘庄。"郑村"在宋朝建村时，因姓郑的一名侠客在此定居，人称郑大刀，故起名为郑侠庄，后演变为郑村。"贺家营"在明朝建村时，山西移民姓贺的村民先定居在此地，故起名贺家营。

通过对藁城地名的考察整理笔者发现，以姓氏命名的地名，如"陈家庄"，据查陈氏于明永乐二年（1404年），奉诏从山西省洪洞县老鸹窝迁来此地定居，以姓氏取名为陈家庄。后陈氏人丁不兴旺，崔、牛、彭氏家族成为大户。1779年左右，滹沱河泛滥，大片土地塌入河内，村民南迁，以姓氏立庄为牛家庄、崔家庄、彭家庄，仍受陈家庄管辖。民国三十五年（1946年）彭家庄独立为一村。1962年将陈家庄分为3个大队，为陈家庄一、二、三大队。1934年改称陈家庄一排、陈家庄二排、陈家庄三排。"彭家庄"，据查明永乐二年（1404年），有彭氏人奉诏从山西省洪洞县迁来此地居住，因户数较少，又距陈家庄很近，无得村名，属陈家庄。1779年前后，滹沱河水泛滥，大片土地塌入河内，村民南迁，以姓氏立庄为彭家庄，但仍属陈家庄管辖。民国三十五年（1946年）独立为一村，称彭家庄至今。"焦庄"，据查该村村南曾有4亩大的城内焦家坟地，看坟人在此立庄，故取名焦庄。"郭庄"，据查此村汉朝时因郭昌之祖先居住于此，取名郭庄。明永乐年间，申氏祖先由陕西省洪洞县迁来定居，仍用郭庄村名。1966年中将郭庄改为革庄。1962年在地名普查中又恢复为郭庄。

类似的村名还包括贾村、武家庄、陈村、赵家庄、南董家庄、张村、王家庄、锁家寨、卞家寨、耿家庄、张名甫、马邱、贾庄、倪家庄、刘家庄、时家庄、朱家庄、许家庄、崔家庄、何家庄、朱家寨、徐村、靳庄、曹家庄、周家庄、杜村、信家营等。

二、以历史事件中的人物为专名

地名是在历史长河中形成的，过往的历史事件中的人物也可以用来作为地名的来源。

以河北省保定市为例。唐县，据查在上古时期，帝尧封于唐，建唐邑，又称阳邑。杜预《左传》注称："阳，即唐，北燕别邑。"唐尧时代，这里属古唐侯国，有"唐侯国碑"为证。春秋属燕地。战国时属中山国、赵国。秦属恒山郡、上古郡。西汉初置唐县，因此地为上古唐尧封地，建唐邑而得名。此地又名唐邑，因是唐尧故都而得名。《中华大字典》释唐条载："唐，邑名，帝尧、夏禹所都之墟，即今直隶唐县治。"唐尧开创了史称"尧天"的辉煌，被后世尊为中华文明始祖之一。这里置县称唐县，体现了后人对唐尧的敬仰、崇拜和怀念之情。

保定市容城县，据查容城之名始见于汉代。据《容城县志》记载："汉封降王有容氏于此，置容城县。"又据传说：道家始祖名叫容城子，道号易家，他曾脚踏龟背，观日月星象，受龟纹启示，绘成阴阳文。后周丞相姜子牙在此基础上绘成八卦。文王演易后，感容城子之功，追封容城子后代，封号"易家"。封地之内，不纳税赋，不服徭役。后代感念始祖恩德，将此地改名容城子，后衍变为容城。

保定市望都县，据查望都县古代曾称庆都县、武定县。据地方史志载，尧受封唐侯后筑城奉母居住，以其母之名命之，曰庆都城。战国时属赵国，置庆都邑。秦统一六国后，实行郡县制，以原赵国庆都邑南部置庆都县。

《帝王纪》载：尧居尧山，尧母庆都居都山（今孤山，孤、都谐音）。两山相距十余里。尧至孝，常登山望母，谓之"登尧山望都山"。汉高帝六年（公元前201年），刘邦巡游至此，以为用圣母庆都命名地名似有不恭之嫌，于是根据这一传说将县名庆都改为望都。

安国市，据《汉书》载，秦末楚汉战争开始后，王陵率军归顺刘邦，在灭楚建汉战争中屡立战功。为表彰王陵的功绩，汉高帝取"安国宁邦"之意，封他为"安国武侯"，其封地即今安国一带。汉武帝取其封号，置安国县。

博野县，据查博野县在西汉曾名蠡吾。东汉本初元年（146年）刘志晋位桓帝，诏封其父蠡吾侯翼为孝崇皇，翼陵为博陵。立陵庙，设博陵县，置令承以奉祀。后改名博野。《博野县志》载：职方云博野居博水之野故名。初平元年（公元190年）改称博陵国。魏晋改名博陆，北魏复名博野。北宋雍熙四年（公元987年）更名宁边军，景德元年（1004年）更名永宁军，宣和七年（1125年）复名博野，一直沿用至今。

第四节　燕赵地区传统村镇以历史民俗文化为主题的专名

一、以神话故事为主题的专名

根据前文对燕赵文化特点的分析，我们可以看出，燕赵地区人们的文化性格表现为勤奋耐劳、质朴厚道，这样性格的人们往往对生活本身有着美好的憧憬和愿望。通过地名志和实地调查走访可以发现：在燕赵地区，地名背后流传着一个又一个的民间故事。民间故事往往没有确切的史料印证，但是民间故事是一种创生文化，对一个区域形成文化认同具有重要意义，通过神话故事可以了解一个地域的人们对生活本身的憧憬和美好愿望。正如德国哲学家谢林所说："一个民族，只有当它能从自己的神话上判断自身为民族时，才成其为民族。"[1]创生文化是一个地域文化的内在灵魂，是地域共同体中后代认祖归宗的源头和方向。根据这些神话似乎可以找到一条文化的根。关

---

[1] [英]麦克斯·缪勒：《宗教学导论》，陈观胜、李培茱译，上海人民出版社1989年版，第121页。

于传说故事,虽然有些人认为它们并不存在,但从某种意义上来看,民俗就是神话。

燕赵大地上流传最久远的神话故事当属伏羲故事。伏羲故事形成了燕赵地区很多的地名。比如在新乐有两个与伏羲、女娲有关的地名:葫芦头与九龙口。相传在很早以前,一次特大洪水淹没了整个大地,人类几乎灭绝,只有伏羲和女娲这对兄妹由于有雷公赏赐的大葫芦才幸免一死。在洪水肆虐之时,二人坐在大葫芦之上,不知漂了多长时间。有一天一个大浪把大葫芦冲到一个土岗旁边停了下来。当他们看到遍地洪水之中还有片土地后,心中便十分高兴,于是便停留下来开始在这片土地上生活,这里就是现河北省西南部的新乐市。而何家庄村东北那个土岗,就是伏羲、女娲从水中登岸的地方,被后人称为葫芦头。

后来,人类灭绝的惨状惊动了玉皇大帝。玉帝首先派九龙下凡排除水患,重新为大地哺育山林、鸟兽虫鱼、种植粮草。又派毗多崩婆尊者暗示伏羲、女娲成婚,繁衍人类,治理天下。伏羲、女娲在这里结婚成家,生儿育女、繁衍后代。刚出生的婴儿是个肉团,伏羲便用"刺孩草"(昔草)的叶子划开肉团,使得这些小生命得以呱呱坠地。随之,"刺孩草"的叶子一半变成了红色,而今天位于伏羲台旁边的水池子就是伏羲清洗婴儿的地方,人们称这个地方的地名为"浴儿池"。[1]

新乐市有一个莲花池,又叫同涌泉,泉水源源不断地流向金水河,滋润着两岸大地。这金水河也有一个美丽的传说。相传,自盘古开天时起,伏羲、女娲就在新乐何家庄村东的高合居住下来,他们二人顺从天意结为夫妻,随后生育了一百双儿女。有一年大旱,地里的庄稼因缺水眼看就要枯死了,其他河沟早已干涸了,浴儿池里的水也不多了,通向浴儿池的水沟里的水流也少得可怜。伏羲心急如焚,到哪里去找水呢?既然生了这么多的儿女,就要想办法养育他们。又一想,别处河沟的水都干了,浴儿池为什么会有水呢?于是伏羲顺着河沟向西北方向去找水。来到一个水池旁,只见水池中央有水从地下向外冒。伏羲下水来到池底,在冒水的地方用手抚摸着,想看个究竟。见有一泉眼,于是他就挖了起来,泉眼突然扩大,水汨汨地往上

---

〔1〕 参见李屏东主编:《地名故事》,河北美术出版社2017年版,第15页。

冒，伏羲迅速上岸，水池也很快满了。伏羲为了更好地利用这些水，便召集众孩儿挖了一条水沟，向东南延伸过去，使泉水得以浇灌无数亩地的庄稼。庄稼救活了，河里的鱼儿又肥又大，河边两岸绿柳成荫，他们又过上了丰衣足食的日子。后来伏羲、女娲又在挖水得泉的水池周围种上了荷花。再后来，伏羲、女娲的子孙们便把这个水池叫作"莲花池"。随着岁月的流逝，有人在莲花池两边居住下来，取名中同村，人们又叫它中同涌泉，把流向浴儿池及其延伸到东南的河沟称为金水河。[1]

新乐市凤鸣村也有一个和地名有关的伏羲传说故事。伏羲台的西边有一个栖凤台，相传很久以前，何家庄村北口有个两丈多高、周长四丈有余的土岗，岗上树木茂盛高大，花草繁多，空气芬芳。最为神奇的是长在岗顶的一棵梧桐树，粗有数围，高有五丈之多，九支树杈伸向四面八方，好似九龙在空中腾飞游荡。树丛中雀巢数不胜数，一年四季鸟语花香，真好像伏羲和女娲的御花园一样。有一年暮春傍晚，人祖庙的东北方飞来一只长有锦鸡脑袋鹦鹉嘴、孔雀脖子鸳鸯体、大鹏翅膀仙鹤腿、如意胜冠的五彩凤，在伏羲台上空自由自在地飞翔，翩翩起舞，引得人们翘首观看，赞叹叫绝。当日晚上，正是祭祖日前夕，人祖庙香烟缭绕，那只凤凰忽然飞至人祖庙顶，边叫边转，好像也在祭祀我们的老祖宗似的。凤凰在人祖庙顶盘旋之后，转身向西飞去，落在了土岗梧桐树上。有些好奇的人们随后也赶到土岗，想多看几眼美丽无比的五彩金凤，一饱眼福。这时天色已晚，当地上了年纪的人们看到凤凰落在树上，说这是吉祥的征兆，劝阻人们不要喧哗，大家轻手轻脚地退去，让凤凰在此栖息。第二天的早晨，只见那凤凰鸣叫三声，飞离此岗，疾驰而去。自从那年凤凰出现，人祖庙也兴旺起来，应验了凤凰不落无宝之地的传说。人们遂将凤凰鸣叫盘旋的村子改名为凤鸣村，将凤凰栖息的土岗取名叫栖凤台。关于栖凤台的故事，明万历年间纂修的《新乐县志》在新乐县（今新乐市，下同）志古迹一章中增写了"在县西十五里何家庄正北，紧临民居，高二丈，周围三丈，俗称传有凤凰栖此"，故名"栖凤台"。

燕赵文化中各地的传说故事有很多，真实性无从考察，但是这样一个又一个的故事能够给世人一种感知的乡愁。在井陉孙庄，也有这样的一个关于

---

[1] 参见李屏东主编：《地名故事》，河北美术出版社2017年版，第17页。

月牙山的传说故事。相传在很久很久以前，天上有十二个太阳，人间全是白天没有黑夜，天气酷热难当。有一年，玉皇大帝之妹思凡下界，与凡人通婚，生下二郎神——杨戬。杨戬长大之后，拜师学艺，力大无穷，本领超凡。他看到天下百姓日日劳苦，没有一时安歇，十分同情，心想，天上只有一个太阳该多好，想来想去拿定主意，下决心把多余的太阳撵走。于是他一肩担起昆仑山，一肩担起太行山撵走太阳。扬言，谁要不走就把它压倒在山下，永世不得翻身。十二个太阳深知二郎神的本领，十分惧怕。有十个太阳还未等二郎神追赶就急忙逃离了人间，剩下的两个，其中一个比较明智既不逃走，也不抗拒，跪下向二郎神求饶。二郎神说："将你留下可以，但你必须好好地为人间造福，不许像以前一样一年总是炎热。"太阳连连点头满口答应。从此，一年有了四季——春夏秋冬。另一个执意不走，妄想和二郎神较量，二郎神一看大怒，一言不发手执撵山鞭，用尽平生之力一鞭将其打得粉身碎骨，碎石四处飞奔，一块碎石飞到冶里村西山顶，撞出一个大窟窿，至今，大窟窿在傍晚时仍能看见。一块撞到了东峪沟的山峰上，一下把山峰碰撞成了凹形，由于它形似弯月，后人便将此山称为月牙山，就是今天井陉的月牙山。

二、以历史故事为主题的专名

从古至今，人们聚落的土地上发生过许多与历史人物或事件相关的传说故事，这些传说故事也会转化为聚落处的地名。笔者通过对地名志的调查整理发现，燕赵地区传统村落这样的地名很多。

河北省藁城区土山村。地名的由来可以一直追溯到秦始皇时期。关于村名的来历，有这样一个传说：相传秦始皇统一中国后，要在北边修万里长城。为了修得牢固，让民夫从河北省的南部运黏土。没有车辆就让民夫一人接一人，排成队用筐传递。筐队排了1000多里。北边把长城修好了，南边还不知道。后来接到命令时，人们无奈之下只得把余下的土倒在半路，堆成了一座山丘。后来，这里居住的人们就把此地取名为"土山村"。[1]

石家庄市藁城区马邱村，这个村名也有个传说故事。汉朝时，王莽跟刘

---

〔1〕 米志科主编：《藁城地名文化》，中州古籍出版社2012年版，第167~168页。

秀打仗，刘秀战败。王莽追着要活捉刘秀。刘秀边跑边打一直退到藁城县境内的一个小村附近，当时刘秀跟前没有一个士兵，战马也累死在村边。刘秀看到跟随自己多年的战马死了，伤心地说："战马呀！自你和我在一起，没过上一天安稳的日子，不是东征就是西战，现在竟累死在这里。"刘秀哭了多时，擦干眼泪，抓起一把土，撒在战马身上，就算把马掩埋了。他站起来，又继续向前跑。后来，刘秀做了皇帝，想起那匹累死的战马，就把掩埋马的那个村子改名为马丘。[1]也就是今天的马邱村。

井陉县洪门寺位于井陉孙庄村村北洪西寨山下，是有近千年历史的古刹之一。昔日松柏参天，碑铭林立，香火旺盛，誉遍燕赵。关于洪门寺的传说有：在宋金时期，金太宗完颜晟即位后，为进一步占领中原夺取南宋半壁江山，于天会七年（公元963年）将河北西路重镇井陉县升格为州，统管浦吾（今平山县）、获鹿（今鹿泉区）、井陉三县。其州址设在曼城（今威州镇）、州名曰"天武军"，由世宗庶子名完颜永中镇守，卒于威州，谥号厉王。据说，有一年秋，宋金两国交兵。金太宗完颜晟兵败洪西山（今洪门寺前），前有寨城山阻挡，后有追兵，西有冶河拦路。此时他上天无路，入地无门，仰天长叹："我命休矣！"于是他双眼一闭，纵身跳入河中。因浪高水急，大雾弥漫，刹那之间不见踪影，宋军将领误以为其必死无疑，随即收兵。奇怪的是他跳河之后，感觉自己的身体被一物轻轻托住，恍如梦境。清醒后发现自己已躺在河的对岸，有一大龟正在身边慢慢地爬动。此时，他豁然悟到是灵龟显圣救了自己。之后，金太宗感念灵龟救命之恩，下诏在孙庄冶河之畔洪西寨山前敕建此庙。灵龟经千年修炼，终成正果，飞升天界。躯体化作厚重的大山，血液化作甘泉，留下千古美谈。[2]

晋州市泥马村地名的由来。晋州城东北有个泥马村，距县城7千米，原名叫千家店。地方传说在南宋时期，康王赵构登基称帝后，御笔书写金匾，将千家店村赐名为泥马村，并降旨昭告天下，封泥马村为救驾村。相传北宋末年，金国逐渐强大起来，野心勃勃的金国狼主早有吞没宋朝之意。为此，狼主命足智多谋的金多智扮成贩马客商，带上金银珠宝，到宋朝向宋朝奸相

---

[1] 米志科主编：《藁城地名文化》，中州古籍出版社2012年版，第168页。
[2] 李屏东主编：《地名故事》，河北美术出版社2017年版，第2页。

秦桧行贿。金多智自称夜观天象，大宋气数已尽，秦丞相倒有帝王之相，建议秦桧为金邦作卧底，将大宋朝能征善战之将全部害死，消灭大宋王朝，事成后金将与秦丞相平分疆土，秦丞相可在分到的疆土内重建新朝，南面称孤，自立为王。秦桧原本早有篡位称王之意，听了忙点头应允，与金多智签下密约。次日早朝，秦桧上殿奏本，说是金邦狼主对我朝虎视眈眈，不断派兵骚扰边关，大有兴兵犯境之意。望将朝中能征善战的武将，全部封为将官、校官奔赴北疆三关口（今河北省河间市一带）和镇守三关口的杨六郎之后、杨文广之子杨继祖元帅共同御敌。再备羊羔美酒和宫中御酒十坛，由他代主赴边关奉旨犒赏三军将士，以鼓士气。宋钦宗听了觉得有理，便降旨颁诏，购买猪羊千只，美酒百坛，白银万两，兵丁千名，召集朝中所有武将，由秦桧率领，到江北三关口犒赏镇守边关的杨继祖元帅和边关一百单八将，以示皇恩浩荡。秦桧忙接旨谢恩，散朝后一边命人领取库银购买猪羊各一千只，美酒各百坛。又秘密进宫，通过西宫的女儿盗来剧毒药酒鹤顶红，分别掺到十坛御酒中带到边关，召集边关大帅和满朝武将到中军元帅大帐宣读圣旨，设宴痛饮十坛御酒，使杨元帅和把守边关要塞的一百单八将，朝中能征善战的镇南侯、征西王等三百零六将，全部中毒而亡。

随后，秦桧马上写密信，告知北国狼主。狼主闻报大喜，命金兀术为征南大元帅，率铁骑十万，战将千员，步兵二十万，连夜起兵夺下杨家将五代镇守的三关要塞。然后挥师南下，一路上烧杀抢掠，不到三个月便渡过黄河，掠走了宋钦宗和太子。康王赵构忙调兵遣将出京抵抗，朝中已无将可派，一群贪生怕死的文官，纷纷劝康王赵构割地求和。康王赵构只好派使臣到金营求和，将大宋太原、河间等大片国土割让给金国，并赔偿金国白银十万两，由康王赵构亲自押送到金国，才使金国暂时收兵。康王赵构到了金国之地便被软禁，虽然有吃有喝，却失去了自由，难以回朝，整天不吃不喝，以泪洗面。被俘的宋军有一年轻校尉，叫呼延忠，是呼延庆的孙子，悄悄劝赵构先佯装归金乐不思蜀，等金兵放松警惕后，联合宋军弟兄保主逃走。康王赵构听了觉得有理，便记在心里，整天吃了睡，睡了吃，由哭变乐，似乎是忘了自己是南朝太子。

金兀术听看守狱率禀报了康王赵构的一举一动，顿时放松了警惕。三月初三深夜子时，呼延忠秘密联络了狱中几百名宋军，用飞镖打死看守狱卒，又刺死司马官,每人骑一匹金国的宝马良驹冲出金营,扬鞭催马向南而去。不料跑到次日午时,金兀术却率金国骑兵大呼小叫着赶上来。呼延忠指挥宋军在密林中挖陷马坑,拴绊马索,用多种方法阻挡金兵追击,让康王赵构独自一人骑快马向南逃跑。金兵冲在前头的几匹战马,被绊倒挡住去路。宋军趁机杀出,双方激战一天一夜,终因寡不敌众,宋军将士全部阵亡,但为康王赵构骑马南逃争取了时间。赵构身穿客商便服,骑着从金营盗来的宝马良驹,日夜兼程,一口气跑到晋州北边与无极县交界的滹沱河北岸,忽听后面呐喊"捉赵构,赏狗肉"。赵构回头一看,只见金兵主帅金兀术指挥着步兵万人,骑兵千人,似洪水猛兽般咆哮着蜂拥而来。他扬鞭催马,来到大堤之下,用力一拍马屁股,乌龙宝马一声长鸣,纵身跃上滹沱河北岸大堤。跟踪追击的金兀术怕康王赵构逃过河去,忙张弓搭箭,一箭射中乌龙马,康王赵构摔下马来。赵构爬起来一看,只见前面是一条几里宽的大河,河水滚滚东流,白浪滔天,一无船,二无桥,后面金兵蜂拥而来,便想到小树林里暂避一时。

忽然,从林中走出一位银须垂胸鹤发童颜的道人,牵着一匹白马,对赵构说:"此马名叫白龙驹,可脚踩波浪而行,快上马过河逃走吧。"然后一扬拂尘,现出本相,驾祥云而去。康王举目一看,原来是保护宋太祖打江山的张天师,急忙朝空中拜了三拜,纵身上马。只见白马如蛟龙般,纵身跃入河中,踏波踩浪如走平地,飞奔狂跑,眨眼间便来到了滹沱河南岸,一声长啸,纵身飞上了又高又陡的滹沱河南岸。这时金兀术率兵上了滹沱河北岸,见康王赵构已飞马过河,可河内无船,河面无桥,水大浪急拦住了去路,只好收兵回营,眼巴巴地看着康王赵构南逃而去。

再说那匹白龙马驮着康王赵构纵身跳下大堤,一路狂奔二十里,来到晋州城东北千家店村头的白龙庙,纵身跃上神坛一动不动。康王赵构下马一看,只见驮自己过河的白龙马是匹用白泥捏成的泥马,庙内有潮湿的泥马脚印,马身上的水往下直流。康王顿时恍然大悟,原来是庙内的白泥神马救他过河。康王赵构逃回东京汴梁后,移驾临安登基,史称南宋。

赵构登上帝位之后,马上降旨颁诏,将晋州的白龙庙改为白马庙,赐千家店为泥马村,并免除泥马村皇粮国税三年,又拨白银千两,重修白马庙,为白马重塑银身。次年农历三月初三,泥马救主过河之日,赵构又带领满朝文武大臣不远千里来到泥马村白马庙上香，并将御赐金匾挂在庙门上，由他在金匾上亲笔御书三个大字——"白马庙"。从此，白龙庙改为白马庙。赵构还安排三台大戏，为白泥神马贺功。又命知府将护驾阵亡的宋军将士的骨骸埋在白马庙旁边的向阳坡上，由白泥神马保佑他们的亡灵早日得道升天。天子降香惊动四方，方圆百里的人们纷纷前来为白泥神马烧香上供许愿。

相传，奸贼秦桧后来假传圣旨、伪造金牌害死抗金英雄岳飞之后便得了一种怪病，头顶长疮，脚心流脓，浑身肉烂，奇痒无比，用手抓痒，抓一下，便抓下一块肉来，直抓得两腿露出了白骨，疼得他哭爹叫娘。皇宫御医诊断不出是何病症，因何而患，又请来天下九大名医前来会诊，见其病入膏肓，无药可医，纷纷告退。当他听说受皇封的白泥神马能医百病，便忙备好供品，不远千里来到晋州泥马村白马庙。当他摆好香案，跪在泥马神像前刚要开口许愿，白泥神马却怒吼一声，纵身跃下神位，扬起前蹄，踏碎了奸相秦桧的脑袋和五脏六腑，并从秦桧腹中踢出一颗又脏又臭的黑心。秦府家丁一见神马发怒，忙抬上秦桧尸体跑了。众人拍手称快，知县赵南星挥笔在泥马庙门前写了一副贺联，上联是"当年显灵救宋主"；下联是"而今扬威除奸雄"；横批"惩恶扬善"。从此泥马村白马庙香火兴旺，形成了三月初三至初七的五天庙会。宋高宗亲笔御赐的村名"泥马村"也被沿用至今。

河北省石家庄市鹿泉区上庄镇的抬头村。其村名来历不凡。先称庄平，因四面环山、腹中平阔、土地肥沃、人兴田丰而得名。后因汉光武帝刘秀之事，经"药王"邳彤之口改为台头村。据传公元20年，天下大乱，西汉江山摇摇欲坠，汉光武帝刘秀见势不妙，趁在河北巡访之机仓皇逃命。王莽立率精兵追杀。至晋州平原时，刘秀精疲力竭，无处藏身，加之身染重症肠痛（肠炎痢疾），上吐下泻，腹痛难耐，头晕目眩，神志恍惚，已到了山穷水尽、身心崩溃、走投无路的绝境。时逢暮色降临，万物俱寂，他召身边大臣告慰遗嘱——"业未成，气已尽，负祖民，卒难暝，今天望，待来生"。

生死关头，众臣个个目瞪口呆，无计可献。唯邳彤说："我主真龙天子，正人君子，民心所向，天不灭秀。"刘秀叹问："何地可藏身避难？"邳彤神灵即现答道："置六寨、得秀山必东山再起。"刘秀追问，快快细细道来。邳彤曰："我行医采药时曾到天下九寨之第六寨，那里层峦叠嶂，地势险要，林木参天，涧水悠然，东有土门，西至固关，为巍巍太行山之龙脉之首，藏龙卧虎之宝地，定是我主复兴之胜地。"刘秀听言一振，当机断决，即命将士，一切听从邳将军指挥，快速连夜赶赴井陉。进入井陉县境后，邳彤采取声东击西、迂回辗转的八卦神术战略，兵分三路牵制王军：一路沿冶河向北而去；一路沿甘陶河向南而上；一路顺绵河向西逃身。在井陉三川百岭干道湾与王莽追兵展开了游击战，又在甘陶河南山沟（现称王莽沟）与王莽追兵展开了决战，两军损失惨重，刘军南路军全歼，王军也所剩无几。在仙台山刘秀险些被擒，灵机绝壁洞藏身，幸亏鸽子飞出，蜘蛛网口，诱惑追兵远去，使刘秀躲过一劫。

最终，王莽因判断失误，跟追刘秀诱军北行向五台山而去。邳彤保驾刘秀翻山越岭，绕道龙皇沟、娘子关，在地都村（因汉帝刘秀渡河而得名，后又演变而成的村名）渡过绵河，至北峪口转向西北上行，刘秀见两岸山峰秀丽，幽谷路溪并行，涧水清澈见底，顿感心悦身爽，遇一农夫便问："此地方叫什么名？"农夫答道："叫涧底沟。"邳彤插话道："涧底沟见底沟，我主磨难已尽头。"刘秀兴而忘节，扑通一下跳入水潭，洗尘浴身，顿感神清气爽。邳彤即命士兵到田间地头采集大量的马齿苋与大蒜，将二者混合捣至泥糊状，让刘秀与得病的众将士在水池中服下，洗浴补液与内服医治并举，重症肠痛神速痊愈。

刘秀精神抖擞，容光焕发，昂首阔步登上庄平村龙头坪，眼前顿时一亮，远处四周青山环抱，形似宝盆仙境，中间三座峦峰异常神奇灵秀，三山齐头，坐南朝北，好似向他挥手致意，左侧一座形似嫦娥捧月，山上苍松翠柏，古木参天，云遮雾绕，高耸入云。中间一座雄伟壮丽、气势磅礴，宛如一条蜿蜒盘旋的巨龙。山头与众山不同，为黄色岩石构成，崖下有三个天然溶洞，洞口浓荫蔽日，洞内凉风习习。右侧一座深邃幽静，嵯峨黛绿。刘秀大赞："此山奇哉，妙哉！"邳彤答道："这就是我们寻求的月牙、黄龙、神潭三秀山，我主现在立身之处乃山脉之龙头，龙体居龙头，人山名同秀，天地兼容，人杰地灵，天意吉兆啊！此地，必是我主抬头之佳地。"刘秀大兴，即决，就此安营扎寨养精蓄锐，得天地润泽，运筹帷幄，谋划兴邦定国方略，后果真平定叛乱。邳彤拟神仙一般的"抬头"二字，使刘秀天子抬头，时来运转，绝路逢生；使汉室江山抬头兴起，重整旗鼓，东山再起；使一方百姓富足抬头，安居乐业。

燕赵地区传统村镇沿革与地名法律规制研究

从此，庄平就改成了抬头村，后因书写简便，逐步演变成现在的台头村。当时刘秀下榻的窑洞被称为黄龙洞，邳彤居住的地方被称为邳将洞，驻扎兵营的地方被称为营房，养马的地方被称为马家园，刘秀与将士洗澡的地方被称为龙群沟，一直延续至今。后人们为了纪念邳彤，建邳彤神像，为现在的邳彤寺庙。台头邳彤祭典成为省级非物质文化遗产保护项目。

河北省石家庄市井陉县天长镇。唐宋古城，地处井陉县西部，东邻秀林镇，南依于家乡，西界南峪镇，北与井陉矿区接壤。天长镇历史悠久，文化底蕴深厚，古村落形态保存完好，古瓷窑、古驿道为国家重点文物保护单位，唐家垴古墓群为省级文物保护单位，大石桥为市级文物保护单位，玉峰山寺、府君庙戏楼为县级文物保护单位。显圣寺、下寺塔、霍家大院、张家店铺、古戏楼等诸多古建筑鳞次栉比，元宵庙会、玉峰山庙会、雪花山庙会源远流长，吸引方圆百里善男信女前来朝拜，皇纲、火流星、龙灯、狮舞、灯管、太平车、白脸社火竞相登场。古老的村落留下了许多动人的传说。

考察石家庄无极县县名的变化，会发现可以一直追溯到西汉。在西汉初期西部叫毋极县，东部叫苦陉县，东汉时改名为汉昌县，三国时改名为魏昌，隋时改名为隋昌，唐时改名为唐昌。而现在无极县的县名，则是在唐武则天万岁通天二年（697年）由武则天钦定的。武则天当上皇后后不久，随高宗皇帝李治去泰山封禅。泰山封禅，封为祭天，禅为祭地，是帝王在太平盛世或天降祥瑞之时祭祀天地的大型典礼。早在远古暨夏商周三代，已有封禅的传说。古人认为群山中泰山最高，为"天下第一山"，因此人间的帝王应到最高的泰山去祭过天帝才算受命于天。

武则天也不例外，她也想保国运长久，国泰民安，长生不老。不过，武则天还有个想法瞒着李治，她想保自己将来当上女皇帝，所以说她极其重视泰山封禅。从长安去泰山路途遥远，李治赶到半路河北地界时就已经疲惫不堪，只好暂时住下。武则天则精力充沛，可是住下的头一个早晨起床一看，早已日上三竿。她就想："平时自己是鸡一打鸣就醒，从未有过晚起的习惯，今儿怎么睡了懒觉了。"于是她就问身边的宦官，怎么早起没听到鸡叫。这宦官本想如实回答说是皇后您睡过了头。又一想，这要是如实说了，万一皇后迁怒，自己性命不保？不敢如实讲。可怎么办呢？宦官拍打着脑袋四处瞅，这一瞅，还真转动了脑筋，就说："皇后您有所不知，离这不远有个毋极县,大概这鸡知道皇后来,不敢打鸣了。"武则天听了说:"有这事儿,毋极——无鸡。这县在哪儿?"宦官说:"在此向北一百里。三国时甄皇后的老家呀。"武则天一听是甄后老家,肃然起敬,对宦官说:"赶紧请皇上下旨,恕鸡无罪。"果然,第二天一大早,雄鸡都"咯咯"地叫起来,武则天如愿早起,和皇上坐上龙辇,早早地赶路去了。这一路上,武则天心里可不平静,毋极——甄后,她把这俩词联系在一起,突发灵感,心想怪不得甄后没当上真正的正宫娘娘,说不定跟这毋极地名有关。"毋"字里包含不要的意思啊,什么都不能做,这怎么行呢?她取出随身携带的汉代铜镜,细细一瞧,上面铸有铭文:"与天毋极,与地相长。欢乐未央,长毋相忘。"她理解这是一面相思镜,传说是甄后流传下来的。于是心里又琢磨:"与天毋极,这气派可真不小,出了个甄家美女,弄得袁家与曹家二虎相争。"她越想越觉得这毋极肯定有名堂,地名在妨碍自己,跟皇上去泰山,毋极居然不让鸡叫,这明明是在作怪。武则天在泰山封禅的过程中,小心翼翼,生怕出点什么乱子,一路想着怎样把这毋极摆平。在封禅归来的途中,武则天特意参拜了老君庙,第一件事情就问:"毋极是怎么回事。""毋极?"老道士没听明白。他也不知道有个毋极县,脑子里装的全是道家学说,他佯装胸有成竹,口中念念有词:"无极生太极,太极生两仪,两仪生四象,四象生八卦……"武则天哭笑不得,明知老道士听转了音儿,也不管他,也跟着道士的经典进入道的空间。武则天联系道家学说,嘴里便不由自主地吐出了几个字:"无极,泰山无极。"她想起泰山封禅登峰眺望的经历,感觉真是风光无限极远,飘飘欲仙,觉得无极是道家眼中的万物始祖,准能保她前程远大,心里暗暗喜欢,请皇上传下旨意,今后每隔三年,派道士赴泰山行道,逢去必路过毋极,取"无极大道"之意。后来武则天当了皇帝,心里还记着这事儿,派出大名鼎鼎的叶法善法师到泰山行道。武则天除了派叶法善去泰山,又做出了新的安排,铸造无极宝鼎。武则天深知无极的道理,只有把握无极大道,国运才能昌盛,皇帝才会坐稳。宝鼎铸成,重一百八十斤,高四尺半,上边刻上"无极"二字。钟铸成不久,正好赶上叶法善行道归来了。武则天就问他:"爱卿,你来得正好,九州宝鼎建成,放在哪里好哇?"叶法善说:"臣正要启奏陛下。臣泰山行道,路过毋极时雄鸡唱白,祥瑞频现,五色行云,仙鹤回翔,大吉啊。"武则天听了欣喜过望,先前的忧虑一扫而光,说道:

"为保我朝天下太平，哀家已将九州宝鼎命名为无极，现在你说毋极祥瑞频现，难道是要寡人将宝鼎放在毋极不成？"叶法善说："皇上明鉴。"武则天说："无极太古，恐有不妥。"这时狄仁杰站出来说："恭喜陛下，贺喜陛下，您已经给毋极起下了新县名，九州同庆，万民齐福，九州宝鼎，无极永定。"武则天正纳闷，待看到那宝鼎上的"无极"俩字，一下子明白这是天意。马上让狄仁杰拟旨，将毋极定名"无极"，保江山永固，国泰民安。法师叶法善紧接着进言道："无极可保圣上长生不老，万寿无疆。"从此以后无极县名一直沿用至今，而那九州宝鼎却不知所踪。

常安镇耿村。耿村是闻名中外的故事村，为"中国民间艺术之乡"。经商和讲故事是耿村的两大古风。2006年，耿村故事被列为国家级和省级非物质文化遗产代表作。据传，明洪武元年（1368年），朱元璋的义父耿再辰死后葬于此地，故取名叫耿村。耿村民风古朴淳厚，自古就是东西交通驿站。自清康熙年间开始设立集市，工商贸易发达。街市繁华兴盛名噪一时，缘于此，旧时民间有"北有京津，南有耿村"之说。

常安镇北周卦村和南周卦村。据传说姜子牙曾在此地算过卦，算了九卦，起名九卦村。后姜子牙因保周朝建国有功而被加封。为纪念姜子牙，村民就改九卦叫周卦。清光绪年间，因人口增多，居住分散，将周卦分为南北两个自然村，北边称北周卦至今，南边称南周卦至今。

贾市庄镇刘海庄村。据传，很久以前，该地村庄有一个穷孩子名叫孙志银，在本村新海寺出家当了小和尚，法名叫刘海。刘海为人和气，憨厚诚实，心善如佛，同情穷苦人，村里寺里人们都喜欢他，刘海死后，村民就把村名叫作刘海庄。

梅花镇木连城。据查，战国时期，该地为赵、燕两国交界处，经常交战，赵为防御燕国的侵略，先后派廉颇、李牧镇守边疆，起名牧廉镇。隋开皇十年（590年）至大业初年曾在此地设廉州。后因村中失火，将村烧成南北两段，后改为牧联成（团结的意思），为纪念李牧、廉颇，又改为牧廉城。1976年后两半截村又盖成连片，成为一个整体。现称木连城。

梅花镇梅花村。《藁城县乡土地理》记载，相传昔有一梅花公主居于此，一方之人，咸受其益。后公主殁，葬于村东，俗称梅花公主坟（20世纪60年代被刨出）。后该村以公主之名，命之曰梅花，示不忘也。

西兆通镇西庄村和东庄村。据查,西庄村和东庄村原为一个村。清乾隆年间,深州(今深州市)闹水灾,有一部分人逃荒到此地居住,因从深州迁来,故名深州庄,隶属梅花。后人口增多,遂分两片居住,东片人多,称大深州庄,也称东深州庄;西片人少,称小深州庄,也叫西深州庄。1910年因为纳钱粮和梅花闹纠纷,由东深州庄李堡善出头,到藁城县衙与梅花打官司,堡善得胜,两村独立,西深州庄改名西善堡庄。1982年在地名普查中,经藁城县人民政府批准将西善堡庄更名为西庄,将东善堡庄更名为东庄。

赞皇县王家坪村。相传周穆王伐犬戎登赞皇山,在跑马坪向北錡(qi)望,见这里群山环抱,水秀山清,中间一抹平地,气势不凡,随信口曰:"真王者之坪也",王家坪因此得名。故该村建村时间应在西周。

许亭乡倒马村。传说西汉韩信追杀赵王的大将陈馀时,陈馀的马在此倒毙,唐开元年间这里建村时,村因此命名。

西龙门乡白鹿村。相传唐宪宗幼子患病,须以白鹿血作药引,于是派人各地寻找,后在村北万寿山获白鹿。唐宪宗幼子病愈后,宪宗赐村为白鹿园,简称白鹿。又据该村出土墓志铭载,当时即为龙门乡白鹿村。

西龙门乡白璧村。传说白璧村名字来源于和氏璧的故事。春秋战国时期,村里有一村民卞和,在村北岭上得一璞玉,因当时平民家中不许藏宝,故卞和便携玉赴赵国国都邯郸向赵王献玉。谁知赵王及众臣不识此宝,便诬卞和是以假宝邀官,便将卞和剁去右脚脚趾,赶出殿去,卞和大哭而归。后来赵王死后,新君即位,卞和又持宝相献,结果又被剁去左脚脚趾驱回。再后,新君即位,方才识得此宝。为此,赵王赐此村为白璧村。

赞皇镇花林村。传说,西周穆王到房子国时从村北槐河边沿河而上,经过此村时,发现村南岗上是一片松树林,村四周都是奇花异草、风景优美。周穆王即说这村像一片花林,花林村由此得名。

院头镇申峪村。关于该村村名的来历有两种说法:第一种说法,相传王朗追赶刘秀时,刘秀曾宿营于此。第二天,问此是何地时,侍卫想了想,是申时宿在这个山峪中的,便信口答道"申峪村",从此沿用至今。第二种说法,附近人们把这个地域叫"深幽"(幽深可怕之意),村落也就叫深幽了。旧时这里沟深林密,虎豹频出,人们竟能在此长期生活繁衍,似有神助,所以把这个村落叫"神佑"(即有神保护的山谷之意)。今"申峪"系"神佑"

"深幽"之误。

南邢郭镇西王俄村。西汉初,张良助刘邦统一天下后曾在该村东山(张良山)隐居,并以吉祥之名命名周围村落,称"旺俄",取"很快兴旺之意"。该村西称"西旺俄",后来演变为"西王俄"。

南邢郭镇南邢郭村。西汉初,张良助刘邦统一天下后曾在该村西张良山隐居,并以吉祥之名命名周围村落,称"兴郭",取"村郭兴旺"之意。该村居南称"南兴郭",后来演变为"南邢郭"。

殷村镇褚庄村。据清苑县县志记载,元末明初,天下大乱,有褚氏兄弟二人揭竿而起(哥哥褚大官、弟弟褚大印),招兵买马,自立为王,成为威震方圆百里的传奇人物,是有名的"大响马"。据说这兄弟二人武艺绝伦,行侠仗义,专干劫富济贫、除暴安良、锄强扶弱、为民除害、行侠仗义的行当,深得当地民众拥护。明洪武年间,天下大定,褚氏兄弟顺应民意,遣散兵勇,购置田地,聚众形成村落,定名为褚庄村。褚氏兄弟善终于褚庄村,陵墓就在褚庄村官印街旁边。现在的褚庄村中没有一户褚姓人家,也许和褚氏兄弟从事的强盗职业有关,后人为了避祸,防止仇家报仇,更名改姓,隐姓埋名。褚庄村人祖先大多从山西省洪洞县大槐树迁来。到现在村里老人还传说,在褚庄村的地底下,褚氏兄弟埋藏了两大瓮黄金珠宝。但到目前为止,一直没有找到。当年褚大官、褚大印的跑马道直到1980年还在,不过现在已成为房基地了。如今的褚庄村比过去大多了,马姓为村中第一大姓,另外还有史姓、刘姓、王姓、张姓、吴姓、范姓、高姓、车姓等。褚庄村风俗淳美,虽姓氏不同,却亲如一家。据清苑县志记载,清同治十二年(1873年),村名为褚家村。民国二十三年(1934年)改为褚庄村,沿用至今。

深泽县西固罗村。宋代天圣年间,宋金交兵,宋兵曾屯兵于南营村址,并在北面设三个驻防哨所,有"巩固的罗网"之称,因得名固罗,居西者为西固罗。

深泽县西内堡村。北宋天圣年间,宋金交兵,宋兵屯粮于定州七极村,在四周设立土堡哨所,该处位七极之西,故名西内堡。

深泽县水冻村。原名千家寨。村边汉代曾有滹沱河流过,西汉末刘秀与王朗战于河北,刘秀率军至此,滔滔河水骤然结冰,刘秀得以抢渡,此后,千家寨改名"水冻","汉渡留冰"即源于此。

张家庄镇北龙宫。据查，明永乐二年（1404年），吴、熊两姓家族奉诏从山西省洪洞县老鸹窝迁来此地居住。又传此地曾为河心，是龙王出没的地方，故取名叫龙宫。开始分前街、后街，后人口增多，分为两村。前街称南龙宫，后街称北龙宫，沿用至今。

藁城区正公村。据查该村大佛寺内碑文记载，该村原叫郑宫，传说唐代天宝年间，该村一个姓李的姑娘当了正宫娘娘，改村名为正宫。后村名演变为正公，沿用至今。

南奇乡一亩泉村。一亩泉名称由来，万泉涌出，汇于一池，池阔一亩故名。《西汉书·地理志》称，北平县（今满城）有卢水。郦道元《水经注》称泉头水。因"渝水伏流"，伏而出，得名沉水，又名尚泉。一亩泉与号称"天下第一泉"的趵突泉有相同之处，两泉池均阔一亩，都是名人相聚之处。一亩泉是保定古城的母亲泉，一亩泉河是古城的母亲河。北宋初年，因一亩泉和一亩河，在宋国北部边陲军事重镇保州城。因一亩泉和一亩河，保定成为保定路、保定府的治所，进而成为直隶省（河北省省会），成为直隶省的政治、军事、文化中心。

三、以民俗故事为主题的专名

从民俗故事而来的地名，多表明了聚落人们对美好生活的愿望，或是夫妻之间恩爱同心的美好愿望，或是人们对忠厚、勤劳、勇敢、善良的品质的歌颂。

河北省赞皇县的夫妻山。在河北省赞皇县大石门村有两座山峰，一座酷似一位高挽发髻的古代中年妇女，当地人称它为"傻老婆峰"；另一座酷似一位昂首挺立的男子，被当地人称作"傻老汉峰"，这两座山峰遥遥相望，人称"夫妻山"。

传说中有一对十分恩爱的夫妻，丈夫王大发是位木匠，为人憨厚老实，古道热肠，却不善言辞；妻子陈四娘却是位性情暴烈的女子，心直口快，眼里揉不进半粒沙子。两口子一个外出揽工维持家用，一个在家纺纱织布，操持家务，虽然由于个性差距太大，时常有些磕磕碰碰，但日子也算过得幸福美满，唯一美中不足的是，两人结婚多年没有孩子。有一年年底，王大发外出要账回来，走到邻村一户姓刘的寡妇家门口时，见一个十来岁的男孩子慌慌张张地从院子里冲出来，一把抓住王大发的手，狠命地往院里拖。王大发一进院子，见一妇人倒在地上，浑身抽搐，口吐白沫，喉咙里发出奇怪的声音，他知道这是羊角风发作，急忙上前施救。一会儿的工夫，那妇人醒转过来，有些迷茫地看着眼前这个陌生的男人。王大发连忙向她解释了事情的经过。这时候，他才注意到，这妇人和孩子衣衫褴褛，面容憔悴，于是动了恻隐之心，将收账得来的银两分给了他们娘俩一部分。母子二人感激涕零，双双跪在王大发面前千恩万谢。后来，王大发在路过该村时，也会买些馒头之类的东西去看望母子二人。

一次闲谈时，妇人听说王大发至今尚无子嗣，又恐自己出现意外，不能照顾儿子，就提议让王大发将自己的儿子收为义子。王大发一听，满心欢喜，遂回到家中，连忙将这一"喜讯"向自己的妻子一五一十地说了。陈四娘听了，也没有反对，于是没过多久，王大发便将那母子二人带到家中，由王氏家族中的两位德高望重的长辈见证，认了刘寡妇的儿子为义子。

这本是一件皆大欢喜的事情，可是事情的演变却令人始料不及。王大发夫妻自从认了这位义子之后，都觉得生活有了奔头，更加勤俭持家，特别是陈四娘，更是将义子虎子视如己出，时不时地接到自己家中小住。谁知时隔不久，村里便流言四起，有的人说，那孩子长得虎头虎脑，跟王大发小时候极其神似。也有人说，王大发认义子这件事根本就是在掩人耳目，肯定是嫌弃妻子陈四娘多年不育，才在外面跟刘寡妇珠胎暗结，生下了这个孩子。还有人背地里议论陈四娘，说她糊里糊涂地着了丈夫的"道儿"，还沾沾自喜；甚至有些人竟然将陈四娘疼爱义子之举说成是与丈夫合谋，"借鸡下蛋"没安什么好心。

正所谓众口铄金，积毁销骨，一来二去，这些话就传到了陈四娘耳中。陈四娘怒火中烧，当晚就声色俱厉地质问丈夫，而老实巴交的王大发听了妻子一番毫无根据指责，气得一句话也说不出来。如此一来，陈四娘便认为是丈夫做贼心虚，急怒之下，离家出走，寄住到了山上的一座破庙里。就这样，一对原本恩爱的夫妻，因为外人的风言风语分道扬镳，一个住在了济河之北，一个住在了济河之南。王大发和陈四娘两人虽然各自心怀怨愤，但心里却难以割舍。每当日落黄昏，两人便不约而同地站在山顶上相互遥望。这一天，狂风大作，飞沙走石，傻老汉王大发惦记着妻子住的破庙不够牢固，他吃力地攀上山顶,想看看妻子那边的情况,却失足掉到了山崖下,命丧黄泉。陈四娘惊闻噩耗,站在山头数日,不吃不喝,最后也离开了人世。

村里人感慨于两人的痴情,把夫妻二人合葬在了大石门村北面的山坡上。两人下葬的那天晚上,电闪雷鸣,风雨大作。第二天,人们便发现他们曾经站立的那两座山顶各出现了一座石像,两石像与傻老汉夫妇生前的相貌极其神似,于是,人们就将两座山命名为"夫妻山"。就这样,两座石像隔水相望,无论风雨晨昏,永远默默地凝视着对方。[1]

另外,燕赵地区也有一些地名反映了人们忠厚、勤劳、勇敢、善良的精神。比如"乏驴岭"。千年古村乏驴岭,文化底蕴深厚,民间传说较多,这些传说充分体现了乏驴岭人纯朴智慧的特征,反映了乏驴岭村民朴素的愿望和理想,比较深刻地表现了乏驴岭村民的忠厚、勤劳、勇敢、善良的精神。在乏驴岭古道的承载下随着来往行人,这些传说被传播到了四面八方。

乏驴岭村名来源于民间传说。《列仙传》载:"张果驴困乏于此。"乏驴岭村西桃花栈古驿路上的驴脚印被传为"果老仙迹",是原井陉"八大景"之一。在乏驴岭村西通往娘子关的古驿路上,有一处名叫桃花栈的地方,一段300米长的青石板路面横贯东西,这段青石板路由人工在悬崖上打凿而成,"车不能方轨,骑不得并列",艰险异常。但这段路在历史上却非常繁忙,过往骡马行人络绎不绝。由于长年累月的踩踏,青石板路面上留下了一串串深深的驴脚印,历代相传为"果老蹄迹"。加之桃花栈上有古柏参天,下有绵河奔流,风景如画。历史上诸多文人墨客到此登山览胜,留下无数赞美诗篇,并演绎出了一个动人的故事。

相传,北山愚公,家住河北冀州的大山深处,门前的道路被太行、王屋两座大山阻挡,年届九旬的愚公想把它们移走,率领子孙每天挖山不止。愚公移山的精神感动了天上的玉帝,于是玉皇大帝命八仙中的张果老帮助愚公将门前的两座大山移开。张果老受命后用驴驮太行、王屋两座大山欲往山西忻州,行至河北西部山区的井陉县乏驴岭地界时,只因这里山道崎岖,坡陡路险,平时健步如飞的仙驴到了这里也是气喘吁吁,踏在青石路上的驴蹄儿霎时深深地陷了进去,身后留下了一行深深的驴蹄印,每个足有半尺多深,

---

[1] 李屏东主编:《地名故事》,河北美术出版社2017年版,第8页。

仙驴困乏得无法前行。要知道，张果老是混沌初开的白蜘蛛修炼成仙，他的仙驴一直跟着他一起修炼，也早已是"得道高畜""驴风仙骨"了，居然在乏驴岭被困乏得如此狼狈，可见乏驴岭的道路是何等艰险。为了让仙驴休息片刻，张果老跳下驴来信步走进路边一个山洞，也是机缘巧合，只见这个山洞生得非常奇特，洞内宽敞明亮，干燥凉爽，到处钟乳石垂帘倒挂，石台石坎错落有致，好似亭台楼阁一般，比起他在蒲吾山的仙山洞府更胜一筹。走出洞外，放眼四望，脚下溪流缠绕，头顶古柏参天，四周青峰叠翠，身边山花烂漫，好一处仙居之地，张果老当即决定就在这个仙山圣地居住，修行布道。太行、王屋两座大山也从仙驴驮上卸下来放于此处。于是太行、王屋两座大山就矗立在了河北、山西的交界处。他居住的山洞被称作"张果老洞"，后人在洞内塑像作画，洞外修了张果庙，经年祭祀，青石板上深深的驴蹄印也至今留存，乏驴岭由此得名。[1]

四、以燕赵地区英雄事迹为主题的专名

燕赵大地发生过无数可歌可泣的英雄事迹，河北人民在抗日战争中做出了重大贡献和牺牲，有为国捐躯的民族英雄孙永勤、以死报国的抗日名将佟麟阁、壮烈殉国的第一军长郝梦龄、视死如归的抗日少将梁鉴堂、取义成仁至死不降的杰出代表邓佐虞、浴血疆场的抗日英烈朱家麟、携衣衾而战的爱国将领赵锡章、屡建奇功名震中外的国家栋梁武士敏、抗日老英雄范筑先、冀东抗日大暴动揭幕人王平陆、冒死抗敌的冀东战将陈宇寰、舍身为国的冀东抗联副司令洪麟阁、英勇抗日的民族之杰杨裕民、中华民族的优秀儿郎魏大光等英雄人物和英雄事迹。[2] 英雄人物和英雄事迹反映了燕赵文化中坚强勇敢的品格，以及珍爱和平、创造未来的决心。燕赵地区以英雄事迹而来的地名有很多。

陈庄镇玉泉庄。位于灵寿县西北部山区，距县城50千米，离陈庄西北还有15千米。在20世纪30年代以前，村子名为"南傲"，到现在还有北傲村。由于地处灵寿县西北部深山区，地偏人稀，地瘠民贫，周围多高山，悬

---

[1] 李屏东主编：《地名故事》，河北美术出版社2017年版，第36页。
[2] 参见河北省互联网信息办公室、中共河北省委党史研究室编著：《燕赵丰碑》，河北人民出版社2015年版。

第二章 燕赵地区传统村镇地名的命名和分类

崖绝壁,山势陡峭,交通极为不便。明朝灵寿知县杨子南在《奉勘黄田至普陀寺题壁》一诗中写道:"南山遥接北山头,半是沙冈半是沟。百口二三无菜色,十家六七暗烟楼。礧硗满路难行马,草葬连坡只牧牛。借问征粮何以办,不堪父老泪双流。"这正是灵寿全境人们生存的普遍情况,而处于深山区的南傲村就更难熬了,因此人们习惯用谐音"难熬"代替"南傲"。人们的苦日子熬不到头,光景难挨。1937年秋,八路军东渡黄河,挺进华北,后来创建了敌后第一个抗日根据地——晋察冀抗日根据地,成立晋察冀边区政府。在日战争战期间,晋察冀边区政府、抗大二分校等一些重要机关团体曾长期驻扎在陈庄一带。陈庄一带早在20世纪20年代末就有了共产党组织,这里的群众虽然贫穷,但受党多年的教育,觉悟较高,思想基础好。边区政府及机关团体到达这里后,受到群众的热烈欢迎和大力支持,他们纷纷腾出房屋,拿出有限的粮食招待部队同志。抗大二分校的一部就设在南傲村的后山上,老党员姜秀英家一共就两间屋子,当时抗大二分校的司法处(是审犯人、审汉奸的机构)就设在姜秀英家这个小院子里。为了方便司法处的同志们开展工作,他们腾出了另一间来关押犯人,全家人就挤在一间屋子里的大炕上睡,夫妻俩为司法处忙前忙后。那时候,家里常常藏着八路军的伤病员,鬼子来时,要么由丈夫赶紧把伤病员藏在家中的地窖里,要么由姜秀英赶紧背起伤病员,跑进深山里躲起来。村民抬担架、运粮,起早贪黑踊跃支前。1943年的一天,抗大二分校校长孙毅将军来到这里,看望部队学员学习和训练情况。孙校长是一个健谈的人,每到一处必与老乡聊天,了解当地风土人情及人们的生活状况,时刻挂记村民的疾苦。当了解到村子的历史和艰难情况后,将军的眼圈红了。群众这样困难但还是在力所能及的情况下支持部队办学,其情难能可贵。群众的日子不能总是难熬,要让群众看到光明,看到希望。孙毅将军起身环望四周,只见村庄四面环山,古树参天,山泉飞瀑,山泉汇成的小溪如一条条玉带缠绕。将军兴致勃勃地说:"我们的苦日子一定会到头的,'难熬'太晦气,为了让村子不再难熬,把'难熬'这个名字改成'玉泉庄'吧!"村民欢呼,奔走相告,我们不再叫"难熬"了,我们有盼头了。将军真心希望难熬村的人们能够从此走出水深火热的日子。[1]

---

[1] 李屏东主编:《地名故事》,河北美术出版社2017年版,第20页。

第五节　燕赵地区与思乡情相关的专名

地名犹如一盏明灯，指引人们回家的路。地名会带给人们思念故土，叶落归根的感觉。在山西洪洞县，"洪洞大槐树"被称为我国移民史上辐射范围最广、影响最大的移民发源地。据当代学者考证，明代"洪洞大槐树"移民现分布在18个省（区、市）的536个县及海外。究竟有多少传人，很难说清楚。在"洪洞大槐树寻根祭祖园"里，安放着移民姓氏牌位1534个。燕赵地区很多地方的聚落均来自于外来的移民，所以在交流和碰撞中会产生许多与思乡情相关的地名。

燕赵地区也有一个槐河的传说。槐河发源于河北省石家庄市赞皇县西南部的嶂石岩，穿赞皇县全境经石家庄市元氏县入邢台市，再至衡水市，最后注入阳河，境内全长79公里。槐河古代称泜（zhī）水，相传这件事与燕王扫北有关。燕王扫北，打着"诛奸臣，清君侧"的旗号，用以蒙蔽天下的耳目，彰显自己的名正言顺。然而燕王自己也心知肚明：自己在兄弟几人中排行第四，依照大明皇室"立长不立幼，传嫡不传庶"的传统，怎么说也轮不到他继承皇位。可当时他手握重兵，又野心勃勃，所以这些繁文缛节就暂时忽略不计了。人类历史向来是以成败论英雄，每一场正义与非正义的战争，都是以谁的拳头硬来定结果的。在燕王朱棣看来，他的父亲太祖朱元璋明明就是偏心眼儿。大儿子早逝，其他的儿子也是可以继承皇位，凭什么就非得让一个软弱无能的黄口小儿朱允炆（wén）（建文帝）来统治天下呢？最可气的是，这小子在龙椅上还没坐稳，就开始算计他这个当叔叔的了，名义上是削藩，其实就是打算把自己手中的兵权拿下，然后再打发得远远的，免得危及他的皇位。

但朱棣可不是省油的灯！本来就看自己的侄子不顺眼，一看他还来劲儿了，干脆一不做二不休，先反了再说。可是朱棣也不傻，直接伐自己的侄子，似乎有些说不过去，所以就先拿给侄子出主意的齐泰、黄子澄等大臣说事儿，意思是帮皇帝肃清奸臣。建文帝当时也是胸有成竹，调兵遣将，在太行山以东，滹沱河沿岸陈兵三十万，阻挡燕王南下的大军。1400年的春天，双方的数十万大军在滹沱河沿岸展开了长达数年的激烈角逐，此战以燕王获胜而告终。建文帝又加派重兵,想挽回败局,却事与愿违。最后只得在南京自焚(另一种说法是建文帝于乱军中逃脱,后出家为僧)。燕王反叛,早就料到要面对千夫所指的局面,可是当他遇到当地官民的强烈反抗时,又压抑不住心中的怒火,干脆一不做二不休——屠城,如此一来,河北一带便遭受了毁灭性的打击,出现了"白骨露于野,千里无鸡鸣"的凄惨景象。

燕王扫北之后,如愿以偿地登上了皇帝的宝座,而且马上摇身一变,由一位凶神恶煞的"反贼",变成了九五至尊的永乐大帝。正所谓"普天之下,莫非王土",贵为"天子"的永乐大帝当然不愿意看到自己的王土上有如此扎眼的一块"伤疤",因此就下旨从山西省洪洞县一带移民,以恢复和发展当地的农业生产。于是,一大批从老槐树下走来的男女老幼就在依依不舍中告别了自己的家乡,翻山越岭来到了新的居住地。可是他们心中却无时无刻不思念着自己的家乡和家乡的老槐树,于是,就将溉河改名为"槐河",并在房前屋后以及河畔沟谷广种槐树,以寄托对故土的深切眷恋。[1]

第六节 与村镇地理方位、生活方式相关的专名

一、与地形地貌相关的专名

廉州镇下西垒下村和东垒下村。据查,这两村原为一村,始建于1380年前后,当时称为李下。明永乐二年(1404年),该村民祖先由山西省洪洞县迁来此地居住,建村于原李下村故址之上,因村西北有新丰县故址,土墙高垒,故将李下改名为垒下(取"北为上,南为下"之意)。后因人口增多,居住分散,不便管理,于清朝末期,将垒下按方位分成东、西两个村庄,西边的取名为西垒下,东边的取名东垒下。

常安镇里庄村。据查,明永乐年间,该村人祖先从山西省洪洞县迁来此地居住,坐落在低洼地里(滹沱河古道),故取名里庄。传说明弘治八年(1495年),该村修建的大寺,匾额上嵌有"里庄"字样。

贾市庄镇贯庄村。据查,明永乐十四年(1416年),从山西省洪洞县迁来一些人在此居住,当时该村地势比较低洼,是过去的沼泽区,村西有一条

---

[1] 参见李屏东主编:《地名故事》,河北美术出版社2017年版,第88页。

汪洋沟，每次沥水，就往村里灌，故得名灌庄，后修河筑堤，水患解除，仍属全县低洼区，于清光绪年间，将"灌"字改为"贯"字，称贯庄至今。

梅花镇阳台村。据查，古时该地为洢河古道，洢河由西北流向东南，该村位于河北边的高台上，故取名阳台。明永乐年间，由山西省洪洞县迁来居民在此地居住，沿用旧村名至今。

梅花镇屯头村。据查，古代洢河自中照、清流间，表灵以西分数股由西北至东南方向流往屯头，至屯头后变为一股流向东南。该地为屯水整流处，故叫屯头。

藁城区南高庄村。据查，明永乐二年（1404年），该村田、韩、徐、张、刘、孙六户祖先奉诏从山西省洪洞县迁来此地定居，因当时该地人烟稀少，这六户就在一个比较高的地方居住下来，取名曰高庄。在1982年地名普查中，为区别于藁城北部的高庄，在高庄前面加方位"南"字，称南高庄。

藁城区三邱村。据查，明永乐二年（1404年），从山西省洪洞县迁来一部分人在此地居住，因村西南、西北有三个土丘包围该村，故取名三丘，今改为三邱。

曲阳县。战国时期已有"曲阳"之名的文字记载。《曲阳县志》记载，周赧王十一年（公元前304年），在今曲阳城西2千米处建土城一座，史称曲阳城。曲阳县以城得名。曲阳名称，其含义《水经注》释为："城在山之阳，是曰曲阳。"山指古代北岳恒山（今大茂山，古为北岳）。《读史方舆纪要》称以"在太行之阳转曲处而得名"。

蠡县。据明嘉靖《蠡县志》载：蠡县之名，盖取古蠡吾县之首字为名，"以地近瀛海，污下多虫"，故名蠡县。两千多年来，县名曾沿用陆成、蠡吾、博陵、博陆、博野、蠡州、蠡县七个名称。博陵，东汉桓帝追尊其父为孝崇皇，其陵在博水（蠡吾县地）称博陵，故为县名。博陆，三国魏咸熙元年（公元264年），博陵县更名博陆县，系博陵、陆成首字为名。博野，《太平寰宇记》载：北魏景明元年（公元500年），博陆县改名博野县（今蠡县地），以"地居博水之野"故名。蠡州，唐武德五年（公元622年）废博陵郡，置蠡州（今蠡县地），领博野县（今蠡县地）。蠡县，明洪武八年（1375年）降蠡州为蠡县。

辛兴镇北沙口村和南沙口村。据查，明朝山西移民在此定居，因有沙岗，又位于沙岗以北，南邻南沙口，故名北沙口。与此相对应的是南沙口。据查，明朝因山西移民迁居于此，因有沙岗，又位于沙岗以南的一个河口处，故名南沙口。

大河镇胡村。据查，明朝建村时，山西移民迁居此地，因此处为低洼沼泽地，故起名湖村，后演化为胡村。

墙板沟村，自然庄，因四周岩壁如墙而名。

黄北坪村，虽为深山区，但该地域开阔，黄土层厚，故名"黄北坪"。

槽沟村，自然庄，在后沟北，因沟形状像牲口槽而得名。

波浪村，传说旧时槐河水大，在坡上能见其波浪而得名。

铁孔沟村，自然庄，因庄附近多比较坚实的孔洞而得名。

石嘴头村，石嘴头旧村村东白草坪水库边有个石钵嘴，南面铁孔庄烈士碑下有个石钵嘴，石嘴头村处于两个钵嘴中间，故人唤此村为石嘴头村。

二、与方位相关的专名

通过对地名志的整理笔者发现，燕赵地区村镇为了指位方便，常常以东南西北方位为专名。

北尚庄。据该村真武庙碑文记载，清朝咸丰年间，此处有千户人家，名为尚庄。据该村真武庙碑文记载，清朝咸丰年间，该村有千户人家，称为尚庄。清朝末年修建石德铁路，穿村而过，将该村分为南北两块，仍统称尚庄。1962年位于南边的一块独为一庄，取名南尚庄。

中照。据查，古时在清流和表灵之间有一条西北至东南走向的河流，名叫浔河，河水分两股从中照村东和村西流过，村民因该村在两股河水的中间，而取名中照，沿用至今。

南马村。据查，该村先民于明永乐十四年（1416年）从山西省洪洞县迁来此地居住，因位于北马村南边，故取名为南马村，沿用至今。与南马村相对应的，还有西马村。

西刘村。据该村村内北岳庙碑文记载，宋元祐六年（1091年），此村为一大村落，因姓刘的户数多，取名为刘村。清乾隆五十九年（1794年）滹沱河发大水，将该村冲为东、西两片，形成两个自然村，但仍统称刘村。民国十年（1921年），按地理位置分为东、西刘村，东边的取名为东刘村。

北楼。据查，明朝永乐年间，该村人祖先从山西省洪洞县迁来此地居住，当时已有南楼，该村在南楼北边，故取名北楼。

在藁城与此相似的还有北乐乡（乐乡之北）和南乐乡（乐乡之南）。

在对赞皇县地名的整理中发现，也存在着以方位为专名的地名：东街村，东街村地处县城东隅，隶属赞皇镇管辖。因地处县城东部而得名，隋代成村。与此相对应的是西街村，隶属赞皇镇。东、南、西、北分别与东街、北街、南街、南关、曲江等村连接。因地处县城西半部而得名。以方位为专名的名字还包括：南关村、东庄、西台、南落坡、南庄等。

东里村。据查，明永乐年间，该村人祖先由山西省洪洞县迁来此地落户，坐落在原滹沱河古道里，初取名里村，因该村西边也有一村名为里村，故改称为东里村，沿用至今。该村是藁城历史上唯一的武状元李白玉的故里。李白玉，清嘉庆五年（1800年）庚申武举，嘉庆七年（1802年）壬戌殿试第一甲第一名，为御前侍卫。曾任山西太原镇总兵。与此相对应的是西里村。据查，明永乐二年（1404年），该村村民祖先由山西省洪洞县迁来定居，坐落在滹沱河古道里，初起名叫里村，为区别于东边的里村，改名为西里村。

三、与河流相关的专名

易县。易县作为行政区域是从隋朝开始的。据易县镇国寺石佛座石刻记载，隋开皇元年（公元581年）置易洲，开皇十六年（公元596年）置易县，从此以后，易县多为州治所在地，明代省县入州，专名"易州"和"易县"相对稳定。易县名的文化渊源是伏羲氏。州县名称源自易水；易水之名来自于有易氏部落。《竹书记年》载："殷王子亥，宾于有易而淫焉。"这个故事民间叫"王亥仆牛"，发生在距今4000多年前的商代中期。历史学家翦伯赞、郑天挺在《中国通史参考资料》中断言："有易氏是商代北方的一个部落，大约在今河北易县。"有易氏部落名称与《易经》同源，有易氏和商族都是善于用八卦占卜吉凶和观测天象的部族，当时使用的八卦现称"先天八卦"，由人类始祖伏羲氏发明。2004年河北省考古研究所在易水北岸发现了卜骨，为此提供了文物佐证。

涿州市。因地处涿水东南而得名涿。《中国历史地图集》之《战国·诸侯称雄形势图》的标志中，燕境有涿邑；《元和郡县志》《读史方舆纪要》《天府广记》等史志中均有"春秋战国为燕之涿邑"的记载。"涿邑"为"涿"名之始。秦置涿县，西汉置涿郡，唐置涿州，皆因涿水而得名。今之涿州市名，源自春秋战国时期。

涞水县。涞水县古代曾名遒县、逎县、范阳县、固安县、永阳县。隋开皇十八年（公元598年），以县境为涞水（今拒马河）所经，由永阳县改名涞水县，为涞水县名之始。涞水源出涞源县涞山，以山名水，此为涞水县名之源。

清苑县。据《魏书·地形志》载："北魏太和元年（公元477年）析新城置清苑。"从此，清苑县名始见于史。明嘉靖十一年（1532年）、清康熙年间重修的县志载："因境内有清苑河而得名。"清苑河之名源于东汉在县境置清苑侯国，封建武将军文惜为清苑亭侯。

高阳县。因古高阳地处高河（今已湮灭）以北，水北为阳，故号高阳。

曲阳桥乡西河村。据查，在明朝时建村，山西移民迁居在此地，因东临唐河故得名西河（后唐河改道于清苑县境内），与西河相对应的是东河。

廉州镇清流村。据查，古时在中照和清流两村之间有一条西北至东南流向的浔河，因水流清澈，故得名清流。明永乐年间，从山西省洪洞县迁来居民在此居住，仍沿用清流村名至今。

丽阳镇。据查，古时该地有一条河，名为骊水，村子在骊水北边，故称丽阳，俗称泥阳、泥乡。历史上为藁城八大镇之一。

曲周县侯村镇堤上村。据查，栾城县城郎村铁钟记载，该村西北有一古河。明永乐二年（1404年），该村人祖先奉诏从山西省洪洞县庄合园迁来此地居住，开始住在河附近，因河水泛滥，村民们又都搬到河堤上住，故取名堤上。

西关镇慈上村。据查，明永乐二年（1404年），该村居民祖先奉诏从山西省洪洞县迁来此地落户，因住在磁河的北岸上，故取名慈上。

四、与距离相关的专名

五界村。据查，该村民先祖奉诏从山西省洪洞县迁来此地居住，原来居住分散，东西长共分为五截，故取名为五截村，后因闹水灾，五截人家聚在一起居住，后改名为五界村，沿用至今。

南刘村。据查，该村原叫八里彭，是一个大村，东西长八里地，传说明朝燕王扫北时，将八里彭村大部毁灭，只留下南部几户人家，后来这几户人家就改名为南留村，不久将"留"改为"刘"，称南刘村至今。

五里庄。据查，武氏于明代永乐二年（1404年），奉诏从山西省洪洞县迁来此地居住，以姓氏取名为武家庄。民国二十二年（1933年），为便于区别藁城城东的武家庄，并且该村距县城五里地，故改称为五里庄至今。

五、与生活设施、交通设施相关的专名

石井乡。据查，该村为肥累古城之东廓。因该地井水较多，且井口都用石头所筑，故取名为石井，沿用至今。

冯马村。据查，该村村民于康熙十九年（1680年）滹沱河发大水时从冯村迁来定居，因滹沱河有一码头靠近该村，故取名码头村。1850年，因该村属冯村营管辖，又是由冯村迁来的，故又改名叫冯马村，沿用至今。

桥板村。据查，明永乐二年（1404年），一部分人由山西省洪洞县迁来此地居住，当时村东有一条小河，为使村民来往方便，河上搭有一大木板作为桥板，故取名桥板至今。

六、与职业、经济民生相关的专名

保定市蠡县辛兴镇赵锻庄村。据查，宋朝时有姓赵的在此定居建村，以打铁为业，故名赵锻庄。

石家庄藁城区织锦乡。据查，明永乐二年（1404年），该村人祖先由山西省洪洞县迁来此地定居，当时以纺丝织锦为业，故取名为织锦，沿用至今。

岗上镇。据查，明永乐二年（1404年），该村人祖先由山西省洪洞县老鸹窝迁来此地居住，一铸铁为业，传说铸造铁钟时，铁水泄地，凝结成碾盘大的一块铁，重1000多斤，人们行走之上日久磨砺，呈放光泽，故取名岗上，沿用至今。该村旧时曾为藁城县八大镇之一。

马圈村。据查，该村原是喂马的棚子，后喂马户在此定居，取名马圈。

南屯村。据查,明永乐二年(1404年),部分居民奉诏由山西省洪洞县迁来此地居住。因做灯笼的较多,故定名灯笼屯。中华人民共和国成立后改为南屯,沿用至今。

小果庄村。据查,明永乐年间,有姓路的从本县北洼迁到此地定居,以经营果园为业。故取名小果庄,沿用至今。

贾市庄村。据查,该村在明朝以前称市庄。因该村地处藁城、晋县、赵县三县交界,集市贸易非常兴旺,故称市庄。相传燕王扫北时,该村村民大部被杀,只有一个妇女贾氏躲在柴草垛里才免于一死。后来贾氏招了个女婿在此地居住,改称贾氏庄。清代,该村一人在朝为官,上朝见皇帝,问起籍贯,此人初写贾氏庄时,惹大臣们哄堂大笑,该人羞愧,遂将"氏"改写为"市",从此,该村称贾市庄至今。

高玉村。据查,明永乐年间,从山西省洪洞县迁来一些居民在此地居住,当时比较富裕,土地肥沃,故取名膏腴,后因年深日久,又将膏腴演变为高玉,沿用至今。

第七节　行政干预、军事战争对地名文化的影响

从古至今,大量地名的产生都同政区调整、政权更迭、统治者的意志变化等因素息息相关。

一、与军事设施相关的专名

以藁城南墩村为例。据查,古时此地曾筑有皇室传达军情的烽火土墩。明永乐年间,由山西省洪洞县迁来一些居民在土墩南北两地定居,土墩南边的得名南墩村,土墩北边的得名北墩村。后因滹沱河水泛滥,将北墩村冲毁,村民搬迁到南墩村居住,两村合并,仍称南墩村。

北马村。据传,明朝燕王扫北时,有一武将率骑兵路过此地,并在此地驻扎为营。永乐二年(1404年),由山西省洪洞县迁来一部分居民在此定居,因原来骑兵驻扎之地,故取名备马村,后将"备"字演化为"北"字,得名北马村,沿用至今。

后营村。据查,明永乐十四年(1416年),从山西省洪洞县搬来一部分

居民在此地定居，因该地在古时曾驻过兵营，分前、后、东、西四营，该村所处位置正是后营地址，故取名叫后营，沿用至今。

顺中村。据传，古时此地为南北交战的地方，一方战败后在此地商谈降顺胜者，此地取名叫顺通，即顺从之意。后有一藁城知县名字内有一个"通"字，该知县嫌有碍贵名，便把顺通改为顺中，沿用至今。

以藁城土山为例。土山据查，该村本在春秋时宜安故城西北岗阜堀起之处，此阜长20余丈，宽8丈，高2丈，形如山，乃赵国名将李牧点将之台。故以此取村名为土山。东汉时光武帝刘秀封耿纯为耿乡侯，耿氏家族居住此地，故将土山改名耿乡。明初又恢复土山名，沿用至今。

二、与官职相关的专名

尚书庄。据查，张氏于明代永乐二年（1404年），奉诏从山西省代州来此地定居，以姓氏取名为张家庄。明朝成化年间，该村张子麟在朝升为刑部尚书，政绩卓著，士民爱戴，被称为"一代刑名之祖"。卒后朝廷称畿甸英流，甲科隽异，有古大臣之遗风，封为太子太保刑部尚书。其父张钦、祖父张得才、曾祖父张玘俱赠光禄大夫柱国太子太保刑部尚书。村民为光宗耀祖，遂将张家庄改名为尚书庄。1996年将尚书庄改为红星大队，1982年通过地名普查又恢复为尚书庄。

三、与燕赵格局变动中历史故事相关的专名

城子镇。据查，西周时期，该地为白狄肥族人之根据地。当时周室衰微，朝纲不振，狄人遂乘势南下，占据此地，建国号，曰："肥。"筑土城，亦名"肥子国""肥累国"。时狄人猖獗，汉民族无力相抵。后晋国强盛，称霸中原，遂于鲁昭公十二年（公元前530年）派将荀吴灭之，掳其君緜皋以归。肥子国名遂废。西汉时置肥累县，后废县。明永乐年间，由山西省洪洞县迁来居民在此地居住，因村北为肥子国之故城，故取名肥城。后因墙垣塌倒，年深日久，城容已失，故于清朝末年，将肥城改称城子，沿用至今（肥子城古遗址于1956年被夷为平地）。

第八节　与吉祥美好愿望相关的专名

地名与人名有许多相似的地方，比如人们希望通过地名来记载和传达自己对美好生活的向往和期盼。

以藁城冯村为例。据查，该村大佛寺碑文曾有记载，冯村始建于1370年，康熙十九年（1680年）该村被河水冲毁，改名为破村，后将村庄修建好，又起名为缝村，以后又恢复原村名冯村，沿用至今。

永安村。据查，明永乐年间，该村人祖先由山西省洪洞县迁来此地定居。明弘治十三年（1500年），大水泛滥，该地周围都是水，故取名叫漂流（亦叫漂里）。清光绪二十六年（1900年），此地又闹大水，周围村庄均受害，唯独此村平安无恙，当时张知县查看灾情，见此景，将漂流（漂里）改名为永安沿用至今。

大常安村，小常安村。据查，这两村本为一村，明永乐年间，由山西省洪洞县迁来一些居民在此地居住，当时滹沱河古河道，因地势低洼，闹大水时一片汪洋，故取名广洋。清朝初期，因人口增多，居住较分散，广洋村分为两村，东边村称大广洋，西边村称小广洋。清同治七年（1868年），滹沱河改道，由城东折向东北，该地水患解除，藁城一县令见此景，就将大广洋改为大常安，小广洋改为小常安。

落生村。据查，该村原名大善村，清咸丰三年（1853年）发大水，将该村大部淹没，仅剩下西北角高处几处人家，难里逃生，故改名叫落生，沿用至今。

水范寨村。据查，明永乐十四年（1416年），由山西省洪洞县迁来一些居民，在此地落户，当时该地坐落在古骊水河边，土地肥沃，水源丰富，故取名水饭寨，后因经常闹水灾，村民受害不浅，又将"饭"字改为"泛"字，表示水泛滥的意思，称水泛寨。民国初，又将"泛"改为"范"，称水范寨，沿用至今。

辛兴镇。据查，在明朝建村，因虫灾地荒废，后山西有人迁居此地，择吉庆的意思，故其新名辛兴。

兴安镇。据查，明永乐年间，该村人祖先由山西省洪洞县迁来此地定居，取名叫大墩（习惯称垛墩）。后因闹水灾，村庄东移与纪家庄合并，仍称大墩。清咸丰三年（1853年），滹沱河水由大墩村北改道折向东北，该村从此水患减少，村民们为祝愿自己以后日子兴盛平安，故改称村名为兴安。

小慈邑村。据查，明永乐二年（1404年），该村村民的祖先由山西省洪洞县老鸹窝迁来此地居住，北靠老磁河，村民希望从此河得益，取名"慈益"，后将"益"改为"邑"，称慈邑。因村东北也有一个慈邑，且村比较大，本村较小，为便于区别，故改称小慈邑。

西凝仁村。据查，明永乐二年（1404年），从山西省洪洞县迁来一部分人在此地居住。当时村东有一永宁寺，落户后六畜兴旺，村人就按寺名"永宁"取名，表示永远安宁，遂名宁仁，因在永宁寺的西边，又称西宁仁。清光绪年间，将"宁"字改为"凝"，称西凝仁，沿用至今。

良村。据查，明永乐二年（1404年），杨氏祖先奉诏从山西省洪洞县搬来此地定居，以姓氏取名为杨家庄。后因杨氏家族人丁不旺，逐渐衰亡，村民将杨家庄改为梁村。清光绪二十三年（1897年），该村拔贡温万玉提议"良"字意义好，遂改为良村，沿用至今。

定州市。春秋战国至魏晋后燕时期，曾称顾、卢奴县、安喜县、弗违等，为中山国、中山郡的首府或治所。北魏皇始二年（公元397年），北魏道武帝拓跋珪攻取中山，即希望安宁之意，将安州改为定州。天兴三年（公元400年），又取"平定天下"之意，将安州改为定州，管辖中山、常山、钜鹿、博陵、北平五郡。此为以定州命名的建置出现之始，至今已有1600余年的历史。"定州"一名有其深远的历史文化内涵，彰显了定州在历史上的重要地位，"天下根本在河北，河北根本在镇、定，以其扼贼冲，为国门户也"。

满城县。满城历史上曾称北平、永宁、永乐、保赛等。满城一词最早见于唐天宝元年（公元742年），改永乐县为满城县，由旧县志史料所引，唐时取"西汉张苍封北平侯子孙满邑"之意。

雄县。据《雄县乡土志》载："雄"之名始于后周世宗显德六年（公元959年）。是年，世宗亲征伐辽，取瓦桥关置雄州。"雄"者，名取威烈，以彰武功，有威慑北辽之意。明洪武七年（1374年），降雄州为雄县。

同时，在一些反映邻里文化的专名中也体现着人们对于和睦的邻里关系的向往。村镇文化秉持"和为贵",为协调相邻村落的关系,也会对地名作出相应的变动。例如藁城的台营,据查,民国三十一年(1942年)拆除该村大佛寺时,曾拆出一书,据书中记载,该村居民是于明永乐年间由山西省洪洞县迁来此地居住的,当时定名为小营村。后来人们常把"小营"叫成"小爷",为此常和周围村的群众引起事端。为与周围村和睦相处,于清代末期将小营改为台营,遂沿用至今。

第九节 与传统建筑、历史文学相关的专名

一、与寺院建筑相关的专名

北宗村。据传,在明朝建村时,因南邻寺院,建村的位置在寺院的正北,故取名北宗。

南宗村。据传,在明朝初建村时,因该村北邻寺院,故名南宗。

西北寺村。据查,明朝建村,山西移民到此定居,因建村时东南有大寺一座,故名西北寺。

二、与典型建筑相关的专名

每个地方都有自己的典型建筑,以典型建筑为专名的村镇也有不少。

塔头村。据查,该村古时有一座塔,塔上石碑记载有"塔儿头村"。明永乐二年(1404年),从山西省洪洞县迁来部分居民在此地落户,仍沿用塔儿头村名。1911年左右,将"儿"音省去,称为塔头,沿用至今。

西宽亭村。据查,明永乐年间,该村人祖先从山西省洪洞县迁来此地居住,当时村南有一条河,河上有一座桥,在桥附近修有两个凉亭,宽绰凉爽,故取名宽亭。后因人口逐渐增多,居住分散,不便管理,故于清朝末年以凉亭为界,将村按东西分为两村,亭西边的称西宽亭,至今。

双庙村。据查,明永乐二年(1404年),该村人之祖先由山西省洪洞县迁来此地居住,因当时该地庙宇甚多,有五道庙、龙王庙、河神庙、土地庙等,并且各种庙宇都是成双成对的,故取名为双庙。20世纪60年代曾改名,后1982年在地名普查中,又恢复为双庙。

九门村。据查，九门原是一座古城。建于战国时期，本是赵国城邑，为蔺相如所筑。据《史记》载："赵武灵王出九门，为野台，以望齐、中山之境。""蔺相如伐齐，至平邑。罢城北九门大城。"即此也。因城池设有九个城门，故得名九门。

三、与历史文学典故相关的专名

燕赵大地，曾经是建安文学的发祥地。"三曹七子登铜雀，建安文风始开创。"雄才大略的曹操没能实现他一统天下的梦想，却无意中开创了中国文学史上的一个新高峰——建安文学时代，铜雀台也因此成了中国文人心目中的"象牙塔"。铜雀台在今天的临漳县，形成了台、楼、水、榭齐全的园林大观，是曹操在邺城的主要居所，无论是建筑艺术还是政体规模都达到了我国古代台式建筑的顶峰。铜雀台和建安文学对后人产生影响，名字中充满着悲凉慷慨、建功立业的现实主义和进取精神。临漳县三台村也正是因为曾是铜雀台、金凤台、冰井台所在地而得名。三台村是河北省邯郸市临漳县邺城镇下辖村。2019年12月入选第二批国家森林乡村名单。

三义宫位于涿州市楼桑庙村，其名字的来源也来源于历史文学典故。三义宫始建于隋代，后经唐、辽、元、明、清各代修葺，距今已有1400多年的历史。三义宫是为纪念刘备、关羽、张飞于此桃园结义而建成的，表达了人们对于刘备、关羽、张飞气吞山河、"忠义诚信"的豪情的赞许和讴歌。

第十节　与生态环境、特色风景相关的专名

通过地名志的文献整理发现，燕赵地区存在着大量与风景特色相关的地名。

梨园庄村。据查，明永乐十四年（1416年），从山西省洪洞县迁来部分居民在此定居，因该地有一梨园，故取名梨园庄。

毛庄村。据查，明永乐二年（1404年），从山西省洪洞县迁来部分居民在此居住，当时该地在滹沱河南岸，遍地茅草丛生，故取名为茅庄。后河水冲塌村庄，南迁三华里，仍称茅庄。清代后期将"茅"字演化为"毛"字，得名毛庄，沿用至今。

柳树寨村。据查，明永乐二年（1404年），由山西省洪洞县迁来几户居民在此落户，当时该地柳树茂密成荫，故取名柳树寨，沿用至今。

槐疙瘩村，明永乐年间建村，因村里旧时有一疙瘩抱块的老槐树而得名。

银河铺庄，因沟陡水高，似天上银河，故名。原来银河铺为村自然庄，现有看山人居住。

羊栏沟（自然庄），位于村西，村域内最大的沟谷为东西走向，长6千米。位于太行山主脉虎寨岭的猪头垴附近，沟内林木覆盖，内有县羊栏沟国营林区。羊栏沟自然庄坐落在距沟口2千米处，沟因曾有农家羊栏得名。

佛堂沟（自然庄）在旅游度假区内。因附近有一规模相当宏大的寺院（今废）而得名。

南潘。因该地据说是平泉庄李氏家的蟠桃园，故名。也有说这一带曾是宋奸臣潘仁美被杀的地方，故名。但据考，潘仁美乃戏剧人物，历史上并无此人，故此说不可信。宋史中虽有潘美，但形象和戏剧中的潘仁美相去甚远，不能视为同一人。

蒲宏。原为"蒲泓"，即多水多蒲草之意。

花园。此处原是明朝某位将军的属地，这位将军生前特别喜欢花草，去世后葬在此处。为此，人们将这里称作花园，到现在这里家家户户的院落中几乎都可以看到各种花草。

相关的地名还包括：下桃坡、黄连沟村、野草湾、南水峪等。

第十一节 与谐音或误传相关的专名

地名的产生是一个历史过程，通常是当地居民长期共同约定俗成的结果；地名一旦形成语言，就会受到语言使用和演进规律的制约。从古至今，人们在地名的命名和使用过程中，都会回避使用一些容易引起不雅、不吉祥的谐音联想。燕赵地区存在的方言，也会对地名进行适度调整。因此，在对地方志文献整理的过程中，会发现大量地名中存在语音变动的现象，或是出于简化，或是出于忌讳，或是出于方言习惯，或是出于吉祥寓意的考虑。语音变动相应会带来地名中用字的变化。

以藁城辛丰村为例，据查该村原是新丰县故城。《新唐书》记载，隋恭帝义宁元年（公元617年）设置新丰县，属巨鹿郡。唐武德元年（公元618年）属廉州。武德四年（公元621年），省新丰县并入藁城。新丰县由县城降为村落。后"新"字演变为"辛"字，称辛丰至今。

以系井村为例，据查该村为肥累古城西廓。嘉靖《藁城县志》、康熙《藁城县志》均称其为"戏井"，光绪《藁城县志》改称为"係井"，后将"係"字简化为"系"字，称系井至今。

以豆家庄为例。据查，明隆庆四年（1570年），从山西省洪洞县迁来部分居民在此地落户，因当时姓窦的户较多，故取名窦家庄，后将"窦"字改为"豆"字，称豆家庄，沿用至今。

以朋学村为例。据查，明代永乐年间，该村彭氏祖先由山西省洪洞县迁来此地定居，起初起名彭学，清光绪年间将"彭"改为"朋"，称彭学至今。

类似的还包括以南朋为例（彭改朋）、东白露（娄改露）、西白露（娄改露）、杨家寨（砀改杨）、故献（顾改故）、南席（西改席）、大丰化（奉改丰）。

地名口耳相传，世代延续。在传递过程中，就会出现很多的谐音地名。

再以赞皇县为例。赞皇县黄北坪乡秦林村，明正德年间建村，主要有延、李、张等姓。李姓等自清代从山西昔阳迁来。据传，旧时一老汉犁地时，耕地的牛生下了一怪物，怪物一生下来就吃掉了铧子，老汉一气之下就把它打死了。人们认为这只怪物是麒麟。从此，该村得名"麒麟"。后误传为"秦林"。

川房村。川房原名"船房"，因以前此处槐河水势浩大，该村又地处河边，行船到此不能继续上行，停泊于此，人住船上，故村得名"船房"。

松会村。村坐落在沟中部，原名"嵩会"，为山多之意，后误传为"松会"。

了丝坡村。传说在早年前，了丝坡地域荒芜一片，北坡上的土石寨子只住着一户姓晏的人家。户主名叫晏春，身边有三个儿子。一天，寨子中的房子突然发生了一场大火，危急关头突降大雨，父子三人方幸免于难。但是房子已被烧毁,家畜也被烧死,于是他们便搬到现在居住的地方,久之成村。后来,人们就把此村叫作燎死坡。因"燎死"两字不吉利,于是村民便把燎死坡改叫了丝坡。

龙堂院村。旧称龙躺院。传说旧时有一天雷雨交加,天晴后,村民发现有一条巨龙躺在村中,说是该龙行云布雨后由于种种原因没来得及走,村子由此得名。

千根村。该地原有开元寺,建于村东南山坡,寺在山跟前,故称前根,后误传为千根。

许亭乡陈旗庄。原名"抻旗",即隋末农民起义领袖窦建德起义时在这里抻展大旗之意,后误传为陈旗。

西龙乡竹山村。该村建于北魏初年。原名出山,因其坐落于许亭川和李川沟两川交汇处,从此村再往东已出群山,故名出山。后误传为竹山。

布古庄村,该村约建于西汉初年。原名布鼓张。相传建村初,村东岭下有一深潭,常有恶龙作祟,忽一日潭中鼓声大作,水内竟有一破鼓浮出。村人皆惊,恐于村不利,遂问于巫。巫曰:"即日乃恶龙生日,须祭之。"于是老者集村民杀牲祭于潭边,并以牛皮补鼓投入潭中,鼓即沉潭底。众皆骇然。后每当水涨,潭内便有破鼓浮出,村人每年便张布补好投潭,于是祟绝,该村便被称为布鼓张,后误传为布古庄。

曲江村。据村出土的唐代墓志记载,原名屈家村。后人们在口语中将"屈家"合拼为"卡"(qiǎ),所以,该村又名为"卡村"。因过去赞皇山区和山西近邻一代口语"家""江"同音,故又误传为曲江村。

见守村。见守村建于隋初,因五马山是古战场,其为战场咽喉要地,易守难攻,故人称"坚守",后误传为见守。

南平旺村。一说是在南北朝时菩提达摩寻找传人,至此见山清水秀,人杰地灵,于是在此弘扬佛法,并赐该地村名为"平旺",意为平安兴旺之意。还有一说是以前村南的塔坡上曾住有两个山大王,啸聚山林,为害百姓,后来村民联合起来铲除了两个山大王及所有"响马",使匪患得以平息。为祈平安兴旺,将所建两村命名平旺。该村在南,故名南平旺。

西阳泽乡。村现址过去为水泊,旧村址在今京赞公路右侧的太平岗上,名太平庄。大水略退,水退人进,村又迁至今鱼山东侧。由于村下即烟波浩渺之湖泊，一年四季雾霭茫茫，故取名云雾村。明初山西移民张、宋、韩等姓来此落户后，感到云雾村听之不雅，见村地处济水之阳村前一片泽国，遂建议将村名改为阳泽。

叩家庵村。该村主要姓氏有陈、朱、董、王等。建村于明末。陈氏最先自山西省黄泥沟迁来，已历十五六世。迁来不久，便因感人少孤单，即动员了朱氏也迁于此。当晚用来驮东西的驴在后边沟的树林里被老虎吃掉，只剩下扣着的鞍子。故此将该山庄定名为扣鞍村。后觉"扣"和"鞍"字均不雅，改名叫叩家庵村。

花木村。村西北山坡根原有两座古墓，为高氏祖茔。墓壁上绘有花草、人物等景物，非常好看，由此该村遂名为花墓。后来人们觉"墓"字不吉利，改名为花木。

老师会村。村名来历说法有二。一是据传早年有位颇具名望的教书先生在此居住，每年3月3日，其弟子云集而来拜会老师，后发展成村，遂称老师会。二是现村南荼臼洼有块大平板石，周围村的教师们经常在此聚会，商讨文化教育等事宜，后发展成村，称老师会。

大家峪村。300多年前马姓由土门乡马家庄最早迁居于此，修田造地，建房筑屋。不久，秦氏自土门乡秦家庄也迁来此，但生活条件较差，只能在石岩下遮风避雨。马氏遂将部分房田无偿送给了秦氏，并言称，要有房田，我们大家都要有，故将村名命为大家有。又因处于山谷中，故称大家峪。

吴家庙村。建村时因村中共五户并出资合修了一道土庙，村名遂定为五家庙。后因谐音改为吴家庙，沿用至今。

营儿村。村始建于明初，初名营里。因曾为县内官府养兵安营之地，故名。军营南边有刘姓农民定居，所以村原有"刘家营里"的称谓。明初移民时有张姓夫妇两口从山西迁来，在相距刘家营不远的北边掘窑安身，后刘家绝，故名营儿。

饶羊镇。村内传说在明朝末年，南面来了一只神羊，到南羊角被砸去一只脚，到北羊角又被砸去一只脚，到此地村民欲杀之，后有人说"饶了它吧"，于是该村名由此而来。

冯家庄。冯家庄俗名狼尾巴沟，其地名由来有个传说。约在200年前，冯家村和武家村因东面的龙王山的归属发生争执，一个冯姓老汉出头代表冯家村诉讼，并说如果打不赢官司，他就离开此村。本来龙王山距两村都差不多，但是观察角度不同，会觉得远近不同。当时县官从城内沿骆驼山麓而来，进入武家村头一看，便一口咬定山距武家村最近，将山判给武家村。冯老汉一气之下带着妻子和大郎、二郎、三郎、四郎等四个孩子离开了武家村，来到现在的冯家庄处搭房居住。后来老汉故去，四子也夭亡。兄弟三人各成家立业，人称此庄为郎家沟，也被戏称为狼尾巴沟。后因其名不雅，改为冯家庄。

月旦村。据传，建村初期在山西洪洞县移民中有两位老学究，善于品评人物和事件，褒贬得体，深为本村和附近各村民众叹服。后来有人根据后汉时能言善辩的许劭、许靖兄弟所居村庄名为"月旦里"的说法，将此地称为月旦村。

第三章

燕赵地区传统村镇地名文化遗产的分析和保护

地名的标准结构为"专名+通名",专名在前,通名在后。通过上面的总结会发现,地名虽小,里面的历史文化故事却是丰富多样的。从文化角度研究,在地名志修编基础上,通过文献分析、概括、归纳、总结典型村镇的沿革,探讨燕赵地名文化,加强对传统村镇地名文化遗产的保护,具有积极的理论与实践价值。

第一节 地名文化遗产概述

地名除了赋予人们指位性功能外,还是一种语言文化形式,包含着丰富的历史文化和人文精神,是一个地域历史的印迹,通过对前文地名的总结和梳理,我们看到地名好似一个缩影,映射出燕赵地域的地理地貌、政治变迁、民风民俗等多个方面,是燕赵历史文化特点的凝结。帕默尔说:"只要有一个人能经常聚会的社会活动中心,那儿就存在着一种一致化的力量,表现在那个地区的文化现象上,尤其是在那个地区的言语上。"[1]如何判断一个地名可以作为一种非物质文化遗产呢?答案自然是:只有地域色彩浓厚、体现当地的历史文化价值的地名,才能作为一种非物质文化遗产。

联合国地名组织(地名专家组)对地名文化遗产的抢救与保护高度关注,对地名与文化关系的认识也经历了一个逐步深刻、明晰的过程。地名标准化会议不再仅仅从技术角度讨论地名问题,地名的文化特征越来越受到重

---

[1] 转引自宋久成主编:《地域文化视角下的地名规划——以新郑市地名规划为例》,中国社会出版社2014年版,第38页。[英] L. R. 帕默尔:《语言学概论》,李荣等译,商务印书馆1983年版。

视。联合国地名标准化大会就地名形成了一系列决议：如 1987 年第五届地名标准化会议 6 号决议提出"地名是民族文化遗产"；1992 年第六届地名标准化会议 9 号决议指出"地名有重要的文化和历史意义，随意改变地名将造成继承文化和历史传统方面的损失"；2002 年第八届地名标准化会议 9 号决议指出，大会重申"地名作为国家历史和文化遗产一部分的重要性，……敦促还没有采取行动的国家，有系统地收集地名，让广大公众更多地了解继承下来的地名对地方、区域和国家遗产和特征具有的意义"；最重要的是，2007 年第九届地名标准化会议上，在中国等国家的推动下，大会作出决议："地名属于非物质文化遗产。"至此，地名作为非物质文化遗产获得了国际上的一致认可。地名作为非物质文化遗产具备以下几个特征：

（1）历史传承性。地名表面上看是一种碎片式的表达，但是透过地名探究其背后的历史内容，会发现其中凝聚了朝代的更迭、疆域的变化、人口的迁徙、自然环境的影响以及人们对于美好生活的愿景。不同的历史时期，人们看待世界的方式和角度不同，地名好似活化石，从其中可以看到特定地域的人们看待世界的变迁轨迹，是可以观察的历史凭证。

（2）地域特色性。地名具有范围限定特征，在特定适用范围内适用具有鲜明的指示性。该地域独特的地理特征、文化传统、风俗习惯等决定了地名文化遗产的地点。南北方之间、东西方之间的地名都表现出很大的差别。地名文化遗产是特定地域的产物，也是地域特色的典型代表，离开了特定地域，地名就失去了生存的条件。

（3）长期稳定性。俗话说："三十年河东，三十年河西。"城市与乡村在历史长河中不断发生着变化，实体发生变化是常有之事，但地名作为一种重要的文化载体，不容易发生变动，这就可以将历史文化信息保留在地名中。这也就解释了为什么地名可以作为非物质文化遗产。地名可以稳定地将民族、地域、历史载入其中，成为"活化石"。

（4）种类多样性。地名如同人名一样，具有很强的主观性，不同的文字组合会形成不同的地名表现。通过对地名的梳理，我们会发现，地名文化遗产中包含了很多种类，比如历史文化、地理文化和乡土文化，而每个类别中还包括许多子类别，比如历史文化中包含了历史事件、人物；地理文化中包含了地理环境、经济特征、自然与人文景观；乡土文化中包含了传说故事、传统习俗、传统工艺等多种表现形式。

第二节 推动燕赵地区地名文化遗产保护工作

中国地名遗产保护活动是在联合国地名专家组的推动下启动的。在村镇传统文化保护中，人们很容易忽略地名在弘扬非物质文化遗产中的重要作用。

一、联合国地名专家组的关注与支持

2007年8月，联合国地名专家组中国分部时任主席刘宝全率领中国代表团出席第24届联合国地名专家组会议，向联合国地名专家组通报了中国实施地名文化遗产保护活动的进展情况，提交了《中国地名文化遗产保护总体规划》，建议将地名文化遗产保护纳入世界文化遗产保护范围。2009年10月，刘宝全再次率领中国代表团出席第25届联合国地名专家组会议，发言中提及将"中国地名文化遗产——千年古县"宣传保护活动列为联合国地名专家组地名文化遗产保护的重点项目。

地名是历史文化遗产的一部分，系统收集和保护地名，能提高公众对当地区域以及国家文化遗产的认同感。在第九届联合国地名标准化会议中，根据中国地名文化遗产保护工作实践和联合国地名专家组法国分部的提议，联合国教育、科学及文化组织驻纽约代表海伦玛丽·高斯澜的发言，作出了"地名确属非物质文化遗产"的决议。这表明中国地名文化遗产获得了申报世界非物质文化遗产的通行证，中国地名文化遗产保护活动已融入世界遗产保护范畴。在2012年7月召开的第十届联合国地名标准化会议中，提出了确定地名文化遗产保护对象的因素：①地名产生的时间；②地名持续使用的时间；③地名的珍稀程度；④地名的纪念性特征；⑤地名的吸引力；⑥地名的亲和力。在燕赵地区传统村镇地名的保护中，应同样适用和考虑这些标准和因素。

中国地名文化遗产包含着若干大类和子类别系统，地名文化遗产保护工作是一项系统的工程。因此，在推动燕赵村镇地名规划工作时，也需要坚持统一规划、分类实施、逐步推进。

第三章 燕赵地区传统村镇地名文化遗产的分析和保护

2021年2月21日,《中共中央、国务院关于全面推进乡村振兴,加快农业农村现代化的意见》发布,这是21世纪以来第18个指导"三农"工作的中央一号文件。文件第14条中指出要推进村庄规划工作,这也对我国传统村镇的发展提出了全新和完整的要求。积极有序推进"多规合一"实用性村庄规划编制,对有条件、有需求的村庄尽快实现村庄规划全覆盖。对暂时没有编制规划的村庄,严格按照县乡两级国土空间规划中确定的用途管制和建设管理要求进行建设。编制村庄规划要立足现有基础,保留乡村特色风貌,不搞大拆大建。按照规划有序开展各项建设,严肃查处违规乱建行为……加强村庄风貌引导,保护传统村落、传统民居和历史文化名村名镇。加大农村地区文化遗产遗迹保护力度。乡村建设是为农民而建的,要因地制宜、稳扎稳打,不刮风搞运动。严格规范村庄撤并,不得违背农民意愿、强迫农民上楼,把好事办好、把实事办实。因此,根据党中央精神,在具体的村镇建设和维护过程中,需要确定村镇规划方案,明确指导村镇建设的依据,包括新建村镇的规划和原有村镇的改建、扩建规划。村镇规划的基本任务为:确定村镇建设的发展方向和规模,合理组织村镇各建设项目的用地与布局,妥善安排建设项目的进程,科学地建设农村,满足农村居民日益增长的物质生活和文化生活需要,尤其历史文化名镇名村和传统村落的保护工作。

2019年9月23日,河北省政府批复42个省级历史文化名镇名村保护[1],批复中要求,市、县(市、区)政府应完善监管机制,依据保护规划,对历史文化名镇名村的传统格局、历史风貌、历史建筑及其相互依存的自然景观和环境进行整体保护,不得擅自拆除和迁并历史文化名镇名村。河北省纳入保护规划的具体村镇包括:邯郸市大名县金滩镇;定州市明月店镇;石家庄市井陉县南障城镇小梁江村;张家口市蔚县宋家庄镇宋家庄村、宋家庄镇邢家庄村、宋家庄镇吕家庄村、宋家庄镇大固城村、宋家庄镇郑家庄村、涌泉庄乡涌泉庄村、涌泉庄乡任家涧村、涌泉庄乡卜北堡村、代王城镇张中堡村、南留庄镇水东堡村、南留庄镇水西堡村,怀来县瑞云观乡镇边城村;保定市唐县倒马关乡倒马关村;邢台市沙河市十里亭镇上申庄村、柴关乡西沟村、柴关乡绿水池村、柴关乡安河村、册井乡册井村、册井乡北盆水村、刘

---

[1] 参见人民网2019年9月23日的报道。

石岗乡大坪村、刘石岗乡渐凹村、白塔镇樊下曹村,邢台县南石门镇小桃花村、南石门镇崔路村、皇寺镇李梅花村、北小庄乡东石善村、路罗镇桃树坪村、路罗镇鱼林沟村、太子井乡龙化村、西黄村镇南会村、将军墓镇内阳村、内丘县獐么乡黄岔村;邯郸市武安市午汲镇大贺庄村、石洞乡什里店村、涉县固新镇原曲村、关防乡后岩村、磁县陶泉乡北岔口村、陶泉乡南王庄村、峰峰矿区界城镇西老鸦峪村。

随着对传统村镇规划和维护工作的日益重视,需要在保护范围内从事建设活动,须沿革执行保护规划的要求。未经审批机关同意,任何单位和个人不得擅自修改保护规划。在核心保护范围内,禁止新建或扩建建筑物、构筑物;修建必要的基础设施和公共服务设施应符合保护规划,并按规定办理相应手续。在建设控制地带内,新建建筑物、构筑物在体量、高度、色彩上应与原有历史建筑相协调。在日常的管理和维护中,县(市、区)政府要公布历史文化名镇名村历史建筑名录,设置历史建筑保护标志,建立历史建筑档案,确定历史街巷名单,落实保护措施,在地名问题上更应认真对待,不轻易改变,尊重传统村镇历史习惯和文化风貌。

村镇地名文化遗产保护具有十分重要的意义,传统村镇地名保护需要提高到非物质文化遗产保护的高度。燕赵地区历史悠久、文化积淀深厚,传统村镇的古老地名确实是宝贵的民族文化遗产,具有中华文化的多元性和文化遗产的综合性。通过社会调查发现,近几年来,一些村镇地名在城镇化建设中消失,随之而来的是,随意命名和更名现象时有发生,更有些新建居民区出现"洋"地名,这些洋地名与传统村镇风马牛不相及,历史典故和传统文化被割断。因此,传统村镇地名是个内涵丰富的话题,研究中需要深入对地名文化形成发展、生存环境、内涵特征、与中华传统文化的关系等问题,不断完善地名文化理论体系,充实完善地名保护的运作机制,并通过"燕赵地区传统村镇"宣传保护活动,提高对于地名非物质文化遗产的重视程度。

二、推动传统村镇的文化开发建设

暨"中国地名文化遗产——千年古县"开放之后,地方文化开发的重点应放在对传统村镇的保护上,深入挖掘、鉴别、梳理传统村镇中的深厚、特色鲜明的文化现象。以历史沿革为线索,揭示中华传统文化在最基层的发展脉络，揭示燕赵地区传统村镇与中华文化大传统之间的关系，小中见大、小题材大主题，提升传统村镇的品位和在中华传统文化中的影响力。全国很多地方都开展了"中国地名文化遗产——千年古县"这个主题活动，通过大型电视文献片《千年古县》的广泛播放和其他传媒的大力宣传，知名度大大提高，成为县域经济社会发展和文化旅游开发建设的品牌。暨县域经济的开发后，规划的重点应放在对"传统村镇"文化资源的开发上。

保护燕赵地区地名文化遗产，离不开公众的参与和支持。在媒体形式多样化的今天，可以通过微博、微信、抖音或其他自媒体平台宣传和挖掘地名背后的故事，让地名文化走进人们的生活，提高人们对于地名保护的意识，更好地传承和保护燕赵文化。

三、增强对地名文化遗产的保护意识

地名是一个地区历史、文化、经济发展的缩影。随着城镇化进程的快速发展，一些传统村镇地名面临消失的风险。燕赵地区大量农村变成了城市的街区。这一过程中，一些传统村镇的地名消失了。没有历史的城市是没有根的，这些传统村镇的老地名是燕赵文化的一部分，承载了重要的历史信息。

各级地名主管部门和地方政府有关部门，应该了解各地地名文化的博大精深和地名所承载的文化，认识到村镇古老地名是宝贵的文化遗产，意识到关注历史悠久的古老地名和传统地名的重要性。民政部将加强地名文化建设和地名文化遗产保护纳入《全国民政科技中长期发展规划纲要（2009—2020年）》，河北省民政厅下达专门文件，对深入挖掘古县、古镇和古村落的地名文化内涵加以保护，并提出了具体要求。

有关部门对现有传统村镇地名进行保护，可以走访居民，了解现存老地名背后的故事，弘扬燕赵地区老地名中所蕴含的地域文化，以增加村镇居民的归属感和自豪感。

第三节 雄安新区地名设置中的文化延续

燕赵文化在新时代的发展不能不提到雄安新区，如何在雄安新区地名设置中将燕赵文化延续下去，是未来的重要问题。雄安新区涉及的历史文化经

典主要是河北白洋淀地区。提起河北白洋淀，可谓闻名遐迩，位于河北省保定、沧州境内的五个县市，原分布在保定市的安新县、雄县、高阳县、荣成县和沧州市的任丘市，是国家AAAAA级重点旅游区，现将位于雄县、容城县、安新县三县及周边部分区域纳入雄安新区。在地名问题上，雄安新区建成需要解决的问题包括综合交通路网名称规划；建成区、新区和城外村落地名的文化保护问题。

地名设置处在历史和未来的交汇中，因此需要未雨绸缪，通过编制和实施地名规划，实现建成区、新区、城外村落地名的融洽对接与文化互补，实现的理想地名体系应是：集时代愿景、地域特色、历史文化传承于一体的地名体系。老地名是新区建设的根，也是展示历史文化的窗口，应尽量加以保护。随着旧城改造的落实，原有的路网格局被打破，这时就要注意两个方面的协调：既要保护历史文化原有地名，又要适度创意命名。因此，总结挖掘雄安新区的地名历史文化故事很有必要。

一、白洋淀地区地名的历史典故

白洋淀地区自然水域面积366平方公里，淀内共有143个大小不等的淀泊，白洋淀是众多淀泊中面积最大的一个，约2万亩，因此得名，关于白洋淀的地名故事，探询历史记载，会发现众多版本，均有深厚的文化底蕴。

一为白羊淀。历史上，白洋淀曾经是黄河故道，人们因对烟波浩渺的白洋淀的直观印象称之为白羊淀。根据《山海经》记载，上谷时期白洋淀一带曾经是黄河故道，这里洪水滔天。到东汉永平十三年（公元70年），古黄河改道南移，大量河水存积在这片洼地，形成大面积水域。《新唐书·地理志》记载："莫州有九十九淀。"莫州包括莫县、清苑、文安、任丘、长丰、唐兴等广大地区。实际上，当时的白洋淀，西至清苑，东南到任丘、文安、徐水。大片的水域，每逢大风卷起层层波浪时，宛如一群白羊前拥后挤的奔跑，就有了"白羊淀"的称呼。

二为白洋淀。据《安新水利志》记载，早在《宋史·河渠志》中就有白洋淀的称呼。到明正德十二年（1517年），杨村河决口始成"泽国"，并形成徐、漕、雹、萍、一亩、方顺、唐、滋、沙九河入淀之势。人们看到淀水"汪洋浩淼,势连天际",故称之为白洋淀。

二、雄安新区历史文化中的地名

由143个大小淀泊组成的白洋淀中,散落着39个纯水村(即淀中村庄)和134个淀边村(环淀和堤上建起的村庄),细细考察来看,我们会发现这些村镇名字的背后,多半都有口耳相传的故事和传说。追溯探询这些名字背后的故事和传说是十分有趣的文化追索。

细数白洋淀的故事有很多,比如白洋淀的来历、八仙女失落白洋淀、白洋淀船桅(wéi)上木鱼的来历、白洋淀鲜鱼饭"鱼钻沙"的由来,白洋淀传统美食——锅贴饼子炖杂鱼的故事。

在雄安新区,由于地理区域的特点,许多地名与水相关:如康熙与"前塘""后塘"的故事。前塘淀位于东田庄村南,后塘淀在东田庄村东北,两个大淀由中间的几段苇田及东田庄相隔。前塘面积五千亩、后塘一万亩左右,水面广阔,荷红蒲绿,水生植物种类繁多,鱼虾蟹蚌产量丰富,鸬丁、野鸭成群飞落,是未经雕琢的天然氧吧、游人会集的最佳场所。水大的年头,两个淀几乎连在一起,风起时淀水波涛汹涌,气势连天。前塘、后塘名字的由来,有着一个美丽的传说:相传清康熙年间,康熙皇帝率众臣在此淀水围,见此淀一望无际,水天一色,两淀中的水清明透亮,水草鱼虾历历可见,龙颜大悦,不禁叹道:"妙啊!真是两潭清池,一泓碧水!"陪同水围的本地官员见皇上高兴,连忙跪地请旨:"请圣上为此两潭赐名。"康熙随即道:"以村为界,南边的叫前潭,北边的叫后潭吧!"自此,这两个淀便有了"前潭淀""后潭淀"的名字。后来人们误把潭字理解为塘字,所以也就习惯地写成了如今的"前塘淀""后塘淀"了。

到了近现代,白洋淀依旧演绎着众多有趣的、脍炙人口的故事,如三小队与雁翎(líng)、徐光耀和他的《小兵张嘎》、杨成武将军与白洋淀、孙犁和《白洋淀纪事》。

在雄安新区的名字设计中,既要守住历史文化的根,又要符合与时俱进的时代特征。细数雄安新区所覆盖的几个县,也有许多历史地名故事。

在雄县的故事包括:杨家将、李允则智守雄州、乾隆打水围、抗日名将孙连仲、鹰爪拳王陈子正与他的传人、革命历史故事("神八路"杨铁、高士一传奇、板家窝战斗）、风物传说故事（宋辽边关古站道、雄州古乐的渊源、木兰围场与水围行宫、西河大鼓的渊源、青石山的传说，棋赌"连桥"留趣话）等。在安新县的故事包括：荆轲与古秋风台、杨六郎与烧车淀、杨六郎与饮马河、康熙帝明四淀丢宝珠、康熙与"前塘""后塘"、渔女与乾隆、乾隆与捞王淀、纪晓岚斗智白洋淀等。

　　再久远一点的故事要算是荆轲与古秋风台（古时地名与今日地之呼应）："风萧萧兮易水寒，壮士一去兮不复还！"这是战国末期燕国义士荆轲所作《易水歌》中极为悲壮的名句，从古至今，传诵久远。这首歌中讲述的正是家喻户晓的"荆轲刺秦王"的故事。"燕赵多慷慨悲歌之士"，也许就源于此吧！故事发生在公元前227年。当时，强大的秦国已灭了赵国，兵临燕国城下。荆轲受燕国太子丹重托去秦国刺杀秦王，太子丹等人到易水河畔为荆轲送行。所有送行的人都知道，此去绝无生还的希望，所以都穿着白衣，戴着白帽。荆轲的好友高渐离击打着一种当时叫"筑"的乐器，荆轲慷慨悲歌，义无反顾地登车而去。

　　尽管行刺秦王没有成功，但荆轲的义举也足以使后人为之动容。此故事中所提到的易水，历代史学家多数认为就在易县。其实，易水分为南、北、中三条易水，而南易水流经安新县安州，后流入白洋淀，并以此为界，以南归赵国，以北属燕国，所以才有"燕南赵北"之称。而荆轲告别燕太子丹，就在安州以北，南易水河畔，当今的白洋淀边。翻开明清《安州志》，有这样的记载："三官庙前，旧有秋风台，在城北易水旁，即燕丹送荆轲之处。"对于易水诀别，《战国策·燕策三》曾作了这样的记述："送之至易水，既祖，取道。"这里所说的"祖"，清代大学者王引之、孙冷让等均解释为"祖泽"，就是指当今的白洋淀——古代南易水河畔，秋风台为荆轲壮别的地方。文中所提的"三官庙"位于秋风台旁，所说的"三官"指天官、地官、水官，属道教，燕太子丹之所以选择"三官庙"与荆轲壮别，概有亲临祖泽而行祭，以祈求一路顺利平安的意思。

　　20世纪60、70年代兴修水利时，"古秋风台"石碑被当作基石断成四块使用。1970年，安新县文物普查队在安州普查时，找到了古秋风台遗址和古秋风台石碑，从而使这一悲壮的历史有了明确的见证。古秋风台石碑，现仅存"古秋""风台"两块残碑，收藏在安新县文化馆。

1999 年 6 月 18 日，《北京青年报》发表中国社科院历史研究所研究员林原的《荆轲壮别白洋淀》一文。以古文献、考古资料与地质学研究成果相结合而推定古祖泽的所在，即今白洋淀，从而使荆轲壮别于白洋淀，得到了进一步证实。

再如，杨六郎与烧车淀的地名故事。白洋淀的 99 个大淀，淀名有的是根据淀里常见的事物命名，有的是利用外形轮廓命名。而烧车淀却是因为一个极富爱国热情的传说故事而命名的，即杨六郎在此火烧韩昌的故事。

烧车淀在安新县城东 5 千米，在小张庄村北，方圆约 20 千米，翻开《保定郡志》就有明确记载："昔人以车装石灰，经此遇雨，灰中生火烧车，延及蒲苇，通宵不熄，故名烧车淀。"看来，烧车淀确实与火有关，只是在民间传说中更加生动。

据传在宋朝时，烧车淀是个人烟稀少、荒草遍野的地方。这里有一条通往雄关的小堤，堤两旁是丛生的芦苇，小堤只能容一辆单车通过。爱国名将杨六郎就率兵驻扎在此。当地人习惯称这条小土道为宋堤。宋堤狭窄坎坷，只能凑合着行单车。

那一年，辽国韩昌发兵大举进犯中原，与杨六郎在这里展开了激战。当时北国援兵源源不断，而宋朝的援兵却迟迟不见。连战三天之后，眼见韩昌的兵马越来越多，而宋兵却日渐减少。杨六郎苦苦思索克敌制胜的办法，良久想不出一条妙计。当他走出校门时，看到士兵砍伐芦苇做燃料，心中猛地一亮，想出一条战胜北国韩昌的办法，回营后立即做了周密布置。

第二天，宋军猛播战鼓，杨六郎亲自率兵出战韩昌。他边战边退，佯作败阵，终于把敌人引上这条窄窄的小堤。韩昌被杨六郎的假象所迷惑，误认为杨六郎寡不敌众，便命令军队加速追赶。当各种辎重车辆都上了小堤以后，只听一声号炮响起，小道两旁早已隐藏多时的宋军燃起火来。当时火借风力，风助火威。小堤上人仰马翻，粮车倾倒。火势越烧越猛，辽兵哭爹喊娘，四处逃窜，就连辽军主帅韩昌也弃军逃命去了。

随着岁月的流逝，这里早已是一片汪洋。人们为了纪念杨六郎火攻辽兵的事迹，就把这个淀泊起名叫烧车淀。

相传大宋名将杨六郎镇守三关，使辽兵不敢轻易南犯一步。辽国对杨六郎是又恨又怕。

有一年，辽国又发动了一次大的战争，妄想活捉杨六郎，抢占三关口。杨六郎带领众将士奋力迎敌，把辽兵赶出了边关口。他为了严惩辽国，一直向北追杀辽兵，一连追赶了三天三夜，辽兵败退数百里。当杨六郎返回安州时，整整一天找不到水喝，弄得将士们疲惫不堪，连战马都蔫了。正走之间，杨六郎的战马忽然落荒而逃，杨六郎怎么也勒不住，战马只是飞起似地朝南奔去。跑了很远，突然在一片青草地当中的小凹坑边停下来。杨六郎翻身下马，只见战马满身是汗，口吐黏沫，干渴到了极点。他四下一看，遍野是稀草疏苗，一片旱象，只有这一小片绿草茵茵。他把缰绳搭在马背上，让战马独自去吃草。他却走到附近的一座草屋旁，找老百姓讨水喝。

这座草房里的一对老夫妻告诉他说："辽兵连年来骚扰，井都填了，河水改道，这一带吃水比吃油还难。"说着，端起个破罐子："哎！这不，只剩下这半罐子水了。"杨六郎眼见老百姓吃水这么困难，自己怎么忍心喝这点救命水呀！他转身回到战马跟前，见战马的前蹄直创脚下的小凹坑，杨六郎受到战马的启示，趴在地上细听，听到地下有哗哗的流水声，杨六郎随即用宝枪插进坑里用力一挑，一股清泉从挑开的裂缝里流了出来，战马走上前嘴对清泉大口大口地喝起来。马越喝泉口越大，泉水越涌越多，很快汇成一条小河向远方流去。杨六郎双手捧起泉水一尝，泉水很甜，他马上把将士们唤来喝水。大家喝足了水，顿时精神百倍，起程继续赶路去了。

村里的人们见有了水都感到惊讶，纷纷来到泉边观看。只见泉边地上有一串马蹄印，顺马蹄印望去，只见马上坐着杨六郎，手里还拿着一杆明光闪闪的银枪。人们这才明白是杨六郎和他的战马办的好事。于是人们拿着铁锹，顺着马走过的蹄印挖了一条河，一直挖到马拐弯的地方。后来，人们为了纪念杨六郎，把这条河叫作"饮马河"，把河的尽头叫"马蹄弯"。而"饮马河"和"马蹄弯"的地名一直沿用至今。

三、雄安新区建设中的新增地名

雄安新区设立过程中，由于新生的地名不断增加，大部分的道路在建设过程中由建设单位自行命名并设立了路牌。为认真贯彻落实习近平总书记"望得见山、看得见水、记得住乡愁"及关于雄安新区文化建设的系列重要指示批示精神，做好新区未来工程项目、道路、区域、建筑物的命名工作，力求每一项命名都能体现雄安文化特色、弘扬中华民族优秀传统文化，新区拟成立地名规范委——"雄安新区地名及标志规范指导委员会"，明确指导委员会的工作职责、组织架构、议事规则等相关事宜。

雄安新区地名及标志规范指导委员会由雄安三县相关部门负责人和专家学者、当地历史文化专家组成，负责规范指导雄安新区新建城区、街道、公园、广场、社区、建筑物、园林等地名及标志的论证。

在管理过程中需要注意的是，按照上位法制定具体的工作方案，即按照国家关于地名管理的政策法规，审核、指导和规范雄安新区地名的命名和更名工作。加强对三县地名及标志工作的管理、检查和指导工作。

雄安新区既是一张白纸，可以在上面画出最美的图画，又是具有历史文化底蕴的新城，需要挖掘背后的精彩文化。

新区的建成须对大量的街道和社区进行命名，这项工作意义非凡，需要确保"雄安新区地名及标志规范指导委员会"的作用，又要充分发挥广大各界人士和人民群众的意见。通过地名及标志的准确命名，传承雄安历史文脉，弘扬优秀文化，为新区的发展注入一股新鲜的文化魅力。为了吸收民众智慧，雄安新区地名及标志规范指导委员会专门设立公开公共邮箱，有民众贡献地名思路，提供给雄安新区地名及标志规范指导委员会。这是一项发挥民众智识的伟大尝试，让民众参与到新区的规划设计中来。雄安新区党工委副书记、雄安新区地名及标志规范指导委员会常务副主任刘宝玲表示，将根据雄安新区特点，建立有利于文化传承的地名库，所有的地名、建筑物名称都要在网上公布，逐渐征求意见，集中群众的智慧和力量，把雄安的大街小巷名字起好，一旦依法确定就不得随意更改。[1]

在雄安新区的建设过程中，要遵循地名采词的原则和规律，地名的采词应当反映一定地域文化，以满足社会需求为目的。结合上文燕赵地区地名的总体规律来看，雄安新区新建地名的采词，应对不同种类的地名采词标准有所选择。采词的标准可以灵活多样，比如历史文化、自然资源、地理位置、美好起源、吉祥话语等。结合城乡规划布局，充分挖掘历史文化资源和自然资源。

---

[1] 参见《新京报》2017年9月13日。

具体而言，自然资源比较丰富的传统村镇的地名采词，应更多借用自然资源；历史文化资源较为丰富的地名采词，应注意挖掘其历史文化资源如历史名人、历史典故、历史遗迹等；村民居住较多的地名彩词，应更多体现民俗性特征，以及人们对于美好生活的向往。

第四节　燕赵地区地名文化遗产保护路径探析

一、文献调研和实体调研为主要研究方法

在民政部全国地名普查的基础上，纵深推进在"中国地名文化遗产——千年古县"的后续调研工作中，应集中精力调查传统村镇的地名文化，以摸清传统村镇古老地名家底并登记造册，查实地名出现的时间、命名的理据以及保护程度的等级，尽可能地还原地名的全貌。在保持古老地名的稳定性的同时，也应结合城镇化发展方向、城乡规划和建设的实际需要，地名的取舍和存废需要经过价值衡量，坚持保护和发展相协调的原则，"可保留的坚决不改、能移植的科学移植，宜派生的合理派生"。[1]

二、地名文化遗产保护的基本思路和原则

（一）以历史文化的留存为本

地名是历史的活化石，对于保护悠久的历史具有重要的作用。存留的时间越长，说明人们对这一地名的认可度越高，保护的价值也就越高。这部分地名不应被轻易变动，应予以重点关注和保护。所以，在地名的普查和研究中应当认真研究地名的内涵，历史越悠久、用字越讲究的地名，其保护的价值就越高。

（二）以知名度为指标

地名具有指示地理方位的作用，地名可以是指路牌，也可以是回家的一盏灯。多少年离乡背井，地名就是回家的一种乡愁。因此，需要保护社会公

---

[1] 宋久成主编：《地域文化视角下的地名规划——以新郑市地名规划为例》，中国社会出版社2014年版，第93页。

众认知程度高的地名。其中主要因素包括：地名是否依旧被使用、使用的频率、覆盖的面积等。凡是使用频率高、覆盖面积广、认知程度高的地名都具有重要的保护价值。

（三）重新命名时需要避免重复适用原则

燕赵地区乃至全国范围来看，地名混乱使用的问题还很普遍，需要协调。以往不管是城市的规划还是乡村的规划，人们往往容易忽视地名规划的重要性，在规划初期适用一些代号来指代地理实体（所以才会有张村、李村等地名出现），而之后也没有纠正，没有从整体上统筹规划，就会导致地名混乱，无法形成有群体特色的个性地名。久而久之这些代号有可能成为一种习惯，尤其在村镇地名规划方面，燕赵地区存在着大量非标准、重复的、有歧义的名称。因此，在未来村镇规划中，应该仿照城市规划，在编制总体规划时，就进行村镇地名规划的编制，使之成为总体规划的一部分。

（四）注重地名的法律制度规范

地名的文化遗产保护除了宣传外，还需要注重以法律制度规范为前提，使受保护的地名遵循有关地名的条例和政策规定，在实体法和程序法上都要加以规范，地名的设置需要符合民政部《地名管理条例》《地名管理条例实施细则》以及《河北省地名管理规定》的规定。虽然地名涉及的是地方管理，但是地名管理工作需要加强顶层规划，符合法律法规要求，应当有利于维护国家主权和民族团结，有利于弘扬社会主义核心价值观和中华优秀传统文化，有利于推进国家治理体系和治理能力现代化。地名的命名和更名、地名的确定标准、地名的文化保护、地名的公共服务，以及地名的监督管理等都需要符合法律规范的要求。擅自命名、更名等违反相关地名管理规范的行为人，应当承担相应的法律责任。

第四章

燕赵地区传统村镇地名保护中现存的问题

第一节　地名问题本身的复杂性

一、地名内容的复杂性决定管理方法的多样性

按照《地名管理条例（修订草案征求意见稿）》所指出的内容，纳入法律管理的包括：我国境内地名的命名、更名、使用及相关管理活动；我国对各国管辖范围外区域的地理实体和天文地理实体的命名、更名以及外国语地名的汉字译写等活动。该草案第3条具体规定了管理范围，即包括"（一）山、河、湖、海、岛礁、草原等自然地理实体名称；（二）行政区划名称；经济开发区、科技园区、试验区、保税区、农林牧渔区等功能区域名称；（三）城镇、区片、社区、村、自然村，城镇街路巷等居民地名称；（四）具有地名意义的交通运输、水利、电力、通信、气象等设施，纪念地、旅游地，住宅区、建筑物（群）等名称；（五）各国管辖范围外区域的地理实体和天体地理实体名称"。从管理的范围，我们能够看出，地名本身种类繁杂。如果根据地名的类型进行细分，又可以包括市政交通设施类地名、居住区、建筑物类地名、公共绿地、公共广场、游览地类以及公共文化休闲场所地名；自然地理实体类地名以及海塘、堤坝类地名。还有一些新生类地名，比如各地的开发区、围垦地，以及具有特定功能区域的新生类地名。同时，还有一些有争议的海域地名、域外地名等。

地名种类较为复杂，用一种方法去规范显然是不现实的。目前，除了一些重大建设项目以外，大多数地理实体均不是政府部门建设的。针对不同地

名，地名命名的申报方在地名管理法规中并没有被明确，所以，这其中的命名、更名等问题，必然伴随着公权力与私权利混合的状况，而公权力和私权利的法理基础和技术思路是不同的。这就会造成实际管理工作中政府部门不能申报、建设单位不能申报等现象产生，出现无法命名的真空状态，许多地名无法命名现象时有发生。

二、新型城镇化进程中地名管理的新诉求

依据中国现代化发展的战略目标，2020年，城镇化水平已达到55%以上，2050年基本完成城镇化发展的任务，进入后城镇化阶段。在新型城镇化建设以及新一轮行政区划调整的热潮下，全国各地"撤县设区潮""乡镇撤并潮"频现。这必然带来地名变更的问题，地名变更的背后始终是时代动因在发生作用，而对地名变更的有效控制，前提就是要构建地名管理的法律控制机制。这对于提升我国城市治理法治化能力，实现社会主义文化强国战略目标，都具有十分重要的现实意义。新型城镇化热潮下地名管理的新诉求体现在：

（1）法律程序上的地名管控。城镇化推进过程中，如果是盲目、无序地变更地名，不向上级政府申报，产生的后果必然是权责不一、破坏行政法治化，以及损害当地群众的公共利益。目前，我国很多地方都出现了原有的专名和通名的固定词库不能适应现今地名命名需求的现象。因此，地名管理的诉求之一，就是需要研究和更新各地地名的"具体命名细则"，需要更新地名的制度设计和保障，明确地名审批、更改，以加强和完善地名命名、更名工作，避免程序上的漏洞，防止一些不能反映当地历史文化特征的地方出现。

（2）传统村镇的地名文化保护诉求。我国城镇化进程中出现了"地名随意变更"的现象。例如，江苏省苏州市千年西山镇更名为"金庭"就引来了群众的抗议，江苏省镇江市有400多年历史的"东昌镇"更名为"边城"也引发了更名的二次风波。在近二三十年的城市改造中，广州市老地名消失了2000多个，洋地名、怪地名频出。楼宇名称、楼栋号码乃至路名等引发各类诉讼。这期间的争议，就涉及经济发展与地名文化遗产保护的平衡问题，从而对行政管理提出新要求，"放管服"（简政放权、放管结合、优化

服务的简称）需要法治同步化规范。

三、社会文化的传承与时代从众心理的矛盾

地名管理中蕴含了众多文化的元素，从中央广播电视总台制作的《中国地名大会》中，我们会看到地名以地名相关知识为载体，其背后蕴含着地理、历史、语言、文学、民俗等众多元素，包含着文化乡情、地理地貌、历史故事等，而这些历史文化和情感是无法用言语来表达的。地名知识对弘扬民族文化，提升民族自豪感都具有重要意义。

然而，在大数据时代背景下，网络已经占据人们的大量生活，带来了社会文化传承与时代从众心理之间的矛盾。网络时代的文化形式虽然丰富但精神并不富有，加之群众的时代从众心理，容易导致乡土地名的丢失和地名传统文化的失落，出现地名的相关问题，如地名重复问题、随意起名更名问题、起生僻难懂或崇洋媚外的地名等问题，丢掉了地名文化的应有之义。笔者认为，对地名的管理应以制度规范为基础，运用法律手段来规范和管理地名、推广和策划地名的文化价值。

第二节　地名规范化管理的法律现状

目前，我国中央政府和地方政府结合工作实际情况，制定出许多关于地名管理的规范性文件，比如《地名管理条例》《地名管理条例实施细则》《中央人民政府政务院关于处理行政区划变更事项的规定》《行政区划管理条例》《国务院关于行政区划管理的规定》《中国地名委员会、民政部关于进一步加强地名管理工作的通知》《民政部、建设部关于开展城市地名规划工作的通知》《河南省地名管理办法》《江苏省地名管理条例》《广东省地名管理条例》《广州市地名管理条例》等。在地名规范化管理过程中，需要厘清几种规范性法律文件及上位法与下位法之间的法律关系，才能发挥各自的作用。

一、《地名管理条例》和《地名管理条例实施细则》的关系

《地名管理条例》是我国第一部由国家制定的有关地名管理的综合性地名法规，是在第一次全国地名普查后提出的，通过地名普查对我国地名进行

了全面的清理和研究，并按《国务院关于地名命名、更名的暂行规定》对历史上遗留下来的不规范、不标准的地名，进行了标准化处理，基本结束了我国地名管理长期存在的混乱现象。为了巩固全国地名普查成果，防止地名混乱现象的再次出现，中国地名委员会经请示国务院同意，开始代国务院草拟《地名管理条例》。因此，《地名管理条例》是具有纲领性质的行政法规。2019年7月3日，《地名管理条例》被列入民政部2019年立法工作计划，现形成修订草案送审稿。当《地名管理条例》实施后，还将继续制定内容更明确、更具体、可操作性更强的《地名管理条例实施细则》。

实施细则，是指有关机关或部门为使下级机关或人员更好地贯彻执行某一法令、条例和规定，结合实际情况，对其所作的详细的、具体的解释和补充。实施细则一般由原法令、条例、规定的制定机构或其下属职能部门制定，与原法令、条例、规定配套使用，其目的是堵住原条文中的漏洞，使原条文发挥出细致入微的功效。由于《地名管理条例》属于规范性法律文件，因此，《地名管理条例实施细则》应具有如下几个特点：①具有规范性。实施细则对规范性法律文件作补充性或辅助性的规定，自然具有规范性法律文件的规范特点。②补充性和辅助性。实施细则是规范性法律文件的从属性文件，是对《地名管理条例》进行的解释和说明，实施细则体现在一个"细"字上，需要把一些原则性的规定具体化、细密化，而不是在原有条例之外另起炉灶，再来一个"补充说明"。③操作性强。实施细则会对《地名管理条例》的基本概念进行界定，规定具体适用的标准及执行程序，从而使《地名管理条例》具有更强的操作性。

依据《立法法》[1]规定，为执行《地名管理条例》，民政部可以根据需要制定《地名管理条例》的实施细则，同理，地方人民政府也可以根据当地实际和需要制定所在区域的实施细则（规章）。当然，所制定的实施细则不得与《地名管理条例》等上位法相抵触。也就是说，《地名管理条例实施细则》所规定的各项条款均不违背《地名管理条例》的原则，也未超出《地名管理条例》所规定的职权范围。

---

[1]《立法法》全称为《中华人民共和国立法法》，为论述方便，本书中涉及国内法律均省略"中华人民共和国"字样，全书统一，下不赘述。

从具体内容上看，《地名管理条例实施细则》中应包括很多更为细致的程序性规定，弥补《地名管理条例》的漏洞和不足。在《地名管理条例实施细则》中，不仅应该明确相关标准的内涵，还应该结合各地情况（比如非物质文化遗产或村镇保护问题）讨论其外延。《地名管理条例》中需要补充的地方，具体表现在以下几个方面：

首先，程序规制的完善。在地名管理过程中，程序上的规制至关重要，涉及程序上的申请主体、申请权利、变更程序、论证公示的过程等方面。其中的申请主体，需要在条例及实施细则中加以明确。

其次，《地名管理条例》中的新规定，应该在实施细则中明确其新功能。比如《地名管理条例》第6条规定，"地名命名、更名的审批权限和程序"，其中第（一）项规定行政区划名称的命名、更名，按照《国务院关于行政区划管理的规定》办理，此规定已于2018年修改并实施，因此，条例中的第（一）项规定自然废止。第（二）项规定了自然地理实体名称报国务院审批，第（三）项涉及国界线、边界线等名称也是报国务院审批，第（四）项涉及科学考察的新领域也是报国务院审批，第（五）项涉及专业部门的由专业主管部门审批，第（六）项城镇街道名称由直辖市、市、县人民政府审批，第（七）项"其他地名"由省、自治区、直辖市人民政府规定审批程序，最后第（八）项规定"地名的命名、更名工作，可以交地名机构或管理地名工作的单位承办，也可以交其他部门承办；其他部门承办的，应征求地名机构或管理地名工作单位的意见"。由此我们能够看出《地名管理条例实施细则》第6条，明确了民政部的主管地位和职责，但并未细化。而涉及审批权限的规定则直接按照《地名管理条例》第6条之规定办理。因此，在新《地名管理条例》实施以后，应明确《地名管理条例实施细则》的功能，以及主体各自的职能定位。

需要注意的是，实施细则应当在《地名管理条例》修订之后及时作出，否则容易带来《地名管理条例实施细则》的溯及力问题。在相关的立法实践中，有关《地名管理条例实施细则》的溯及力问题在实践中问题较多。作为行政立法中典型的执行性立法，《地名管理条例实施细则》应该根据法律授权及早制定，否则，《地名管理条例实施细则》与法律实施时间的差距会使得《地名管理条例实施细则》的溯及力问题尤为突出，因为《地名管理条例实施细则》原则上严格遵循法不溯及既往原则，不得溯及母法生效之时间。

二、《地名管理条例》和地方性地名管理法规的关系

随着国家地名管理法规的颁布实施，全国各省、市、县级行政区相继制定了本地方的地名管理法规和行政性文件。就法的效力位阶而言，民政部和地方政府制定的地名管理条例，属于上位法与下位法的关系。上位法优先于下位法为基本原则，也就是指效力较高的规范性法律文件与效力较低的规范性法律文件相冲突的情况下，应当使用效力较高的规范性法律文件。因此，属于上位法的《地名管理条例》如果能够明确清晰，对于统一司法适用标准的确定具有重要意义。但是，我们通过对地方地名管理的规范性文件的梳理可以看出，地方制定的管理条例很多时候会出现"规定不一致""有所交叉""内容混乱""权责划分不明确"等问题。例如，《地名管理条例》规定的审批权"可以"交由"地名机构或管理地名工作的单位承办"，那么，上位法的规定属于指导性规则，当下位法是明确性规则时，就会出现立法上的冲突问题。所以，民政部在规范性法律文件制定过程中，要全面分析和梳理所收集的现行地名审批、变更的法规等相关的地方规范性文件，对地名审批的申请主体、条件、流程、期限、救济的实体和程序要件进行比较分类。

在司法适用中，当某省地名管理条例与《地名管理条例实施细则》发生冲突时应如何处理？例如，《江苏省地名管理条例》第16条第1款："设区的市市区内的居民地和路、街名称的命名、更名，由设区的市人民政府批准……"从字面意思来看，对设区的市市区内的道路命名，只能由设区的市人民政府批准。但如果去看它的上位法——《地名管理条例》第6条第（八）项"地名的命名、更名工作，可以交地名机构或管理地名工作的单位承办……"以及《地名管理条例实施细则》第7条"县级以上民政管理部门（或地名委员会）"，负责审核、承办本辖区地名的命名、更名的规定，会发现它们之间存在冲突，这就需要在行政执法和司法适用中予以注意。

三、《地名管理条例》与上位法的关系

这里的上位法主要是指《行政许可法》。其中需要处理的最重要的问题

集中于行政许可问题。目前,从民政部门公开的《地名管理条例(修订草案征求意见稿)》来看,其对现行《地名管理条例》的内容进行了丰富和完善,但是仍然未明确条例的制定依据。而条例制定的立法依据是什么,需要予以明确。《地名管理条例》中关于地名审批的相关规定较为原则,且已难以满足经济社会的发展需要,该条例为数不多的条文中存在审批主体、审批对象规定不明确的问题,如果是行政许可,需要明确许可主体和许可对象,如果不属于行政许可,也需要明确其类型。而立法技术上的模糊,将会成为实践中地名审批乱象频发的制度原因。例如,《地名管理条例》第6条第(八)项规定:"地名的命名、更名工作,可以交地名机构或管理地名工作的单位承办,也可以交其他部门承办;其他部门承办的,应征求地名机构或管理地名工作单位的意见。"这样的规定不符合依法行政的实质性要求,也是地名乱象的制度性根源之一,需要予以改善。2018年底民政部等部门联合印发了《关于进一步清理整治不规范地名的通知》后,各地地名管理主管部门在清理整治行动过程中暴露出了大量因地名审批工作程序不规范而引发的问题。这其中包含着两个方面的原因:其一,从宏观层面来看,行政审批和地名管理规范涉及的规范性法律文件不够齐备和完善;其二,地名审批的法律性质和程序等具体法律问题,在研究中还不够细化。2019年《地名管理条例(修订草案征求意见稿)》吸收了相关部门规章、地方性法规的有益做法,对地名审批进行了细化完善,形成了相对完善、程序规范的审批管理体系。但其中仍然有一些问题需要细化,这将在下文予以详细论述。

第三节 新型城镇化进程中地名管理的程序问题

"地名规划是一个区域(一个城镇或乡村)在一定时间内地名形成、演变、发展的蓝图,是加强城乡地名管理的依据。其根本任务是,根据国家关于地名管理的方针、政策,结合城乡规划建设,从城镇地名的历史和现状出发,确定城镇地名标准化的目标,拟定地名命名、更名规范化工作的总体方案和具体实施计划,引导城镇地名按照统一、规范、科学、有序地发展,卓有成效地提高地名标准化的整体水平，更好地为城乡建设和管理服务。"〔1〕新型城镇化进程中，村镇地名管理同样需要符合相应的程序性规定。这包括地名规划前期的调查、搜集基础资料工作（这期间需要尽量多地占有现有地名资料信息），对原有部分地名提出改造和利用方案，拟定优化的方法和步骤。结合实际，需要注意的问题包括以下几个方面：

（1）地名方言读法，应尽力去掉禁忌。遵循文化变迁和传承的价值性原则，分析地名沿革中的文化意蕴和影响、语言使用规律和认知规律对燕赵地区地名的影响。地名的发展变化要遵循语言自身约定俗成的规律，以及使用者的认知审美规律。比如避凶求吉、重名等问题。城镇化会带来变革，这种变革也会给地名的更新提供更多的契机，以纠正地名标牌语言混乱及缺失的问题。当出现一地多名或者名不副实的情况时，应及时予以纠正。

（2）总结和传承燕赵大地的文化特色。拟定地名规划的指导思想、原则及规划的目标工作，总结当地历史文化中所蕴含的人们的美好希冀和情愫。在地名规划中，应透过燕赵地区历史、地理、文化等因素，赋予传统村镇以具有历史文化品位的地名，既反映当下时代村镇规划理念，又能够延续村镇独有的文化脉络。

文化需要传承，在新型城镇化进程中更应是这样，不应出现千城一面的现象。地名是历史与文化的重要载体，燕赵大地应携带着故事而来，并带着发展着的文化走向未来。地名文化与传统村镇相契合，传统村镇便会成为地名文化生存的土壤。地名属于一种非物质文化形态，与地方文化相契合的地名就会成为地名文化遗产。

（3）注重村镇地名的保护流程设置。这其中应包括申报调研、评审认定、宣传推广、管理保护等工作。目前，我们通常理解的地名规划工作，一般是指城市地名规划问题，即在城市发展的过程中，对公共设施的名称预先规划与设计。而新型城镇化进程中传统村镇的变迁，既需要地名的规划，更需要遵循历史、文化、语言、民俗的发展规律和方向。新型城镇化规划中，需要对传统城镇的文化充分认识，从村镇历史文化中提炼个性，以文字形式在城镇规划中体现，即以非物质文化形式展示燕赵地区传统村镇的特色。在

---

〔1〕 付长良、范晨芳：《地名规划概论》，中国社会出版社2011年版。

地理空间上，新型城镇化进程中村镇规划为地名设计提供了可命名的地理实体这一最直观的印象。村镇地名规划应通过对村镇规划的理解，赋予地理实体名称，地理实体获得地名这种语言符号之后，地名也会因此获得生命力，生活在其中的人们也可以通过对地名的理解形成对地理实体关系和属性的直观认识，从而在社会交往中可以方便自如地运用地名。

第五章
燕赵地区传统村镇地名规范化管理的路径

第一节 地名规范化制度设计中的法理基础

改革和管理,必须立法先行、于法有据。地名规范化管理涉及多个学科领域,但其中最重要的一环应是行政法治优化。为此,应从提高立法质量的角度考虑,明确立法依据、理顺《地名管理条例》与上位法和地方规范性法律文件之间的效力层级问题。先有规则而后有行为,通过立法引领地名的规范化管理。

本章立足于中国实际,以及各省市的实践经验,从地名管理的现实情况入手,利用中国特色社会主义法律体系和相关法学理论,通过对地名规范化管理制度的理论研究,分析地名规范化的制度基础,为地名规范化管理提供理论支撑和制度参考。分析地名现象背后的理论,从源头找出解决问题的方案。

一、地名审批的法律性质

想要设计出满足地名治理体系和治理能力现代化需求的地名规范化程序制度,前提是需要从学理上对地名审批、更改等事项作出科学界定。结合行政法基本原理,以审批立法为切入点,剖析地名审批的法律性质和程序制度中蕴含的理论。

行政审批是指行政机关(包括有行政审批权的其他组织)根据自然人、法人或者其他组织提出的申请,经过依法审查,采取"批准""同意""年检"发放证照等方式,准予其从事特定活动、认可其资格资质、确认民事关系或者特定民事权利能力和行为能力的行为。"行政审批"属于行政管理学范畴的概念，不同于"行政许可""行政确认"。"行政审批"的范围要比两者更为广泛。新出台的《地名管理条例（修订草案征求意见稿）》并没有对"审批"的法律性质作出明确界定，同时，各地对"审批"的认识也不一致。我国行政审批制度，从2001年正式启动迄今已经走过了近20年，针对非行政许可审批事项的清理一直持续进行，越来越多的行政审批事项已经或者正在被纳入《行政许可法》的法治化轨道。虽然国务院于2015年发文决定取消非行政许可审批事项，但仍然有相当多的非行政许可审批事项事实上并没有完全被取消。

在地名审批的实践中，至今还存在着不少非行政许可的审批事项，而且许多地名在地名审批权力清单中对行政许可审批事项和非行政许可审批事项的界限，没有明确规定。以《浙江省地名管理办法（2018修正）》为例，其第17条第1款规定："行政区划名称，由申请设立行政区划的人民政府提出，报有审批权的人民政府在依法批准设立行政区划时一并确定。"第24条第1款规定："地名更名程序按照地名命名的相关规定执行。"浙江省将"地名命名、更名、登记审批"类型化为行政许可，而将"地名核准"类型化为行政确认，但是从其具体列举的法律依据来看，对这两类事项的法律性质上的差别有待考察。

另外，依照2019年《地名管理条例（修订草案征求意见稿）》的立法依据来看，也并未明确将《行政许可法》作为直接的上位法依据，从修订草案第二章所规定的具体内容来看，也并不完全符合行政许可的法定要件。可见，不论是地名审批实践中还是相应的立法中，对地名审批的法律性质仍模糊不清。本部分将结合《行政许可法》以及相关的行政法原理，对地名审批所涉及的行政行为的法律性质加以界定，从而为更具针对性的地名审批程序机制提供理论支撑。

我国幅员辽阔，各地情况存在差异，因此分类区分是合适的。界定地名的法律属性，有利于厘清地名规范化管理的基本思路。从各地的《地名管理办法》来看，各地审批机制所适用的法律依据并不相同。

地名不同于姓名，姓名具有个体性，而地名具有公共属性，所以对于两者管制的理念、手段和方法都是不同的。地名审批的行为模式标准不一，致使行政机关负责的地名审批行为在实践中出现了究竟是"行政许可行为"还是"行政确认行为",这就需要区分其中的公私权利问题,如哪些属于国家行为?哪些属于私权属性?哪些兼具公共利益属性?

笔者认为,法律性质的清晰界定应是地名法律规范的前提。地名包含的种类很多,可以依命名主体的权力(利)属性进行分类。第一,地名审批行为可以是国家行为。诸如,行政区划、街道、开发区,农村村镇和社区的名称。这方面的行政审批行为,是集法律行为与政治行为于一体的,更多地体现公权力,这一类地名审批应当被列为行政许可行为。此种国家行为应当属于行政许可行为的范围。第二,涉及私权的地名审批行为。这类地名的特点在于,开发商对其开发的住宅区、产权人对其拥有的建筑物在地名上拥有私权属性,所以,开发商和产权人具有一定的预命名权利,可以考虑将这一类地名审批的法律性质定性为行政确认。第三,兼具公共利益属性的地名行为。这类地名属于备案地名的问题,往往涉及人文类地名、自然类地名,以及非物质文化遗产保护的地名问题。从严格意义上讲,这类地名审批的法律性质,应当视为内部行政行为,属于行政决策的范畴。由此,我们可以得出,地名审批法律性质的三种属性和相应的地名审批形式:

(1)行政许可类地名审批。《地名管理条例(修订草案征求意见稿)》第14条规定,"未经批准,任何单位和个人不得擅自命名、更名"。相应地,第55条规定了法律责任:"任何单位和个人发现违反本条例规定情形的,可以向县级以上地方人民政府地名行政主管部门或者专业主管部门投诉举报。接到举报的部门应当依法处理;不属于本部门职责的,应当及时移送有权处理的部门。有关部门应当对举报人的相关信息予以保密。"通过对《地名管理条例(修订草案征求意见稿)》的梳理,我们可以看出,行政机关对地名的审批行为属于行政许可。如果是行政许可,就意味着未经行政机关的批准,任何公民、法人或者其他组织不得对地名进行命名或者更名。如果未经批准就对地名命名或者更名,就要受到相应的处罚。

在民政部《地名管理条例》的指导下,地方规范性法律文件中,直接采用"行政许可说"的情况也有很多:广州市在《广州市地名管理条例》之下印发了《广州市民政局关于加强我市地名初审工作的通知》,明确了地名从申请到审批,需要经历四个程序,即受理、审核、审批和办结。南京市江宁区人民政府在其发布的《江宁市地名审批行政许可事项办事指南》中直接将地名审批规划为行政许可的范畴。

我国地名种类的复杂性决定了如果将所有的情况都划入行政许可的范围会带来许多问题,如涉及私权的地名审批行为。即便这些地名的命名和更名符合专名和通名的命名标准,如果这些私权类地名命名、更名没有经过批准依然会受到处罚,这势必会带来法律问题,导致行政机关的处罚合理性遭到质疑。行政法的两大重要原则,除了行政合法性原则之外,就是行政合理性原则,行政合理性原则是指行政机关为了公众的利益和正当的理由而实施活动,行政行为必须符合法律的目的,具有合理的动机,且动机必须符合法律的要求。因此,地名管理中行政行为的作出,应全面考虑行政行为所涉及或影响的因素,使行政行为有充分、合理的根据。

(2) 行政确认类地名审批。我国地方将地名管理归纳为"行政确认"类型的情形还是大量存在的。

行政确认和行政许可的区别在于：第一,行为法律效果不同。行政确认中未被认可的行为或地位将因结果无效而不适用法律制裁。而在行政许可中,未经许可而从事的行为将发生违法后果,当事人将因此受到法律制裁。因此,在《地名管理条例》和地方规范性文件中,凡是要承担法律制裁后果的,均为行政许可行为,否则就为行政确认行为。第二,特点不同。行政许可是一种授益性的、依申请的具体行政行为,其存在的前提是法律的一般禁止,一般为要式行政行为、外部行政行为。而与此相对应的,行政确认是对行政相对人的法律地位、权利和义务的确定和承认,属于最终的行政行为。涉及私权类属性的地名,因私权利主体具有一定的预命名权利,遂将其划入行政确认更为合适。如果此时按照行政许可来处理,会带来执法上法理依据的不足。如果不能及时处理,也会导致行政机关执法的公信力遭到质疑。

(3) 公物成立类地名审批。公物成立类地名管理行为兼具公共利益属性,往往通过备案来完成国家对地名管理的监督,主要涉及人文类地名、自然类地名,以及被非物质文化遗产所保护的地名问题等。这类具体行政行为既不是行政许可,也不是行政确认。理由是,对公物成立类地名的审批,不是依申请的行为,而是行政机关应当依职权主动作出的决策,因此需要符合行政决策的一般法理要求。例如,对公物成立类地名无序化的变更,不仅需要规范现行的法律本身，还需要政府加强依法决策的力度。在决策形成过程中，提高社会公众的参与热情，完善监督和救济机制。

二、地名命名、更名中的法文化理论

（一）地名命名中的公序良俗

地名管理制度是命令控制与激励指导双重手段的综合运用。命令控制通过规范性法律制度模式对地名无序化现象予以监督和管理。激励指导使激励主体与激励客体之间相互作用、相互制约。尤其是涉及私权的地名命名，应当注意将对公序良俗的维护作为命名的基本目标。公序良俗是民法中的基本原则，在公序良俗中，"公序"指公共秩序，是指国家社会的存在及其发展所必需的一般秩序；"良俗"，指善良风俗，是指国家社会的存在及其发展必须遵循的一般道德。公序良俗是指民事主体的行为应当遵守公共秩序，符合善良风俗，不得违反国家的公共秩序和社会的一般道德。公序良俗原则是民法中的基础原则，而民法是为了解决人与人之间的财产关系和人身关系。因此，此处的公序良俗主要适用于私权类地名的命名和更名问题。文化概念相对抽象，不容易把握，也不容易形成可操作性的适用规则。而公序良俗的引用，可以将文化具化成为一般法律原则和标准，可以使地名文化的落实更具有可操作性。

（二）地名更名中的政府公信力维护

不规范地名的大量使用，割裂了人们的历史情感，也显示出文化上的不自信。习近平总书记批示，要锲而不舍、一以贯之抓好社会主义精神文明建设，为全国各族人民前进提供坚强的思想保证、强大的精神力量、丰润的道德滋养。地名规划工作和地名命名、更名工作在弘扬社会主义先进文化，提高城市内涵和品位的文化建设中发挥着重要而独特的作用。对这一文化的保护，需要由法律予以保障。民政部门在地名管理中要发挥引领作用，并充分尊重群众意见。

地名命名、更名中尊重历史，就是要坚持"地名稳定原则"，可改可不改的不要改，如《地名管理条例》第 3 条规定，"地名管理应当从我国地名的历史和现状出发，保持地名的相对稳定"。第 5 条又规定，地名的更名应遵循下列规定：可改可不改的和当地群众不同意改的地名，不要更改。因为文化更多的是当地老百姓当下生活状态的反映,所以,地名管理过程应发扬民主精神,多听取群众的意见;对于自然公物,要尊重老百姓的约定俗成;对于集体所有土地上的地名,要征求集体经济组织的意见;对于国有土地上的居民区、住宅区、私有建筑物的地名,要征求当地居民、建筑物的建造者、物业管理者的意见,等等。地名的频繁修改,或是地名修改程序不适当、不合法,表面上看只是名称的变化,但其背后反映出的问题是人民政府承诺及其信誉的损毁,而这些关系政府的公信力问题,而公信力的损毁是无法弥补的。《中国城市报》曾报道,江西婺源为纪念金庸先生,将"才士大道"改名"金庸大道",反对者称:道路改名是一项复杂的工程。凡在改名道路上办公的企事业单位以及居民区都要修改地址,重印更新公章、名片、门牌、房产证等,难免会带来一定人力、物力、财力的损耗。道路更名,合法的程序、民主的决策、公开的操作一个都不能少。涉及公众利益的行政决策要广泛征求民意,这是既定要求,也应该是城市管理者的自觉。地名管理需要民主决策和公开进行,程序上的不合法,会带来政府公信力受损的问题。

(三)地名管理中的文化传承

地名管理中包含着文化传承,城市是有生命的,地名在一定意义上,可以说是在特定的地理区域内,以自然条件为依托,以社会环境为载体而形成的某种特定历史文化的符号,代表着精神文化的传承。地名往往体现着地理特征、时代特色、美好愿景、著名人物等内涵。对地名文化要辩证地选择接受与破除,我们需要保护、发扬、传承和继承实体精品文化。地名规范化管理过程中,需要加以文化的考量。因为空间地名不仅仅是一个地名的名片,还承载着许多特殊的历史文化记忆。对于地名文化变迁的研究,必然需要语言学、民俗学、地名学、历史学等多个学科的关注。虽然地名变更需要遵循相应的命名标准和语言规范,但是背后的文化考量,以及如何通过地名来进行文化传承,也是本书需要解决的重要问题。

地名中拥有丰富的历史文化内涵,2017年发布并实施的《中共中央办公厅、国务院办公厅关于实施中华优秀传统文化传承发展工程的意见》,明确提出要推进地名文化遗产保护。这就要做到地名的文化传承,侧重地名的文化保护。地名文化保护属于非物质文化遗产的范畴,对其保护应是一个综合性的业务工程,包括挖掘、保护、利用等。在对地名文化的整理过程中,需要做到有效整理,即深入了解这些地名文化的内涵和外延,在今后的实践中更好地予以保护和利用。在现有的地名文化规划管理中,候选的专名主要来自于七个方面:诗的候选专名、词的候选专名、散曲的候选专名、赋的候选专名、儒法道墨的候选专名、民俗文化的候选专名、民谚的民俗文化候选专名等。随着地名文化的不断扩充,应由单一的语词文化过渡到应用文化和实体文化并重。地名文化的传承应做到:语词文化、应用文化、实体文化并重。

在地名更名问题上要尤其慎重。地名更名是地名命名的另一种形式,最大的区别在于,由于地理实体之上已经存在一个地名,需要将这个地名注销,换以其他新的名称。而所更换的名称,能否代表当地的历史文化传统,能否传承当地文化,保护地名文化遗产不致消失,也是地名工作中需要考虑的重要问题。例如,山东省济南市500余条老街巷中,已有200余条老街巷的名字不复存在;拥有2200多年的历史文化名城广州,老祖宗留下了许多具有丰富内涵的老地名,在10年间消失了1031个。全国城镇化过程中类似的例子很多,地名作为民族文化遗产应受到充分的重视。2012年6月21日,民政部发布《地名文化遗产鉴定》,对各地的地名(尤其是少数民族地区的地名)进行统计、分类、整理,对地名的历史来源、命名特点及变迁情况进行分析,对当地地名的准确性及规范化问题进行探讨,防止行政决策的专断、公共利益受损和传统古文化的失落。同时,民政部已经出台《全国地名文化遗产保护工作实施方案》,该实施方案包括对地名文化遗产的分类调查与评估、地名文化遗产的鉴定标准体系、地名文化遗产的评价与记录、地名文化遗产的研究与利用、地名文化遗产的传播艺术模式、地名文化遗产的国际学术交流与合作、地名文化遗产的管理与保护等内容。有学者指出,民政部门应当建立专门的地名文化遗产搜集和保护机制,贯彻《全国地名文化遗产保护工作实施方案》,组织相关专家,对城市中已经消失或正在消失的具有文化意义的老地名进行搜集、记录、整理和研究,形成相关保护性资料,保护城市的历史文化遗产。

三、地名命名、更名中信用管理的理论问题

地名管理涉及大量文化遗产的保护问题，这就涉及文化遗产保护中的法律溯及力问题。修订后的《地名管理条例》，涉及地名的新命名和既有地名更名两个方面。新命名的地名严格按照修订后的《地名管理条例》处理毫无争议。但已经存在的地名命名如何进行管理和约束，即如何规范既有地名，也成为目前研究的重点问题。"法不溯及既往"是一项重要的法律适用原则，它是指今天的法律不得去约束和处理昨天的行为和事项。因此，在对既有地名的管理过程中应坚持法不溯及既往原则，区分既有地名与新地名，除严重违反《地名管理条例》基本原则的既有地名外，不以新标准治理既有地名。应当区分既有地名与新地名，既有地名应当按照原标准评判其合法性，新地名应当按照新标准审查登记。

对于更名的问题，应秉持文化保护的理念，非必要不能修改。专家审议应当综合考虑文化和历史，进行充分和翔实的论证。要明确的理念是：地名变更作为一种行政审批，应该严格控制地方政府的权限，并制定严格的申请制度和更名程序。

另外，有无必要在条例中引入信用管理规定，专家学者对此意见不一。支持者认为，应在地名管理中引入信用惩戒制度；反对者认为，地名不是高度依赖信用才能发生的行为，一个人信用的好坏与他的命名行为之间没有因果关系。地名的命名、更名是行政行为，责任主要在行政机关，惩戒的对象不应该是公民、法人或其他组织。

《地名管理条例》实施后，涉及地名的新命名和既有地名的更名两方面内容，在地名管理中就会涉及信赖利益保护的问题。如何对既有地名进行管理和约束，如果是由于行政机关的原因导致地名更名的，就涉及信赖利益保护问题。信赖利益保护原则，意指公民、法人或者其他组织对国家公权力的正当合理信赖应当予以保护，公权力主体不得擅自改变已生效的行政行为，确需改变行政行为并由此给相对人造成损失的，应当给予补偿。《法治政府建设实施纲要（2015—2020年）》提出要建设"守法诚信"的法治政府，行政机关应当对给公民、法人或其他组织造成的实际损失进行补偿。地名的命名、更名本质上是行政行为，其是否规范的责任主要在行政机关。如果因

为行政机关审查不严导致地名在命名后又被更名的，可能因此给公民、法人或者其他组织造成信赖利益的损失。各地方出现的不规范地名，大多都是经过有关政府部门审批同意的，具有法律上的公定力。对于那些经过政府有关部门批准的地名，哪怕是不规范，只要不属于法律强制更名的范围，就不得更改和取消。如果要改变或取消，政府有关部门必须承担补偿或赔偿责任，维护法律秩序的安定，保障社会成员的正当利益。

第二节 传统村镇地名规划的基本思路

传统村镇（尤其是城中村涉及村镇）面临着城镇化的调整，而村镇的整体规划和功能布局确定了文化主体的来源。地名的规划设计看似是小问题，却可以通过它整合整个村镇功能设计的定位、自然地理条件、景观特征等因素，从而形成通过地名勾画燕赵地区传统村镇的基本思路。

近年来，河北省持续完善举措，推进传统村落和历史文化名镇名村保护，截至目前，河北省共有206个村庄被列入中国传统村落名录，数量上在北方地区排名第二位；有40个村镇被认定为中国历史文化名镇名村，其中名镇8个、名村32个。河北省政府早在2013年就颁布了《河北省历史文化名城名镇名村保护办法》，对保护规划编制与实施、保护措施、法律责任等作出明确规定。2016年修订的《河北省城乡规划条例》，专门增加了历史文化名镇名村和传统村落保护的相关内容，强化了保护措施。河北省住房和城乡建设厅先后出台加强传统村落保护发展工作、做好中国传统村落保护项目实施的一系列保护政策措施，加强对传统村落的保护。在具体实施过程中，河北省90个省级历史文化名镇名村全部编制了保护规划，并报河北省政府批复实施；206个中国传统村落均编制了保护发展规划，建立了传统村落信息档案，河北省已形成了较为完善的保护规划体系。

接下来的村镇规划工作，除了实施抢救性保护工程以外，地名的保护也需要建立长效机制，全方位发展燕赵地区传统村镇地名文化工程建设，促进历史文化风貌的整体提升和环境改善。传统村落面临的重要问题就是涉及面广、管理分散，这就需要实行连片保护，推动形成规模效应，提升整体保护和综合利用水平。通过地名展现历史文化名镇和中国传统村落魅力，使其成为展示燕赵优秀传统文化的重要窗口。

一、开展燕赵地区传统村镇的寻找和搜集工作

2018年第二次全国地名普查工作圆满完成,将对地名文化的调查作为普查的内容,成为第二次全国地名普查的创新点。"地名文化普查"成为第二次全国地名普查的重要组成部分,会增强人们对地名文化调查的自觉性、积极性和可操作性。全国范围的"中国地名文化遗产——千年古县"宣传保护活动已经深入展开,并且取得了一些成就。率先被认定为"中国地名文化遗产——千年古县"的区县,在率先展开申报活动的省、市的带动下,不断提高人们对"中国地名文化遗产——千年古县"的认知度,也使申报活动不断升温。笔者认为,在"中国地名文化遗产——千年古县"申报活动之后,还应继续展开对"传统村镇"的寻找和搜集工作。这也符合《城乡规划法》的规定,该法第31条规定:"旧城区的改建,应当保护历史文化遗产和传统风貌,合理确定拆迁和建设规模,有计划地对危房集中、基础设施落后等地段进行改建。历史文化名城、名镇、名村的保护以及受保护建筑物的维护和使用,应当遵守有关法律、行政法规和国务院的规定。"传统村镇在新型城镇化的建设进程中,原有的功能布局、道路交通规划、公共设施、传统景观规划、文化遗产保护规划等方面都应以地名的明确为前提。传统村镇地名规划组织时间应该在村镇规划确定之时启动,在规划投入使用之前完成。如果地名设计早于村镇规划,则会因为找不到具体规划对象,而无法体现地名的历史文化需求;如果在地名设计之后再进行村镇规划,也不利于对村镇规划的统筹管理。

寻找对延续地名历史文脉、保护和弘扬中华文化具有积极意义的地名,对于保护和弘扬中华传统文化、推动传统村镇文化建设具有重要意义。

二、道路交通规划、公共设施及传统景观中的地名规划

随着城镇旅游事业的开发,村镇道路名称使用极其频繁,因此,村镇道路命名也应被纳入传统村镇地名保护的范畴之内。具体设计中,要充分考虑每条道路的定位和描述,通过道路名称来区分不同级别的道路,通过专名来体现道路的功能、位置以及当地的文化特色。实现其功能旨在使村镇道路名

称更为生动、易于理解、便于使用。

传统村镇的开发承载着当地旅游文化发展的希冀。从旅游产业的开发角度看，传统村镇的空间布局由既有的传统村落建筑、道路以及地面环境设施等组成。传统村镇所涉及的道路交通、公共设施、传统景观等都属于公共空间，公共空间是人群之间相互交往最多、使用频率最高的地方，通过这些公共空间地名的展示，传统村镇的历史文化内涵可以得到展现。在实际生活中，我们经常会看到用数字来命名的现象，即用道路序数来命名的情况，比如在杭州公交站点就出现过"二十三号路十六号大街口""五号路十八号大街口""十八号大街三号路口"等数字或者方向作为命名的标准，其优点在于城市街道格局清晰明快、序列感强，有很强的定位和指示作用，但问题就在于这种起名方式缺乏文化底蕴，千城一面，不能很好地展现传统村镇的历史特征。笔者认为，传统村镇地名命名，指位性和文化内涵两者同等重要。什么样的地名才是好地名？优秀的地名要能够传承历史记忆，体现民族文化，体现新时代风貌。"望得见山、看得见水、记得住乡愁"，"保护和弘扬优秀传统文化，延续城市历史文脉"。地名是一张名片，公共地名的命名往往会成为展现特色的窗口。因此，城镇化中传统地名的规划要综合考虑空间和自然，考虑村镇的功能定位、人口规模、公共设施的空间位置等要素，也要综合考虑周边村镇的一些属性。所以，在命名和更名过程中，应精心设计有文化有内涵的地名，发展地名文化，使地名真正成为历史的见证和情感的寄托。

三、文化遗产保护规划中的地名

燕赵地区传统村镇的地名已被纳入非物质文化遗产，注重地名保护是历史文化遗产保护的重要一环。如何做好地名文化遗产的保护呢？除了梳理传统村镇的历史沿革、民俗文化、文物遗址、乡土文化中的地名故事等内容外，还要在村镇建设规划设计阶段融入历史文化遗产的内容，分析现有地名的产生原因、影响范围，以及与命名实体之间的关系等问题。

在地名设计中合理确定对于历史文化因素的使用方式，可以直接引用，也可以转化派生。针对村镇地名随意命名的问题，需要调整思路，整体布局、分区使用，对历史文化保护区积极使用可以弘扬历史文化的元素进行命名。

四、旅游规划思路引导传统村镇地名

历史悠久的传统村镇，拥有深厚的文化内涵，成为承载和传承了中华优秀文化的化石。通过对燕赵地区传统村镇文化内涵的初步挖掘、梳理和分析可以看出，这些传统村镇都承载着丰富的各具特色的历史文化、地理文化和乡土文化。燕赵地区传统村镇地名中蕴含着以民间传统文化为主要内涵的乡土文化和历史积淀。前文所展示的传说故事和民间习俗无疑具有鲜明的历史性、区域性、民族性和传承性。这些都属于燕赵地区的非物质文化遗产，也是可以开发的旅游资源。

为了保护燕赵地区非物质文化遗产，地名规划中还需要考虑旅游开发因素。传统村镇规划除了考虑服务传统村镇自身外，还需要考虑到未来的旅游人群。因为地名除了便于内部居住的村民日常方便使用外，还承载着对外交流和传播的功能，在对外传播宣传上，地名需要考虑旅游文化因素。

从现代旅游业的发展趋势来看，旅游产业越来越注重对传统村镇的开发利用，旅游定位也越来越趋向于瞄准历史特色、挖掘传统文化。因此，在地名命名更名等设计规划中需要考虑促进旅游业发展的思路，既要朗朗上口、便于记忆，也要能起到对外旅游宣传的作用。一个地方对于外来观光者是陌生的，旅游者往往"按图索骥"，地名就是第一个向观光者作出指引的向导。燕赵地区的革新、和乐、包容、求是、忧患的创新精神和文化特色，可以在地名命名中有所体现，在用词和表意上传播这些文化理念，提升传统村镇的整体文化品位。通过开展对燕赵地区优秀地名文化的宣传、保护和传承工作，用文化地名和新生地名带动燕赵地区地名文化品牌的形成，促进燕赵地区的经济社会发展。

另外，传统村镇在加强旅游文化的建设中，除了需要在地理实体地名设计中考虑历史文化因素，也要考虑未来旅游空间的长远布局规划，让地名设计起到穿针引线的作用，实现对旅游者的引导功能。景点名称的命名需要让人一目了然，印象深刻，从而可以迅速理解地名与实体之间的关联。通过地名命名反映区域内的历史、地理、人文风貌，方便旅游者对自然和人文景观的深入了解。

五、明确村镇地名保护的责任主体为县级政府

配合各地"中国地名文化遗产——千年古县"工作，负责地方地名主管部门带头组织传统村落的旅游文化开发、地方志的编撰工作等，重点责任主体应该为县级政府，县级政府通过"中国地名文化遗产——千年古县"工作带动全县文化遗产的保护工作，在传统村镇的文化挖掘和保护中体现具体的工作思路。

目前，在中国地名文化遗产保护工作中，已经对河北省石家庄市的井陉县、赵县和赞皇县进行了"中国地名文化遗产——千年古县"的宣传工作，并摄制了大型电视文献片《千年古县》之《千年古县·井陉》《千年古县·赵县》《千年古县·赞皇》，这是很好的一次尝试。"中国地名文化遗产——千年古县"活动的下一步思路应该放在传统村镇文化挖掘之上，从历史文化的角度拍摄，适应现代自媒体时代发展需要，用二维影视手段抢救我国优秀历史文化。

集体文化的最小单位就是村镇的文化。保护和弘扬好我们的民族文化，具有深远的历史意义，不仅可以满足当代人的寻根心理，也能够为后人留下历史的痕迹。正如许嘉璐副委员长在阐释中国地名文化遗产保护活动重要意义时指出："千年在人类的历史上不过是短暂一瞬。可是，对人类有文字记载的历史来说，却显得很长很长。以千年计的何止于县？千年古都、千年古城、千年古镇、千年古村、千年中医、千年古艺、千年古籍等，是一个亟待挖掘保护宣传的、庞大的千年文化体系。""中国千年传统村镇"是一个非常好的研究主题，如果其能像保护宣传千年古县一样实现，将会给世人多少享受和启发。可以想见，民政部继"中国地名文化遗产——千年古县"保护宣传成功之后，也会将千年古城、古镇、古村等纳入地名文化遗产保护宣传范围，并部署在全国推开。这些地名项目推广的意义远远超出了地名本身。对于传统村镇的管理而言，如仅由省市级政府管理，难免不够直接，不了解村镇的具体情况。最好的管理层级应该放在县一级，应由县级政府及其民政部门管理，明确具体的保护措施，对于文化重点村镇的地名更名申请，先派专家调研评估，组织有关领导、专家认真论证，审慎地对待地名的变更问题，以保证地名的相对稳定，尤其重点关注对古县、古镇、古村落的保护。

第六章

地名规范化管理的制度要点对策研究

第一节 地名规范化的主体职权定位问题

地名管理机构是国家和各级政府依法组建的组织机构体系，依据地名管理法规赋予的行政权实施地名管理。地名管理制度规范化的前提是要明确主体及主体各自职权。当今地名无序化的原因很多，其中一个原因就在于相关主体职权的定位不清晰。地名规范化管理本质上是制度在程序问题上的优化，而在整个的程序流程中，主体的职权定位是程序的起点。我国地名管理机构已经建立多年并在不断地发展完善，但运行过程中仍面临一些突出问题，比如地名管理中职能交叉、各自为政、一些地名工作存在"多头管理"等问题，很容易出现管理中的真空地带。地名管理过程中涉及的相关主体主要有：

（1）民政部及各地方的区划地名司，即中央和地方的地名行政管理部门，其职能为负责组织评审地名规划方案，是最常见的组织形式。其应作为最核心的主体职能部门的法理基础是：地名规划过程中产生的地名规划方案，应属于公共服务产品，人民政府需要委托地名专门主管部门具体负责，相当于在市场上购买公共服务产品，所在区划地名司作为这一法律关系的主体，有权得到好的产品或者服务，并有权对这一服务产品予以验收。

（2）地名行政主管部门。地名行政主管部门，只是地名规划方案评审的组织者，不是实际的评定人，主要是负责协调地名规划过程中的各种法律关系。在地名的整个规划管理过程中，当地人民政府不进行委托，而是承担组织验收工作。除了村落地名规划以外，其他地名规划方案，当地人民政府仅承担出资购买服务的职责。其评审地名规划方案，就是履行政府职责的行为。有些地方，在当地设置专门的地名办公室，人员编制不在民政局，而是归属于人民政府的编制及职能序列。其完成的工作仍要归属于行政职能机构。所以，要厘清地名规划管理过程中的法律关系，应认识到在整个地名规划环节中，当地人民政府是实际的主角和责任人。

（3）其他相关职能部门。在地名规范化管理的过程中，我们需要从行政管理的角度协调好主管部门与其他相关职能部门之间的法律关系。虽然，地名规划管理从贯彻到落实，看起来是由当地地名行政主管部门主持完成的，但是真正步入具体实施环节，就需要与相关职能部门协调配合，各行其道、各司其职。从我国各地实际看，地名管理的主体除了民政局以外，还包括公安局、建设规划局等，需要从行政管理的角度，处理好与其他部门之间的横向协作关系。同时，《地名管理条例》规定的"地名委员会"是一种非常设机构，如果不能明确相应的职权定位，很容易在管理过程中出现盲区。所以，在地名管理中要明确主体部门和协调部门，其中民政部及其所属的地名委员会应作为主体部门，管理协调其他相关职能部门，结合全国各地地名管理的实际情况，明确地名管理的主体资格条件和部门责任。根据地名管理的时间先后顺序及其特点，明确相关部门（如国土部门、规划部门）的相应职责。明确把地名的使用手续作为重要一环，安排在国土部门、规划部门等涉及地名的工作过程中，作为一种地名手续前置程序，切实加强地名管理工作，保证地名从一开始就被纳入制度管理之中，从源头上防止不规范地名的出现及传播。

第二节　地名审批的决定主体及其相关设置

一、地名审批的决定主体

地名审批决定主体涉及几个主体：地名委员会、评审专家、行政机关等。由于法律规定的模糊，在我国地名管理的法律规范层面上，地名批准机关、主管部门与协调机构之间的职责范围并不是泾渭分明的，而是有所交叉和互相补充的。

（1）地名委员会作为专业机构，应具有对地名命名申请进行承办、审核的实质批准权。在对地名的规范管理中，地名审批是核心一环，地名委员会作为地名管理的协调机构，应拥有具体承办、审核地名命名、更名的职责。

（2）专家评审委员会的职能。在地名规划的全部阶段，委托方和受托方需要同时把关，在同时把关之后，才能进入当地人民政府对地名管理的后续审议环节。专家评审委员会的职能为，根据地名主管部门提供的评审材料，按照规定的评审程序，独立、客观、公正、科学地对项目全程进行评价和打分。在前期会给出评审结论，代表的是参会专家以及评审委员会的意见。设区的市人民政府具有同意或不同意的形式批准权。

（3）行政机关作为主体的审批职能。根据我国《宪法》规定，省级行政区划名称，由全国人大批准，属于宪法行为。因此，在通常理解中，地名审批行为属于行政行为的范畴。但是哪些集中于中央，哪些下放到地方，是未来地名制度改革研究的方向。"审批制"是目前行政区划变更的法定形式。县级以上行政区更名的决策权应集中于中央，即省级行政区变化由全国人民代表大会来决定，县级行政区变更由国务院决定。因为我国是中央集权的国家体制，所以层层上报审批的审批制形式不能改变。但除此之外的县级及其以上行政区地名相关要素的变更，可以区别下放。即，县级行政区的名称、建制等事项的变更必须由国务院来决定。其余省级行政区可以决定县级政区的驻地迁移、行政区域界线调整，（除有陆地边界的省区外）必须向国务院备案。区别下放和备案制的组合，既可以保证地名管理中的灵活多样，又能够保证中央的知情权，和特殊情况下中央直接干预的权力。

二、不同类型地名审批程序的特征

不同类型地名的审批程序，应根据各自的法理基础呈现出不同的特征。

（一）行政许可类

行政许可类主要适用于区划类地名。这类地名虽然适用行政许可，但由于涉及大量对公共利益的考量，应当要重点保障社会公众在地名审批过程中的参与权问题。因此，虽然说行政许可更多是行政机关对于诸多因素的决定，但是相地名的审批方案必须经过充分的民主讨论。

(二) 行政确认类

如前文所述，行政确认类主要涉及私权类地名的保护。因此，在私权类地名保护的审批程序中应当重点保障权益主体在地名审批中的自主权，激发权益主体的积极性和主动性。也就是"法不禁止即自由"，即只要是地名管理不违反禁止性法律规定，行政机关就应当作出肯定性批准。

(三) 公物成立类

这类地名管理行为兼具公共利益管理的属性，主要涉及人文类地名、自然类地名，以及非物质文化遗产的地名保护问题等，往往需要通过备案地名来完成国家对地名的监管，备案地名的立法目的在于监督。其中所蕴含的法理依据为，重点保障地名行政主管部门对地名审批过程的监督，监督权既体现行政主管部门对专业主管部门的管理和指导，也体现了专业主管部门能力的发挥。此类地名的备案要体现及时性、指导性、监督性管理。

三、地名审批过程中的客体

地名规范化管理中的客体也需要明确。在一个法律关系中，完整的法律关系应该包括主体、客体、内容（权利、义务、权力、职责），在地名管理过程中亦是如此。而目前地名规范化管理的困境之一就是在地名管理法规中，没有明确管理客体及申报方，或仅由政府部门申报。因此，在实践中，如果政府部门及建设单位不申报地名，则会导致许多住宅小区无法命名的现象发生。

第三节 地名规范化管理中的程序性规范

地名规范化管理行为本身属于具体行政行为，而非抽象行政行为。例如在《上海市地名管理条例》中，就明确规定了地名的审批行为属于具体行政行为。具体行政行为的规范需要程序规定加以保障。由于现行《地名管理条例》对地名命名、更名审批的程序规定得较为简略，不少新地名命名出现"大、洋、怪、重"等问题，所以在对地名规范管理的研究中，更应该重视程序合法性问题，"清理整治不规范地名"工作也要讲程序。因此，本书将程序性规范作为重要的研究内容之一。程序是行为存在的时间与空间方式，只有正当的程序才会引发正当的结果。只有明确地规定地名命名、更名程序，细化申请程序、风险评估、专家论证、公众参与、监督管理和行政处罚等程序性较强的环节，才能做到程序公开。从申报到审批等各个环节，实现地名管理的正当程序，一方面可以维护地名命名、更名的社会秩序，另一方面也可以避免地名命名、更名后再纠正违法行为，造成社会成本的浪费。

2019年《地名管理条例（修订草案征求意见稿）》对地名审批程序的规定可以说是一大亮点，修订草案在地名规划、命名及更名原则和规则、审批权限和程序、注销、公布、备案等方面进行了细化完善，特别是针对当前条例中审批程序较为原则的问题，正式引入了风险评估、专家论证、公众参与等程序性控制机制。然而，值得注意的是，当前公布的修订草案仍然没有完全摆脱"重审批、轻规划与监督"的制度困境，草案所设计的条款仍然主要是围绕地名命名、更名审批来进行的，虽然对地名规划和事后监督作了原则性规定，但并没有完全贯彻"规划、审批与监督并重"的程序控制理念。就地名审批的程序控制机制而言，事前规划、事中审批与事后监管具有同样重要的地位，三者共同构成完整的地名审批的全过程程序性控制体系。本书将以《地名管理条例（修订草案征求意见稿）》为基础，结合实践中地名审批事前规划、事中审批和事后监管的有益制度经验，进一步对地名审批的全过程程序控制机制以及相应的体系化程序方案展开深入分析。

一、事前审批规划

在地名管理过程中，很多工作是在审批之前来完成的，这其中包括：地名规划的招标、投标、地名规划委托书的准备工作、地名规划任务书等。这段时间需要研究和准备很多相关资料，如地名规划的知识储备、地名规划的资料收集和实地调查（包括实体的勘探和走访）等。

审批之前的基础研究工作不可忽视，地名制定的好与坏，审批之前的规划起决定作用。《地名管理条例实施细则》应将前期的工作内容和程序纳入其中，应包括如下几个部门和环节：

（一）地名规划的基础研究

地名规划原则的确定，其中包括地名规划的总体思路、指导思想和基本原则。制定地名规划的依据，其中包括地名规划依据的法律法规、基础规划和人文资料。地名规划的目标，其中包括地名规划的主要作用、基本目标、预期结果。所有的这些工作作为基础，指导引领后续工作的完成。

（二）地名规划的技术路线设计

首先，需要确定地名规划的范围，其中包括地名规划的区域范围和地理实体；其次，掌握地名规划的路径，包括命名的对象、命名的路线、命名的次序等；再次，地名规划中的命名设计，包括直接命名式、纪念命名式、派生命名式、借用命名式、寓意命名式等；最后，勾勒出地名规划的框架，包括框架的作用和大纲的形式。

（三）地名规划的综合研制

首先，需要关注规划地名的全程，其中包括呈现的基本态势、协调的周边地名、使用的规范用字等；其次，关注规划地名的通名，其中包括地名通名与地理实体相吻合的程度、规划地名不应使用的异化通名、规划地名科学使用通名修饰词等；再次，规划地名的专名；最后，关注规划地名的汉语拼音，其中包括汉语拼音拼写地名的发展历程、汉语拼音字母拼写地名的主要规则。涉及少数民族的一些地名，应关注少数民族的民族文字和文化元素等。

（四）审批之前的行政流程

地名规范管理审批前行政机关的活动，通常称为"排队上会"，正式文件名称被称为《关于呈报批复〈××地名规划〉的请示》，在前文所述的环节之后提交文件，地名规划方案的审议工作被正式列入当地政府办公室的议事日程。当地人民政府主管部门，会根据参会领导和专家对地名规划方案的意见和建议，结合自己的看法和认识，作出最终的总结性、决定性意见。一种意见是：地名规划方案通过人民政府的审议；另一种意见是：地名规划方案没有通过人民政府的审议，继续完善，择机再行审议。也就是说，当地人民政府批准了当地地名规划方案，在会议的审议过程中，提出修改意见，进入下一步的完善工作；或者是，当地人民政府没有批准地名规划方案，则需要根据会议提出的会议精神进行修改，再重新编制地名规划方案。

二、事中审批程序

事中审批的地名规划，就是将地名规划方案经本级人民政府批准，成为当地人民政府正式发布的行政管理文件。此处的地名规划方案的事中审批是完完全全的行政管理工作事项。如果说之前的地名规划方案属于科研成果，那么，此时就应当属于当地人民政府的行政性文件。此时政府应被看作是地名管理工作的组织者和公共服务产品的最终需求方。经过事中审批之后，该文件就具有了法规性，因为其的具体行政行为特性，导致其不是地方性法规，而是行政机关的正式文件，同样具有法律执行的效力。除了法规性特征之外，这一行政管理文件还具有技术性、专题性、规范性、指导性和时效性的特点。

正如前文所述，在地名规划管理中，地名类型的差异，将会导致规范化管理的程序存在差异。因此，既关注地名审批的共性程序，也关注因法律性质不同而决定的地名审批的个性程序。为此，地名规范化管理的事中审批程序，应当在制度上有所创新，即中央控制权与三种审批方式灵活适用的制度创新。

我国现行法律法规规定，行政区划的变更程序是逐级上报的"中央审批制"，即县级及以上行政区的更名，均由变更主体申请，逐级上报至国务院审核批准。这种自下而上的申报审核机制，保证了国家对于行政区划的顶层设计，确保了中央对行政区划的绝对控制。但如前文所述，行政审批依审批方式的不同，除中央直接决策外，均应灵活采取申报审批等形式。

三、事后监管程序

所谓的事后监管程序，就是指地名管理工作的必要监督、惩罚与救济机制，即违反地名管理法规的行为，就要受到相应的处罚，以实现权力与责任的统一。

（一）事后监督主体

事后监督包括内部监督与外部监督。内部监督，主要是指上级人民代表大会及常委会、同级纪检监督部门、同级政协的监督。与此相对应的外部监督，是指广泛的社会监督主体，包括公众、相关机构以及新媒体平台的舆论监督。在规范性法律文件中明确监督主体的立法目的，就是为了保障公民的知情权和参与权。权益受损的公民有权通过行政调解、行政复议、行政诉讼的方式来化解因地名变更所引发的纠纷。

(二) 事后监督的程序种类

不同类型的审批行为，需要不同的事后监督程序：第一，区划类地名的事后监督程序。对于区划类地名，地名审批是作为前置程序的。因此，对于区划类地名的监督应加强地方人大实质参与机制，加强人大在前置程序中的监督保障作用。第二，备案类地名的事后监督。应完善科学的地名审批指导机制。在备案中把关，从合法合宪性方面、文化保护标准方面把关。备案虽然不同于监督，但是备案本身也是一种监督，备案通过向上级地名行政管理部门报告完成的工作部署，使上级及时、准确地了解到地名管理情况。第三，私权类地名审批行为。对于此类审批行为的监督，要增强私权主体维权的主动性，根据《行政复议法》《行政诉讼法》，应将私权主体的监督权纳入行政复议和行政诉讼的受案范围之中。

(三) 制定相应的配套监督机制

事后监督程序需要相应的配套监督机制。第一，政府信息公开机制。地名涉及的对象很多，有的受直接影响，有的受间接影响。保障地名审批过程的公开，以接受社会的监督，就要始终将公开机制贯穿于行政权行使的全过程，只要行政权的行使影响到行政相对人的合法权益，就必须向行政相对人公开相关事项和信息，以维护行政相对人的信任。第二，重大行政决策机制。将地名管理纳入重大行政决策机制之中，做好在地名审批过程中的征求社会公众意见、专家论证和合法性审查等工作。第三，考虑监察机制的介入。在地名审批过程中，认真履行地名审批权责的界定和法律责任的追究。对接《监察法》从而加强对所有行使公权力的公职人员的监督，推进国家治理体系和治理能力现代化。第四，地名管理的评估反馈机制。建立、健全行政决策实施情况后的评估反馈机制，在地名更改的3年至5年内应对其进行全方位的评估，确保行政决策全过程的合理、有效。具体的地名评估可以邀请主管行政机关、地名更改的利益相关代表以及专家评估人员，采取座谈、研讨的方式，或是通过听证会、走访的方式让民众参与到评估之中；有条件的地方可以授权专业的第三方评估中心对地名更改后的情况进行全面评估，并形成评估报告。

(四) 地名规范化管理中的法律责任

法律责任不仅能够确保法律义务的有效履行，也能确保地名管理相关制度的真正贯彻落实,《行政区划管理条例》《地名管理条例》均对法律责任问题作了全面的规定,设定了严格的法律责任。2018年《行政区划管理条例》明确了惩罚措施,加强了管理责任,细化了程序性规定。该条例第22条至第25条,指出对违反本条例"责令改正""对直接负责主管人员和其他直接责任人"依法给予处分,"构成犯罪的,依法追究刑事责任",还指出了针对"国家工作人员"滥用职权、玩忽职守、徇私舞弊等情形的追责方式。通过法律责任,保证监督效果的实现,进而促进地名审批程序的科学性、民主性和合理性,保障服务型政府的实现。

综上所述,地名管理工作监督、惩罚、救济的配套措施的运用就是要形成一种长效的监督机制。对于地名命名、更名审批程序问题,应强化行政法规监督作用,建立长效监督机制,细化制定事中监管、事后追责机制。要明确执法主体、执法保障措施和法律责任,规定地名确定前的提前介入机制,以及地名确定后的严格审验制度,确保地名管理的监督制度落到实处。在修订完善现行《地名管理条例》后,及时出台《地名管理条例实施细则》。

第四节 地名制度设计中的制度激励问题

制度激励是一种内生动力机制,是通过规则、制度、文化实现方向引导、动机激发与行为强化,持续调动人的积极性、主动性和创造力。地名的规划设计远不是行政决定就可以完成的,需要积极调动社会因素才能实现预期的文化效果。本书认为,应从两个方面去实现制度的激励作用。

一、公众的制度激励

地名命名和变更是一种公共决策,地名命名和变更的整个过程都应该有公众意向的表达和参与。公示是公众参与地名管理的重要保障,公众参与保障实现公示目的的实现,两者互为条件。对公众的制度激励主要通过相关制度来实现,比如行政信息公开制度。通过行政信息公开的方式保障公民充分的知情权。虽然不同地名审批中公众参与的方式不同,有网络问卷、走访问卷等方式,但都是为了增强公众的主人翁意识、公共责任意识,通过公众的参与制度实现制度的激励作用。在这一问题上,最高人民法院也建议,"如果能为地名的命名、更名、销名等行政决策设置一个犹豫期，让公民或者有关社会团体在相关行政决策真正付诸实施之前能够有机会提起一个预防性的禁止诉讼，无疑将会减少盲目决策所造成的社会成本和财政成本"。目前的《地名管理条例》和《实施细则》均未对审批程序的公示环节有所涉及。未来的地名制度设计方案，应更多地保障公众的知情权，建立多种形式的公众参与机制和专家决策机制。适当的公众事前参与是保证科学决策的重要一环，允许社会公众提出意见，程序公开透明，将会减少很多因地名命名、更名而引起的不可预测的社会舆论压力，将命名和更名方案公之于众，能够使群众了解这些地名的真实状况。

同时，在地名管理过程中应当注重民主参与程序，以确保地名管理的科学性、民主性。根据《地名管理条例（修订草案征求意见稿）》，除了法规规定的必须强制性更名情形外，地名更改必须"征得有关方面和当地群众同意"。对社会稳定等方面可能造成不利影响的地名的命名、更名，应当通过舆情分析、重点走访、会商研判等方式，对拟命名、更名方案的可行性和风险可控性进行评估；对存在重大意见分歧或者拟对社会公众权利义务作出重大调整的地名命名、更名，应当召开听证会。单方更名、快速更名等做法不可取，有违正当程序等法理基础。《重大行政决策程序暂行条例》规定，重大行政决策应按照五项程序要求进行规范，即公众参与、专家论证、风险评估、合法性审查、集体讨论决定。鉴于地名命名、更名属于"重大行政决策"范畴，建议提前参照《重大行政决策程序暂行条例》所设定的五项程序要求完善地名管理立法。虽然地名管理不需要大范围地调动社会和公众参与，但是需要通过制度激励公众的创造力和参与热情。

二、委托方的制度激励

委托方的制度激励，就是要充分发挥地名科研的作用，由地名规划方案评审会专家评审。只有经过地名规划评审会专家评审后，才能形成地名规划方案（报批稿），并进入地名规划的行政管理流程。此时，具有审批权限的政府机关，才开始进入行政审批流程，由当地行政主管部门负责。委托方的制度激励包括以下几个方面的内容：

（1）管理职能的定位。要充分发挥地名规范化管理的激励功能，明确哪个部分应该让位于市场。地名管理中,地名行政主管机关,不能兼顾取名、命名和管理职能的全部,没有职能定位,就没有明确的分工标准,相当于不能同时是运动员和裁判员。哪个部分让渡给市场和社会,需要有一个明确的标准,防止名称不规范、一地多名、一名多用等问题。

(2)地名管理过程中,应该充分保障委托方和受托方等各方的权益,包括各种知情权。比如,对地名规划方案批复后的告知:对于委托的地名规划项目,在地名规划方案获得当地人民政府正式批准后5个工作日内,假若乙方没有参加当地人民政府的办公会或相关审议会议的话,该地名规划的委托方(也就是甲方)应该将相关的事项通报给地名规划的受托方,即通过书面通报、复制传输、电话通知等形式。整个地名的规划工作,除了地名规划的组织者,还包括地名规划的受益者、委托方、承担者、编制者。因此,应调动好各个主体角色的积极性和主动性,形成参与的合力,保障地名规划管理活动顺利完成。

(3)鼓励委托方建立和完善专名和通名的固定词库。对于一些地理实体命名的地名,按照"专名+通名"来确定名称,但是原有的专名和通名固定词库已经远远不能适应现今的地名需求,应当建立和完善中国地名国家信息库,和具体地名命名细则进行更新的原则和程序,以此为基础,鼓励科研单位不断开发出具有文化内涵、反映当地特色的固定词库。这些都是地名管理事业良性发展的有力保障。

第五节　以地名维护为契机,整合燕赵文化成果

燕赵文化是历史留给我们的一笔宝贵遗产,滋润着燕赵大地,塑造着燕赵儿女。在城镇化村镇建设中,各级政府和文化部门应积极开展地域社会文化研究,建立人们的地域文化自觉和自信。所谓的文化自觉和自信,是指生活在一定区域的人们对自己所处的地域文化的过去、现在和将来的清晰认识和科学把握。燕赵文化绵延不断,在潜移默化中默默塑造着燕赵儿女的行为模式、风俗习惯、言语方式。

文化自觉是提高人民文化素质的一项宏大而持久的工程。中华人民共和国建立之后的一段时间,燕赵文化发展始终处于一种随意而自发的状态,从

20世纪90年代开始，燕赵文化才真正进入自觉发展状态。

以传统村镇地名的维护为契机，汇集传统村镇地名故事研究，在地名文化中展现传统文化精神。世界瞬息万变，地名等文化遗产的作用就在于使人们了解自己是谁，从哪里来。燕赵古迹、工艺、语言以及风俗习惯，无不清楚地传达着燕赵儿女的身份，阐释着燕赵地区和国家的文化。

燕赵地区有众多可见的有形物质文化遗产，也有许多无形的非物质文化遗产。河北是华夏文明的发祥地之一，包括：北京山顶洞人遗址、雄伟的万里长城、形势险要的"天下第一关"、被联合国教科文组织列入世界文化遗产名录的承德避暑山庄、清东陵、清西陵等；见证着中国近现代发展的国家级历史文化名城承德、邯郸、保定、正定等地；记载着燕赵儿女为中华民族事业浴血奋战的战斗遗址，如李大钊故居、白求恩纪念地、冉庄地道战遗址等。在河北十九万平方公里的土地上，到处有燕赵精神的见证。而这些见证随着时间的演变凝聚成一个又一个有故事的村镇地名，延展着河北文化的脉络。

第六节　燕赵地区传统村镇地名的规划实施保障

一、完善传统村镇地名标志

在对传统村镇的规划管理中，需要比照城市对于地名的管理，包括路牌、门牌都应该逐渐完备。路牌应该完整地包括指路的地图、解说系统、地名背后的历史文化典故。这就需要相关部门协调做好配套设施的建设工作，做到路牌准确无误，如果附有汉语拼音，地名的拼写也要保证正确。在具备旅游发展潜质的传统村镇，地名的标志应发挥两个方面的功能：一是指示功能；二是地名的含义阐释功能。使游客可以通过阅读地名，了解其背后的历史文化，产生代入感，从而发挥地名的文化传承作用。

在对传统村镇的规划中需要解决以下几个重要问题：

（1）传统村镇地名文化保护中主要干道的选择。为了保护传统村镇的非物质文化遗产，需要在保持地名稳定的基础之上，尽可能地挖掘和保护地名文化遗产，特别是采取有效措施保护、宣传传统村镇的老地名，以此加强地方文化建设。对于一些社会认知程度高、实际便于辨认的位置,确定恰当的地名标识位置,方便公众认识和了解。

(2) 增强地名标志在燕赵文化传播中的作用。以有效的原则提出改善方案,进一步发挥地名标志在燕赵文化传播中的重要作用。将现有地名组团整合,以喜闻乐见的方式让社会公众更多地了解地名的采词内涵,更深地理解燕赵文化,使地名成为一座桥梁,沟通历史与现实。

(3) 传统村镇老街挂牌保护。保护和传承古村落地名文化,特别是对城镇化进程中的新建区实行挂牌保护宣传工作,这不仅能够挖掘文化,同时也能对传统村镇的旅游业发展起到一定的推动作用。重视地域文化从带动当地居民开始,这种认可对于当地一些居民来说也是一种学习和文化提升,可以了解自己的村镇与燕赵文化之间的关联,增加地域文化自豪感。

二、燕赵地区传统村镇地名体系的整体保护

(一) 传统村镇地名体系的整体保护

传统村镇常常面临着新建区的拓展,古城所在的街区改造,一些古村落不可避免地受到开发建设的影响,传统地名极容易因快速开发而消失。因此,需要在城镇规划中确立地名体系的整体保护思路,地名规划要与历史文化保护规划相衔接,明确建设项目申报和审批的禁止条件,禁止破坏地方文脉的做法,在统筹规划中合理恢复有价值的历史地名。

1. 传统村镇地名保护对象

这里需要保护的地名是指具有指位功能的自然地理实体名称和人文地理实体名称。包括:

(1) 山、河、湖、海、瀑布、泉、岛、滩涂、淀、洼、平原、沙漠、草原等自然地理实体名称。

(2) 乡、民族乡、镇等行政区域名称。

(3) 村民委员会、区域性群众自治组织、辖区名称。

(4) 煤田、油田、农区、林区、牧区、渔区、工业区、开发等专业区名称。

(5) 自然村等居民地名称。

(6) 台、站、港、场、水库、渠道、铁路、公路、桥梁、隧道、闸涵等

专业设施名称。

(7) 文物古迹、陵园、风景名胜区、自然保护区、旅游度假区等纪念地和旅游胜地名称。

(8) 公共广场、体育场等大型建筑物名称。

(9) 其他具有地名意义的名称。

2. 传统村镇地名保护重点

传统村镇地名保护的重点应该放在历史文化的延续问题上：

(1) 历史悠久的古乡镇名。

(2) 传统村镇所辖内的风景区、古遗址、名胜古迹、纪念地、名人故居、古墓葬群等。

(3) 散布在一些非著名村镇，尽管尚未列入文物保护重点，但是极具保护价值的个体地名。

(4) 富含历史典故、遗迹的老地名，或是体现村镇发展的老地名。

(二) 建立地名更新的长效管理机制

加强地名的研究整理工作，建立燕赵地区传统村镇地名信息化管理体系，是确保地名体系整体保护的重要一环，也是大数据时代对于地名要求的积极回应。近年来，河北省持续加大历史文化名镇名村和传统村落保护工程推动工作，共实施工程757项，拯救了许多濒危传统建筑，镇村内基础设施和人居环境都得到极大提升。张家口市蔚县暖泉镇、邢台市信都区英谈村等历史文化名镇名村和中国传统村落是该地的著名旅游景区。石家庄市井陉县修建了将27个历史文化名镇名村和中国传统村落串联起来的"太行天路"，形成一条美丽的"太行画廊"，每年吸引大量省内外游客旅游观光，有效带动了当地经济发展。[1]

地名管理中的一项非常重要的工作就是地名信息化服务。建立数据库，形成地名管理的长效更新机制，有利于提高地名的系统性。民政部已经建立了国家地名数据库，同时成立了专门的网站——"中国·国家地名信息库"。[2]地名是不是能够发挥指代作用，有没有重名现象，这些问题都需要放在一个

---

[1] "位居北方地区第2位！河北206个村庄进入中国传统村落名录"，载http://he.people.com.cn/n2/2020/1230/c192235-34503681.html，最后访问时间：2021年7月16日。

[2] 参见 https://dmfw.mca.gov.cn/，最后访问时间：2021年7月6日。

系统里解决。因此,应整合地名景观中的整体和局部关系,做到局部微观地名和总体地名相协调。县级政府相关部门应先从保护地名文化的历史文献资料入手,设立专门的管理存放地名资料的资料室,有条件的还应该建立地名保护数字管理系统,数字化应是未来地名发展的方向。在数据库的具体管理中,应加强对地名文化遗产资源系统性和完整性的建设,对历史地名进行测评和分级。对在城镇化建设过程中涉及的全部地名进行梳理,分类审视每一个已有地名。对具有地名重点保护价值的地名,要给予高分保护等级排序,并长期沿用。

数字地名工作,是地名公共服务工程事务中的重要一项。应以县级政府为主导,全面完成基础地名数据库的建设和完善,做到数据定期更新上报,实现地名的动态维护管理工作。在地名文化保护方面,学习一些国家的先进经验,大力开展地名文化宣传和保护工作。如瑞典一直进行"优秀地名保护活动",对历史地名和古迹地名进行登记、公布、宣传和保护,积极参与全球性的地名文化遗产研究与保护活动。[1]美国、俄罗斯等世界大国不仅建立了比较完善的本国地名数据库,还建立了庞大的世界地名数据库。[2]地名信息化建设是一项复杂工程,需要充分调动和发挥各方面的积极作用,探索政府主导、部门合作、社会参与、市场化运作的多方协调的工作机制。具体而言,地名数据库的建立和保护,需要制定细致的流程。包括:资料准备、地名调查、数据整合、地名设计、征求意见、规划公示、规划评审等,将符合标准的燕赵地名纳入地名保护体系之中。

(三)传统村镇地名的指位功能和文化功能的平衡

为了加大对地名文化的保护,应明确建立标准化地名的具体规范,建立长效机制,对于老地名及有重要意义的传统村镇地名重点保护,将地名作为重要的非物质文化遗产认真对待。地名的指位功能和文化功能,两者缺一不可。指位功能方便老百姓的日常生活,文化功能有利于历史文化的传承。专名尽量保持不变,在门牌编码时增加方位词以增强道路的指位功能。地名的设定一定要具备整体观念和意识,既可以保证传统村镇地名的指位功能发

---

〔1〕参见卞仁海:《深港地名文化比较研究》,中国社会科学出版社2019年版,第79页。

〔2〕戴均良主编:《行政区划与地名管理》,中国社会出版社2009年版,第357页。

挥，也能弘扬地域文化。指位性永远是地名的第一位功能。尤其是城镇化中会出现一些村镇的拆除或扩建，涉及地名的命名和更名问题。采用什么地名合适，就涉及地名采词问题。采词应做到指位功能和文化功能的平衡。

（四）建立非必要不更名机制

地名的变更需要经过固定的法律程序，从严管理。地名更迭影响到的范围很广，所以需要在地名规划中尽量降低成本，不去增加民众负担，做到非必要不更名。因为地名的改动会带来一系列变动，会增加社会管理成本。为尊重民众的生活习惯，在建成区应尽量保持地名的相对稳定，确需更名的应做好应对措施，将经济、社会成本降到最低。做到保持原有证件的有效期，待证件有效期过后自然更换，做好新旧地名的过渡工作。尤其在一些城镇化建设中，随着旧城改造的实施，原有的路网格局必然要被打破，所以在道路命名时，就要尽量理顺新地名与老地名之间的关系，保护人们对老地名的情感依赖。

伴随着城镇化进程的发展，原有地名消失的现象在所难免。此种情况宜采用移植保护措施，地名移植到其他相邻位置，作为其他新的地理实体名称，保证这一地名文化历史得以流传。

结　语

　　燕赵地区村镇地名文化既是传统的，也是现代的；既有华夏文化的特点，又有燕赵文化的自身特质。燕赵地区村镇地名是燕赵历史文化的宝贵财富，需要走向全国、融入世界。作为一种区域文化，需要燕赵人从理论上与实践中对传统村镇地名进行整理、整合、创造，注入新时代的意义和内涵，向世人介绍燕赵文化，展示燕赵精神品牌，进而形成一种开放式的文化，增添燕赵魅力。

参考文献

著作类

[1] 保定名村名镇编委会编:《保定名村名镇》,河北大学出版社 2018 年版。
[2] 卞仁海:《深港地名文化比较研究》,中国社会科学出版社 2019 年版。
[3] 王荣、何彤慧、吴宏岐:《地名文化景观与地名资源开发、管理研究基于宁夏和岭南地区地名的讨论》,中国社会出版社 2016 年版。
[4] 刘保全等编著:《地名文化遗产概论》,中国社会出版社 2011 年版。
[5] 戴均良:《行政区划与地名管理》,中国社会出版社 2009 年版。
[6] 王锡锌:《行政程序法理念与制度研究》,中国民主法制出版社 2007 年版。
[7] 费孝通:《乡土中国》,上海世纪出版集团 2005 年版。
[8] 中国地名研究所编著:《中国地名研究论文集》,中国社会出版社 2011 年版。
[9] 李炳尧:《中国地名文化遗产保护理论与实践》,中国社会出版社 2019 年版。
[10] 李炳尧、刘保全:《地名管理学概论》,中国社会出版社 2008 年版。
[11] 庞森权:《地名规划实证研究》,中国社会出版社 2017 年版。
[12] 宋久成:《地域文化视角下的地名规划——以新郑市地名规划为例》,中国社会出版社 2015 年版。
[13] 杨建国:《文化语言学视域下的北京地名研究》,北京大学出版社 2018 年版。
[14] 王锡锌:《公众参与和行政过程——一个理念和制度分析的框架》,中国民主法制出版社 2007 年版。
[15] 封丽霞:《中央与地方:立法关系法治化研究》,北京大学出版社 2008 年版。
[16] 莫于川:《行政指导与建设服务型政府》,中国人民大学出版社 2015 年版。
[17] 刘莘:《诚信政府研究》,北京大学出版社 2007 年版。
[19] 林莉红:《行政法治的理想与现实》,北京大学出版社 2014 年版。
[20] 朱景文:《地方立法的理论与实践》,法律出版社 2017 年版。
[21] 周振国、孙继民:《河北历史故事精粹》,吉林摄影出版社 2009 年版。

[22] 保定市旅游局：《保定旅游故事（上册）》，中国旅游出版社2013年版。

[23] 靳志军：《燕赵记录——古县寻踪》，河北出版传媒集团、方圆电子音像出版社。

[24] 米志科主编：《藁城地名文化》，中州古籍出版社2012年版。

期刊类

[1] 颜岩："市民社会真的没有文化记忆吗？——兼评赫勒的市民社会理论"，载《哲学动态》2011年第10期。

[2] 郭茜："文化记忆理论视角下的东坡赤壁故事"，载《社会科学辑刊》2009年第1期。

[3] 王霄冰："文字、仪式与文化记忆"，载《江西社会科学》2007年第2期。

[4] 章志远："地名变更的法律规制"，载《法商研究》2016年第4期。

[5] 张颖："从地名看多元文化的交融——以承德地名为例"，载《河北学刊》2008年第5期。

[6] 田恒金、李小平："河北方言地名中的一些音变"，载《语文研究》2008年第2期。

[7] 陈珺、王林亮："河北省历史文化村镇现状及保护对策研究"，载《河北民族师范学院学报》2016年第1期。

[8] 赵雪梅、孙雪、李燕："河北历史文化村镇价值特色浅析"，载《福建建筑》2010年第9期。

[9] 张文："河北启动历史文化村镇和优秀乡土建筑大规模摸底"，载《中华建筑报》2007年7月19日。

[10] 韩晓云："明清河北方言语音研究"，华中师范大学2015年博士学位论文。

[11] 王佳佳："河北易县地名的语言学考察"，渤海大学2017年硕士学位论文。

附录一　燕赵地区部分传统村镇地名录

第一批列入传统村落名录的河北省村落名单（32个）

2012年12月17日，住房和城乡建设部等部门组织开展了全国第一次传统村落摸底调查，在各地初步评价推荐的基础上，经传统村落保护和发展专家委员会评审认定并公示，住房和城乡建设部、原文化部、财政部决定将河北省石家庄市井陉县南障城镇大梁江村共32个具有重要保护价值的村落列入传统村落名录。

石家庄市井陉县南障城镇大梁江村
石家庄市井陉县南障城镇吕家村
石家庄市井陉县于家乡于家村
石家庄市井陉县南峪镇地都村
石家庄市井陉县天长镇梁家村
石家庄市井陉县天长镇宋古城村
石家庄市井陉县天长镇小龙窝村
石家庄市鹿泉市白鹿泉乡水峪村
邯郸市磁县贾壁乡北贾壁村
邯郸市磁县陶泉乡北岔口村
邯郸市磁县陶泉乡花驼村
邯郸市磁县陶泉乡南王庄村
邯郸市涉县固新镇固新村
邯郸市涉县偏城镇偏城村
邯郸市涉县关防乡宋家村
邯郸市涉县河南店镇赤岸村

燕赵地区传统村镇沿革与地名法律规制研究

邯郸市涉县井店镇王金庄村
邯郸市武安市伯延镇伯延村
邯郸市武安市冶陶镇安子岭村
邯郸市武安市冶陶镇固义村
邯郸市武安市冶陶镇冶陶村
邯郸市武安市邑城镇白府村
邢台市内丘县南赛乡神头村
邢台市邢台县路罗镇英谈村
保定市清苑县冉庄镇冉庄村
张家口市怀来县鸡鸣驿乡鸡鸣驿村
张家口市蔚县南留庄镇南留庄村
张家口市蔚县涌泉庄乡北方城村
张家口市蔚县暖泉镇北官堡村
张家口市蔚县暖泉镇西古堡村
张家口市蔚县宋家庄镇上苏庄村
张家口市阳原县浮图讲乡开阳村

第二批列入传统村落名录的河北省村落名单（7个）

2013年8月26日，住房和城乡建设部、原文化部、财政部日前联合公布了第二批列入传统村落名录的村落名单，石家庄市赞皇县嶂石岩乡嶂石岩村等7个河北省村落名列其中。第二批名单是根据住房和城乡建设部等部门印发的《传统村落评价认定指标体系（试行）》，在各地初步推荐上报的基础上，经传统村落保护和发展专家委员会评审认定的。

石家庄市赞皇县嶂石岩乡嶂石岩村
石家庄市平山县杨家桥乡大坪村
石家庄市平山县杨家桥乡大庄村
邢台市沙河市柴关乡王硇村
保定市顺平县腰山镇南腰山村
张家口市蔚县南留庄镇水东堡村
张家口市蔚县南留庄镇水西堡村

第三批列入传统村落名录的河北省村落名单（18个）

秦皇岛市抚宁县大新寨镇界岭口村
邯郸市峰峰矿区和村镇金村
邯郸市涉县关防乡岭底村
邯郸市磁县陶泉乡北王庄村
邯郸市武安市管陶乡朝阳沟村
邢台市沙河市白塔镇樊下曹村
邢台市沙河市十里亭镇上申庄村
邢台市沙河市刘石岗乡大坪村
邢台市沙河市刘石岗乡渐凹村
保定市清苑县孙村乡戎官营村
保定市清苑县闫庄乡国公营村
张家口市张北县油篓沟乡黄花坪村
张家口市蔚县南留庄镇白后堡村
张家口市蔚县南留庄镇曹疃村
张家口市怀安县左卫镇石坡底村
张家口市怀安县西沙城乡东沙城村
张家口市怀安县西沙城乡段家庄村
张家口市怀安县西沙城乡朱家庄村

第四批列入传统村落名录的河北省村落名单（88个）

石家庄市井陉县天长镇核桃园村
石家庄市井陉县天长镇长生口村
石家庄市井陉县天长镇吴家垴村
石家庄市井陉县天长镇庄旺村
石家庄市井陉县天长镇板桥村
石家庄市井陉县天长镇石桥头村
石家庄市井陉县天长镇乏驴岭村
石家庄市井陉县天长镇北关村

石家庄市井陉县天长镇东关村
石家庄市井陉县秀林镇南横口村
石家庄市井陉县小作镇卢峪村
石家庄市井陉县小作镇沙窑村
石家庄市井陉县南障城镇七狮村
石家庄市井陉县苍岩山镇杨庄村
石家庄市井陉县苍岩山镇汪里村
石家庄市井陉县测鱼镇石门村
石家庄市井陉县于家乡南张井村
石家庄市井陉县于家乡张家村
石家庄市井陉县于家乡狼窝村
石家庄市井陉县辛庄乡小切村
石家庄市井陉县辛庄乡苏家嘴村
石家庄市井陉县辛庄乡胡仁村
石家庄市井陉县辛庄乡洪河漕村
石家庄市井陉县南王庄乡河应村
石家庄市平山县北冶乡黄安村
石家庄市平山县杨家桥乡九里铺村
石家庄市鹿泉区石井乡封庄村
唐山市滦县泡石淀乡西刘各庄村
邯郸市峰峰矿区和村镇李岗西村
邯郸市峰峰矿区界城镇老鸦峪村
邯郸市涉县更乐镇大洼村
邯郸市涉县固新镇原曲村
邯郸市涉县辽城乡岩上村
邯郸市涉县鹿头乡东鹿头村
邯郸市磁县白土镇吴家河村
邯郸市磁县白土镇五合村
邯郸市磁县都党乡同义村
邯郸市磁县北贾璧乡岗西村

邯郸市武安市贺进镇后临河村
邯郸市武安市管陶乡万谷城村
邯郸市武安市马家庄乡没口峪村
邢台市沙河市綦村镇城湾村
邢台市沙河市册井乡册井村
邢台市沙河市册井乡北盆水村
邢台市沙河市柴关乡安河村
邢台市沙河市柴关乡绿水池村
邢台市沙河市柴关乡彭硇村
邢台市沙河市柴关乡石门沟村
邢台市沙河市柴关乡西沟村
邢台市沙河市蝉房乡后渐寺村
邢台市沙河市蝉房乡口上村
邢台市沙河市蝉房乡王茜村
保定市涞水县九龙镇岭南台
保定市安新县圈头乡圈头村
保定市顺平县大悲乡刘家庄村
张家口市蔚县代王城镇张中堡
张家口市蔚县暖泉镇千字村
张家口市蔚县暖泉镇中小堡村
张家口市蔚县南留庄镇史家堡村
张家口市蔚县南留庄镇单堠村
张家口市蔚县南留庄镇杜杨庄村
张家口市蔚县南留庄镇大饮马泉村
张家口市蔚县南留庄镇小饮马泉村
张家口市蔚县南留庄镇白河东村
张家口市蔚县南留庄镇白南堡
张家口市蔚县南留庄镇白宁堡村
张家口市蔚县南留庄镇埚串堡村
张家口市蔚县南留庄镇白中堡村

张家口市蔚县阳眷镇南堡村
张家口市蔚县宋家庄镇宋家庄村
张家口市蔚县宋家庄镇邢家庄村
张家口市蔚县宋家庄镇郑家庄
张家口市蔚县宋家庄镇王良庄
张家口市蔚县宋家庄镇大固城村
张家口市蔚县宋家庄镇吕家庄村
张家口市蔚县宋家庄镇邀渠村
张家口市蔚县宋家庄镇大探口村
张家口市蔚县宋家庄镇北口村
张家口市蔚县下宫村乡浮图村
张家口市蔚县涌泉庄乡卜北堡村
张家口市蔚县涌泉庄乡任家涧村
张家口市蔚县涌泉庄乡辛庄村
张家口市蔚县白草村乡钟楼村
张家口市怀安县西沙城乡北庄堡村
张家口市怀安县西沙城乡水闸屯村
张家口市怀安县西沙城乡西沙城村
承德市丰宁满族自治县凤山镇石桥村
衡水市冀州市门家庄乡堤北桥村

第五批列入传统村落名录的河北省村落名单（61 个）

石家庄市井陉矿区贾庄镇贾庄村
石家庄市井陉矿区凤山镇南凤山村
石家庄市井陉县天长镇河东村
石家庄市井陉县南峪镇南峪村
石家庄市井陉县南峪镇台头村
石家庄市井陉县威州镇北平望村
石家庄市井陉县南障城镇小梁江村
石家庄市井陉县南障城镇大王帮村

石家庄市井陉县苍岩山镇固兰村
石家庄市井陉县北正乡赵村铺村
石家庄市井陉县于家乡高家坡村
石家庄市井陉县于家乡水窑洼村
石家庄市井陉县于家乡当泉村
石家庄市井陉县孙庄乡孙庄村
石家庄市井陉县辛庄乡桃王庄村
唐山市遵化市马兰峪镇马兰关一村
邯郸市峰峰矿区义井镇王三村
邯郸市峰峰矿区义井镇北侯村
邯郸市峰峰矿区彭城镇张家楼村
邯郸市涉县井店镇禅房村
邯郸市涉县更乐镇南漫驼村
邯郸市涉县关防乡后岩村
邯郸市磁县陶泉乡西花园村
邯郸市磁县陶泉乡齐家岭村
邯郸市磁县北贾璧乡双和村
邯郸市磁县北贾璧乡西苗庄村
邯郸市武安市午汲镇大贺庄村
邯郸市武安市北安庄乡黄粟山村
邯郸市武安市石洞乡什里店村
邢台市邢台县南石门镇崔路村
邢台市邢台县南石门镇姚坪村
邢台市邢台县南石门镇大贾乡村
邢台市邢台县皇寺镇皇寺村
邢台市邢台县路罗镇桃树坪村
邢台市邢台县路罗镇鱼林沟村
邢台市邢台县路罗镇茶旧沟村
邢台市邢台县将军墓镇内阳村
邢台市邢台县太子井乡龙化村

邢台市邢台县太子井乡石坡头村
邢台市邢台县北小庄乡东石善村
邢台市邢台县北小庄乡白杨庄村
邢台市邢台县北小庄乡龙门村
邢台市临城县郝庄镇郝庄村
邢台市内丘县獐么乡黄岔村
邢台市内丘县侯家庄乡小西村
邢台市沙河市綦村镇西南沟村
邢台市沙河市册井乡白庄村
邢台市沙河市册井乡通元井村
邢台市沙河市柴关乡马峪村
邢台市沙河市柴关乡陈硇村
邢台市沙河市柴关乡杜硇村
保定市阜平县龙泉关镇骆驼湾村
保定市阜平县天生桥镇朱家庵村
保定市唐县军城镇和家庄村
保定市唐县齐家佐乡史家佐村
保定市顺平县台鱼乡北康关村
张家口市蔚县下宫村乡苏贾堡村
张家口市蔚县涌泉庄乡闫家寨村
张家口市蔚县涌泉庄乡西陈家涧村
张家口市怀来县瑞云观乡镇边城村
张家口市怀来县王家楼回族乡麻峪口村

附录二　相关的规范性法律文件

《中华人民共和国行政许可法》

目　录

第一章　总则
第二章　行政许可的设定
第三章　行政许可的实施机关
第四章　行政许可的实施程序
　第一节　申请与受理
　第二节　审查与决定
　第三节　期限
　第四节　听证
　第五节　变更与延续
　第六节　特别规定
第五章　行政许可的费用
第六章　监督检查
第七章　法律责任
第八章　附则

正　文

第一条　为了规范行政许可的设定和实施，保护公民、法人和其他组织的合法权益，维护公共利益和社会秩序，保障和监督行政机关有效实施行政管理，根据宪法，制定本法。

第二条 本法所称行政许可，是指行政机关根据公民、法人或者其他组织的申请，经依法审查，准予其从事特定活动的行为。

第三条 行政许可的设定和实施，适用本法。

有关行政机关对其他机关或者对其直接管理的事业单位的人事、财务、外事等事项的审批，不适用本法。

第四条 设定和实施行政许可，应当依照法定的权限、范围、条件和程序。

第五条 设定和实施行政许可，应当遵循公开、公平、公正、非歧视的原则。

有关行政许可的规定应当公布；未经公布的，不得作为实施行政许可的依据。行政许可的实施和结果，除涉及国家秘密、商业秘密或者个人隐私的外，应当公开。未经申请人同意，行政机关及其工作人员、参与专家评审等的人员不得披露申请人提交的商业秘密、未披露信息或者保密商务信息，法律另有规定或者涉及国家安全、重大社会公共利益的除外；行政机关依法公开申请人前述信息的，允许申请人在合理期限内提出异议。

符合法定条件、标准的，申请人有依法取得行政许可的平等权利，行政机关不得歧视任何人。

第六条 实施行政许可，应当遵循便民的原则，提高办事效率，提供优质服务。

第七条 公民、法人或者其他组织对行政机关实施行政许可，享有陈述权、申辩权；有权依法申请行政复议或者提起行政诉讼；其合法权益因行政机关违法实施行政许可受到损害的，有权依法要求赔偿。

第八条 公民、法人或者其他组织依法取得的行政许可受法律保护，行政机关不得擅自改变已经生效的行政许可。

行政许可所依据的法律、法规、规章修改或者废止，或者准予行政许可所依据的客观情况发生重大变化的，为了公共利益的需要，行政机关可以依法变更或者撤回已经生效的行政许可。由此给公民、法人或者其他组织造成财产损失的，行政机关应当依法给予补偿。

第九条 依法取得的行政许可，除法律、法规规定依照法定条件和程序可以转让的外，不得转让。

第十条 县级以上人民政府应当建立健全对行政机关实施行政许可的监督制度，加强对行政机关实施行政许可的监督检查。

行政机关应当对公民、法人或者其他组织从事行政许可事项的活动实施有效监督。

第二章 行政许可的设定

第十一条 设定行政许可，应当遵循经济和社会发展规律，有利于发挥公民、法人或者其他组织的积极性、主动性，维护公共利益和社会秩序，促进经济、社会和生态环境协调发展。

第十二条 下列事项可以设定行政许可：

（一）直接涉及国家安全、公共安全、经济宏观调控、生态环境保护以及直接关系人身健康、生命财产安全等特定活动，需要按照法定条件予以批准的事项；

（二）有限自然资源开发利用、公共资源配置以及直接关系公共利益的特定行业的市场准入等，需要赋予特定权利的事项；

（三）提供公众服务并且直接关系公共利益的职业、行业，需要确定具备特殊信誉、特殊条件或者特殊技能等资格、资质的事项；

（四）直接关系公共安全、人身健康、生命财产安全的重要设备、设施、产品、物品，需要按照技术标准、技术规范，通过检验、检测、检疫等方式进行审定的事项；

（五）企业或者其他组织的设立等，需要确定主体资格的事项；

（六）法律、行政法规规定可以设定行政许可的其他事项。

第十三条 本法第十二条所列事项，通过下列方式能够予以规范的，可以不设行政许可：

（一）公民、法人或者其他组织能够自主决定的；

（二）市场竞争机制能够有效调节的；

（三）行业组织或者中介机构能够自律管理的；

（四）行政机关采用事后监督等其他行政管理方式能够解决的。

第十四条 本法第十二条所列事项，法律可以设定行政许可。尚未制定法律的，行政法规可以设定行政许可。

必要时，国务院可以采用发布决定的方式设定行政许可。实施后，除临时性行政许可事项外，国务院应当及时提请全国人民代表大会及其常务委员会制定法律，或者自行制定行政法规。

第十五条 本法第十二条所列事项，尚未制定法律、行政法规的，地方性法规可以设定行政许可；尚未制定法律、行政法规和地方性法规的，因行政管理的需要，确需立即实施行政许可的，省、自治区、直辖市人民政府规章可以设定临时性的行政许可。临时性的行政许可实施满一年需要继续实施的，应当提请本级人民代表大会及其常务委员会制定地方性法规。

地方性法规和省、自治区、直辖市人民政府规章，不得设定应当由国家统一确定的公民、法人或者其他组织的资格、资质的行政许可；不得设定企业或者其他组织的设立登记及其前置性行政许可。其设定的行政许可，不得限制其他地区的个人或者企业到本地区从事生产经营和提供服务，不得限制其他地区的商品进入本地区市场。

第十六条 行政法规可以在法律设定的行政许可事项范围内，对实施该行政许可作出具体规定。

地方性法规可以在法律、行政法规设定的行政许可事项范围内，对实施该行政许可作出具体规定。

规章可以在上位法设定的行政许可事项范围内，对实施该行政许可作出具体规定。

法规、规章对实施上位法设定的行政许可作出的具体规定，不得增设行政许可；对行政许可条件作出的具体规定，不得增设违反上位法的其他条件。

第十七条 除本法第十四条、第十五条规定的外，其他规范性文件一律不得设定行政许可。

第十八条 设定行政许可，应当规定行政许可的实施机关、条件、程序、期限。

第十九条 起草法律草案、法规草案和省、自治区、直辖市人民政府规章草案，拟设定行政许可的，起草单位应当采取听证会、论证会等形式听取意见，并向制定机关说明设定该行政许可的必要性、对经济和社会可能产生的影响以及听取和采纳意见的情况。

第二十条 行政许可的设定机关应当定期对其设定的行政许可进行评价；对已设定的行政许可，认为通过本法第十三条所列方式能够解决的，应当对设定该行政许可的规定及时予以修改或者废止。

行政许可的实施机关可以对已设定的行政许可的实施情况及存在的必要性适时进行评价，并将意见报告该行政许可的设定机关。

公民、法人或者其他组织可以向行政许可的设定机关和实施机关就行政许可的设定和实施提出意见和建议。

第二十一条 省、自治区、直辖市人民政府对行政法规设定的有关经济事务的行政许可，根据本行政区域经济和社会发展情况，认为通过本法第十三条所列方式能够解决的，报国务院批准后，可以在本行政区域内停止实施该行政许可。

第三章 行政许可的实施机关

第二十二条 行政许可由具有行政许可权的行政机关在其法定职权范围内实施。

第二十三条 法律、法规授权的具有管理公共事务职能的组织，在法定授权范围内，以自己的名义实施行政许可。被授权的组织适用本法有关行政机关的规定。

第二十四条 行政机关在其法定职权范围内，依照法律、法规、规章的规定，可以委托其他行政机关实施行政许可。委托机关应当将受委托行政机关和受委托实施行政许可的内容予以公告。

委托行政机关对受委托行政机关实施行政许可的行为应当负责监督，并对该行为的后果承担法律责任。

受委托行政机关在委托范围内，以委托行政机关名义实施行政许可；不得再委托其他组织或者个人实施行政许可。

第二十五条 经国务院批准，省、自治区、直辖市人民政府根据精简、统一、效能的原则，可以决定一个行政机关行使有关行政机关的行政许可权。

第二十六条 行政许可需要行政机关内设的多个机构办理的，该行政机关应当确定一个机构统一受理行政许可申请，统一送达行政许可决定。

行政许可依法由地方人民政府两个以上部门分别实施的，本级人民政府可以确定一个部门受理行政许可申请并转告有关部门分别提出意见后统一办理，或者组织有关部门联合办理、集中办理。

第二十七条 行政机关实施行政许可，不得向申请人提出购买指定商品、接受有偿服务等不正当要求。

行政机关工作人员办理行政许可，不得索取或者收受申请人的财物，不得谋取其他利益。

第二十八条 对直接关系公共安全、人身健康、生命财产安全的设备、设施、产品、物品的检验、检测、检疫，除法律、行政法规规定由行政机关实施的外，应当逐步由符合法定条件的专业技术组织实施。专业技术组织及其有关人员对所实施的检验、检测、检疫结论承担法律责任。

第四章　行政许可的实施程序

第一节　申请与受理

第二十九条 公民、法人或者其他组织从事特定活动，依法需要取得行政许可的，应当向行政机关提出申请。申请书需要采用格式文本的，行政机关应当向申请人提供行政许可申请书格式文本。申请书格式文本中不得包含与申请行政许可事项没有直接关系的内容。

申请人可以委托代理人提出行政许可申请。但是，依法应当由申请人到行政机关办公场所提出行政许可申请的除外。

行政许可申请可以通过信函、电报、电传、传真、电子数据交换和电子邮件等方式提出。

第三十条 行政机关应当将法律、法规、规章规定的有关行政许可的事项、依据、条件、数量、程序、期限以及需要提交的全部材料的目录和申请书示范文本等在办公场所公示。

申请人要求行政机关对公示内容予以说明、解释的，行政机关应当说明、解释，提供准确、可靠的信息。

第三十一条 申请人申请行政许可，应当如实向行政机关提交有关材料和反映真实情况，并对其申请材料实质内容的真实性负责。行政机关不得要求申请人提交与其申请的行政许可事项无关的技术资料和其他材料。

行政机关及其工作人员不得以转让技术作为取得行政许可的条件；不得在实施行政许可的过程中，直接或者间接地要求转让技术。[1]

第三十二条 行政机关对申请人提出的行政许可申请，应当根据下列情况分别作出处理：

（一）申请事项依法不需要取得行政许可的，应当即时告知申请人不受理；

（二）申请事项依法不属于本行政机关职权范围的，应当即时作出不予受理的决定，并告知申请人向有关行政机关申请；

（三）申请材料存在可以当场更正的错误的，应当允许申请人当场更正；

（四）申请材料不齐全或者不符合法定形式的，应当当场或者在五日内一次告知申请人需要补正的全部内容，逾期不告知的，自收到申请材料之日起即为受理；

（五）申请事项属于本行政机关职权范围，申请材料齐全、符合法定形式，或者申请人按照本行政机关的要求提交全部补正申请材料的，应当受理行政许可申请。

行政机关受理或者不予受理行政许可申请，应当出具加盖本行政机关专用印章和注明日期的书面凭证。

第三十三条 行政机关应当建立和完善有关制度，推行电子政务，在行政机关的网站上公布行政许可事项，方便申请人采取数据电文等方式提出行政许可申请；应当与其他行政机关共享有关行政许可信息，提高办事效率。

第二节 审查与决定

第三十四条 行政机关应当对申请人提交的申请材料进行审查。

申请人提交的申请材料齐全、符合法定形式，行政机关能够当场作出决定的，应当当场作出书面的行政许可决定。

根据法定条件和程序，需要对申请材料的实质内容进行核实的，行政机关应当指派两名以上工作人员进行核查。

第三十五条 依法应当先经下级行政机关审查后报上级行政机关决定的

行政许可，下级行政机关应当在法定期限内将初步审查意见和全部申请材料直接报送上级行政机关。上级行政机关不得要求申请人重复提供申请材料。

第三十六条 行政机关对行政许可申请进行审查时，发现行政许可事项直接关系他人重大利益的，应当告知该利害关系人。申请人、利害关系人有权进行陈述和申辩。行政机关应当听取申请人、利害关系人的意见。

第三十七条 行政机关对行政许可申请进行审查后，除当场作出行政许可决定的外，应当在法定期限内按照规定程序作出行政许可决定。

第三十八条 申请人的申请符合法定条件、标准的，行政机关应当依法作出准予行政许可的书面决定。

行政机关依法作出不予行政许可的书面决定的，应当说明理由，并告知申请人享有依法申请行政复议或者提起行政诉讼的权利。

第三十九条 行政机关作出准予行政许可的决定，需要颁发行政许可证件的，应当向申请人颁发加盖本行政机关印章的下列行政许可证件：

（一）许可证、执照或者其他许可证书；

（二）资格证、资质证或者其他合格证书；

（三）行政机关的批准文件或者证明文件；

（四）法律、法规规定的其他行政许可证件。

行政机关实施检验、检测、检疫的，可以在检验、检测、检疫合格的设备、设施、产品、物品上加贴标签或者加盖检验、检测、检疫印章。

第四十条 行政机关作出的准予行政许可决定，应当予以公开，公众有权查阅。

第四十一条 法律、行政法规设定的行政许可，其适用范围没有地域限制的，申请人取得的行政许可在全国范围内有效。

第三节 期限

第四十二条 除可以当场作出行政许可决定的外，行政机关应当自受理行政许可申请之日起二十日内作出行政许可决定。二十日内不能作出决定的，经本行政机关负责人批准，可以延长十日，并应当将延长期限的理由告知申请人。但是，法律、法规另有规定的，依照其规定。

依照本法第二十六条的规定，行政许可采取统一办理或者联合办理、集中办理的，办理的时间不得超过四十五日；四十五日内不能办结的，经本级人民政府负责人批准，可以延长十五日，并应当将延长期限的理由告知申请人。

第四十三条 依法应当先经下级行政机关审查后报上级行政机关决定的行政许可，下级行政机关应当自其受理行政许可申请之日起二十日内审查完毕。但是，法律、法规另有规定的，依照其规定。

第四十四条 行政机关作出准予行政许可的决定，应当自作出决定之日起十日内向申请人颁发、送达行政许可证件，或者加贴标签、加盖检验、检测、检疫印章。

第四十五条 行政机关作出行政许可决定，依法需要听证、招标、拍卖、检验、检测、检疫、鉴定和专家评审的，所需时间不计算在本节规定的期限内。行政机关应当将所需时间书面告知申请人。

第四节 听证

第四十六条 法律、法规、规章规定实施行政许可应当听证的事项，或者行政机关认为需要听证的其他涉及公共利益的重大行政许可事项，行政机关应当向社会公告，并举行听证。

第四十七条 行政许可直接涉及申请人与他人之间重大利益关系的，行政机关在作出行政许可决定前，应当告知申请人、利害关系人享有要求听证的权利；申请人、利害关系人在被告知听证权利之日起五日内提出听证申请的，行政机关应当在二十日内组织听证。

申请人、利害关系人不承担行政机关组织听证的费用。

第四十八条 听证按照下列程序进行：

（一）行政机关应当于举行听证的七日前将举行听证的时间、地点通知申请人、利害关系人，必要时予以公告；

（二）听证应当公开举行；

（三）行政机关应当指定审查该行政许可申请的工作人员以外的人员为听证主持人，申请人、利害关系人认为主持人与该行政许可事项有直接利害关系的，有权申请回避；

（四）举行听证时，审查该行政许可申请的工作人员应当提供审查意见的证据、理由，申请人、利害关系人可以提出证据，并进行申辩和质证；

（五）听证应当制作笔录，听证笔录应当交听证参加人确认无误后签字或者盖章。

行政机关应当根据听证笔录，作出行政许可决定。

第五节　变更与延续

第四十九条　被许可人要求变更行政许可事项的，应当向作出行政许可决定的行政机关提出申请；符合法定条件、标准的，行政机关应当依法办理变更手续。

第五十条　被许可人需要延续依法取得的行政许可的有效期的，应当在该行政许可有效期届满三十日前向作出行政许可决定的行政机关提出申请。但是，法律、法规、规章另有规定的，依照其规定。

行政机关应当根据被许可人的申请，在该行政许可有效期届满前作出是否准予延续的决定；逾期未作决定的，视为准予延续。

第六节　特别规定

第五十一条　实施行政许可的程序，本节有规定的，适用本节规定；本节没有规定的，适用本章其他有关规定。

第五十二条　国务院实施行政许可的程序，适用有关法律、行政法规的规定。

第五十三条　实施本法第十二条第二项所列事项的行政许可的，行政机关应当通过招标、拍卖等公平竞争的方式作出决定。但是，法律、行政法规另有规定的，依照其规定。

行政机关通过招标、拍卖等方式作出行政许可决定的具体程序，依照有关法律、行政法规的规定。

行政机关按照招标、拍卖程序确定中标人、买受人后，应当作出准予行政许可的决定，并依法向中标人、买受人颁发行政许可证件。

行政机关违反本条规定，不采用招标、拍卖方式，或者违反招标、拍卖程序，损害申请人合法权益的，申请人可以依法申请行政复议或者提起行政诉讼。

第五十四条　实施本法第十二条第三项所列事项的行政许可，赋予公民特定资格，依法应当举行国家考试的，行政机关根据考试成绩和其他法定条件作出行政许可决定；赋予法人或者其他组织特定的资格、资质的，行政机关根据申请人的专业人员构成、技术条件、经营业绩和管理水平等的考核结果作出行政许可决定。但是，法律、行政法规另有规定的，依照其规定。

公民特定资格的考试依法由行政机关或者行业组织实施，公开举行。行政机关或者行业组织应当事先公布资格考试的报名条件、报考办法、考试科目以及考试大纲。但是，不得组织强制性的资格考试的考前培训，不得指定教材或者其他助考材料。

第五十五条 实施本法第十二条第四项所列事项的行政许可的，应当按照技术标准、技术规范依法进行检验、检测、检疫，行政机关根据检验、检测、检疫的结果作出行政许可决定。

行政机关实施检验、检测、检疫，应当自受理申请之日起五日内指派两名以上工作人员按照技术标准、技术规范进行检验、检测、检疫。不需要对检验、检测、检疫结果作进一步技术分析即可认定设备、设施、产品、物品是否符合技术标准、技术规范的，行政机关应当当场作出行政许可决定。

行政机关根据检验、检测、检疫结果，作出不予行政许可决定的，应当书面说明不予行政许可所依据的技术标准、技术规范。

第五十六条 实施本法第十二条第五项所列事项的行政许可，申请人提交的申请材料齐全、符合法定形式的，行政机关应当当场予以登记。需要对申请材料的实质内容进行核实的，行政机关依照本法第三十四条第三款的规定办理。

第五十七条 有数量限制的行政许可，两个或者两个以上申请人的申请均符合法定条件、标准的，行政机关应当根据受理行政许可申请的先后顺序作出准予行政许可的决定。但是，法律、行政法规另有规定的，依照其规定。

第五章 行政许可的费用

第五十八条 行政机关实施行政许可和对行政许可事项进行监督检查，不得收取任何费用。但是，法律、行政法规另有规定的，依照其规定。

行政机关提供行政许可申请书格式文本，不得收费。

行政机关实施行政许可所需经费应当列入本行政机关的预算，由本级财政予以保障，按照批准的预算予以核拨。

第五十九条 行政机关实施行政许可，依照法律、行政法规收取费用的，应当按照公布的法定项目和标准收费；所收取的费用必须全部上缴国库，任何机关或者个人不得以任何形式截留、挪用、私分或者变相私分。财政部门不得以任何形式向行政机关返还或者变相返还实施行政许可所收取的费用。

第六章　监督检查

第六十条 上级行政机关应当加强对下级行政机关实施行政许可的监督检查，及时纠正行政许可实施中的违法行为。

第六十一条 行政机关应当建立健全监督制度，通过核查反映被许可人从事行政许可事项活动情况的有关材料，履行监督责任。

行政机关依法对被许可人从事行政许可事项的活动进行监督检查时，应当将监督检查的情况和处理结果予以记录，由监督检查人员签字后归档。公众有权查阅行政机关监督检查记录。

行政机关应当创造条件，实现与被许可人、其他有关行政机关的计算机档案系统互联，核查被许可人从事行政许可事项活动情况。

第六十二条 行政机关可以对被许可人生产经营的产品依法进行抽样检查、检验、检测，对其生产经营场所依法进行实地检查。检查时，行政机关可以依法查阅或者要求被许可人报送有关材料；被许可人应当如实提供有关情况和材料。

行政机关根据法律、行政法规的规定，对直接关系公共安全、人身健康、生命财产安全的重要设备、设施进行定期检验。对检验合格的，行政机关应当发给相应的证明文件。

第六十三条 行政机关实施监督检查，不得妨碍被许可人正常的生产经营活动，不得索取或者收受被许可人的财物，不得谋取其他利益。

第六十四条 被许可人在作出行政许可决定的行政机关管辖区域外违法从事行政许可事项活动的，违法行为发生地的行政机关应当依法将被许可人的违法事实、处理结果抄告作出行政许可决定的行政机关。

第六十五条 个人和组织发现违法从事行政许可事项的活动,有权向行政机关举报,行政机关应当及时核实、处理。

第六十六条 被许可人未依法履行开发利用自然资源义务或者未依法履行利用公共资源义务的,行政机关应当责令限期改正;被许可人在规定期限内不改正的,行政机关应当依照有关法律、行政法规的规定予以处理。

第六十七条 取得直接关系公共利益的特定行业的市场准入行政许可的被许可人,应当按照国家规定的服务标准、资费标准和行政机关依法规定的条件,向用户提供安全、方便、稳定和价格合理的服务,并履行普遍服务的义务;未经作出行政许可决定的行政机关批准,不得擅自停业、歇业。

被许可人不履行前款规定的义务的,行政机关应当责令限期改正,或者依法采取有效措施督促其履行义务。

第六十八条 对直接关系公共安全、人身健康、生命财产安全的重要设备、设施,行政机关应当督促设计、建造、安装和使用单位建立相应的自检制度。

行政机关在监督检查时,发现直接关系公共安全、人身健康、生命财产安全的重要设备、设施存在安全隐患的,应当责令停止建造、安装和使用,并责令设计、建造、安装和使用单位立即改正。

第六十九条 有下列情形之一的,作出行政许可决定的行政机关或者其上级行政机关,根据利害关系人的请求或者依据职权,可以撤销行政许可:

(一)行政机关工作人员滥用职权、玩忽职守作出准予行政许可决定的;

(二)超越法定职权作出准予行政许可决定的;

(三)违反法定程序作出准予行政许可决定的;

(四)对不具备申请资格或者不符合法定条件的申请人准予行政许可的;

(五)依法可以撤销行政许可的其他情形。

被许可人以欺骗、贿赂等不正当手段取得行政许可的,应当予以撤销。

依照前两款的规定撤销行政许可,可能对公共利益造成重大损害的,不予撤销。

依照本条第一款的规定撤销行政许可,被许可人的合法权益受到损害的,行政机关应当依法给予赔偿。依照本条第二款的规定撤销行政许可的,被许可人基于行政许可取得的利益不受保护。

第七十条　有下列情形之一的，行政机关应当依法办理有关行政许可的注销手续：

（一）行政许可有效期届满未延续的；

（二）赋予公民特定资格的行政许可，该公民死亡或者丧失行为能力的；

（三）法人或者其他组织依法终止的；

（四）行政许可依法被撤销、撤回，或者行政许可证件依法被吊销的；

（五）因不可抗力导致行政许可事项无法实施的；

（六）法律、法规规定的应当注销行政许可的其他情形。

第七章　法律责任

第七十一条　违反本法第十七条规定设定的行政许可，有关机关应当责令设定该行政许可的机关改正，或者依法予以撤销。

第七十二条　行政机关及其工作人员违反本法的规定，有下列情形之一的，由其上级行政机关或者监察机关责令改正；情节严重的，对直接负责的主管人员和其他直接责任人员依法给予行政处分：

（一）对符合法定条件的行政许可申请不予受理的；

（二）不在办公场所公示依法应当公示的材料的；

（三）在受理、审查、决定行政许可过程中，未向申请人、利害关系人履行法定告知义务的；

（四）申请人提交的申请材料不齐全、不符合法定形式，不一次告知申请人必须补正的全部内容的；

（五）违法披露申请人提交的商业秘密、未披露信息或者保密商务信息的；

（六）以转让技术作为取得行政许可的条件，或者在实施行政许可的过程中直接或者间接地要求转让技术的；

（七）未依法说明不受理行政许可申请或者不予行政许可的理由的；

（八）依法应当举行听证而不举行听证的。

第七十三条　行政机关工作人员办理行政许可、实施监督检查，索取或者收受他人财物或者谋取其他利益，构成犯罪的，依法追究刑事责任；尚不构成犯罪的，依法给予行政处分。

第七十四条 行政机关实施行政许可，有下列情形之一的，由其上级行政机关或者监察机关责令改正，对直接负责的主管人员和其他直接责任人员依法给予行政处分；构成犯罪的，依法追究刑事责任：

（一）对不符合法定条件的申请人准予行政许可或者超越法定职权作出准予行政许可决定的；

（二）对符合法定条件的申请人不予行政许可或者不在法定期限内作出准予行政许可决定的；

（三）依法应当根据招标、拍卖结果或者考试成绩择优作出准予行政许可决定，未经招标、拍卖或者考试，或者不根据招标、拍卖结果或者考试成绩择优作出准予行政许可决定的。

第七十五条 行政机关实施行政许可，擅自收费或者不按照法定项目和标准收费的，由其上级行政机关或者监察机关责令退还非法收取的费用；对直接负责的主管人员和其他直接责任人员依法给予行政处分。

截留、挪用、私分或者变相私分实施行政许可依法收取的费用的，予以追缴；对直接负责的主管人员和其他直接责任人员依法给予行政处分；构成犯罪的，依法追究刑事责任。

第七十六条 行政机关违法实施行政许可，给当事人的合法权益造成损害的，应当依照国家赔偿法的规定给予赔偿。

第七十七条 行政机关不依法履行监督职责或者监督不力，造成严重后果的，由其上级行政机关或者监察机关责令改正，对直接负责的主管人员和其他直接责任人员依法给予行政处分；构成犯罪的，依法追究刑事责任。

第七十八条 行政许可申请人隐瞒有关情况或者提供虚假材料申请行政许可的，行政机关不予受理或者不予行政许可，并给予警告；行政许可申请属于直接关系公共安全、人身健康、生命财产安全事项的，申请人在一年内不得再次申请该行政许可。

第七十九条 被许可人以欺骗、贿赂等不正当手段取得行政许可的，行政机关应当依法给予行政处罚；取得的行政许可属于直接关系公共安全、人身健康、生命财产安全事项的，申请人在三年内不得再次申请该行政许可；构成犯罪的，依法追究刑事责任。

第八十条 被许可人有下列行为之一的，行政机关应当依法给予行政处罚；构成犯罪的，依法追究刑事责任：

（一）涂改、倒卖、出租、出借行政许可证件，或者以其他形式非法转让行政许可的；

（二）超越行政许可范围进行活动的；

（三）向负责监督检查的行政机关隐瞒有关情况、提供虚假材料或者拒绝提供反映其活动情况的真实材料的；

（四）法律、法规、规章规定的其他违法行为。

第八十一条　公民、法人或者其他组织未经行政许可，擅自从事依法应当取得行政许可的活动的，行政机关应当依法采取措施予以制止，并依法给予行政处罚；构成犯罪的，依法追究刑事责任。

第八章　附　则

第八十二条　本法规定的行政机关实施行政许可的期限以工作日计算，不含法定节假日。

第八十三条　本法自 2004 年 7 月 1 日起施行。

本法施行前有关行政许可的规定，制定机关应当依照本法规定予以清理；不符合本法规定的，自本法施行之日起停止执行。

《地名管理条例》

(一九八六年一月二十三日 国发〔1986〕11号)

第一条 为了加强对地名的管理,适应社会主义现代化建设和国际交往的需要,制定本条例。

第二条 本条例所称地名,包括:自然地理实体名称,行政区划名称,居民地名称,各专业部门使用的具有地名意义的台、站、港、场等名称。

第三条 地名管理应当从我国地名的历史和现状出发,保持地名的相对稳定。必须命名和更名时,应当按照本条例规定的原则和审批权限报经批准。未经批准,任何单位和个人不得擅自决定。

第四条 地名的命名应遵循下列规定:

(一)有利于人民团结和社会主义现代化建设,尊重当地群众的愿望,与有关各方协商一致。

(二)一般不以人名作地名。禁止用国家领导人的名字作地名。

(三)全国范围内的县、市以上名称,一个县、市内的乡、镇名称,一个城镇内的街道名称,一个乡内的村庄名称,不应重名,并避免同音。

(四)各专业部门使用的具有地名意义的台、站、港、场等名称,一般应与当地地名统一。

(五)避免使用生僻字。

第五条 地名的更名应遵循下列规定:

(一)凡有损我国领土主权和民族尊严的,带有民族歧视性质和防碍民族团结的,带有侮辱劳动人民性质和极端庸俗的,以及其它违背国家方针、政策的地名,必须更名。

(二)不符合本条例第四条第三、四、五款规定的地名,在征得有关方面和当地群众同意后,予以更名。

(三)一地多名、一名多写的,应当确定一个统一的名称和用字。

(四)不明显属于上述范围的、可改可不改的和当地群众不同意改的地名,不要更改。

第六条 地名命名、更名的审批权限和程序如下：

（一）行政区划名称的命名、更名，按照国务院《关于行政区划管理的规定》办理。

（二）国内外著名的或涉及两个省（自治区、直辖市）以上的山脉、河流、湖泊等自然地理实体名称，由省、自治区、直辖市人民政府提出意见，报国务院审批。

（三）边境地区涉及国界线走向和海上涉及岛屿归属界线以及载入边界条约和议定书中的自然地理实体名称和居民地名称，由省、自治区、直辖市人民政府提出意见，报国务院审批。

（四）在科学考察中，对国际公有领域新的地理实体命名，由主管部门提出意见，报国务院审批。

（五）各专业部门使用的具有地名意义的台、站、港、场等名称，在征得当地人民政府同意后，由专业主管部门审批。

（六）城镇街道名称，由直辖市、市、县人民政府审批。

（七）其他地名，由省、自治区、直辖市人民政府规定审批程序。

（八）地名的命名、更名工作，可以交地名机构或管理地名工作的单位承办，也可以交其他部门承办；其他部门承办的，应征求地名机构或管理地名工作单位的意见。

第七条 少数民族语地名的汉字译写，外国地名的汉字译写，应当做到规范化。译写规则，由中国地名委员会制定。

第八条 中国地名的罗马字母拼写，以国家公布的"汉语拼音方案"作为统一规范。拼写细则，由中国地名委员会制定。

第九条 经各级人民政府批准和审定的地名，由地名机构负责汇集出版。其中行政区划名称，民政部门可以汇集出版单行本。

出版外国地名译名书籍，需经中国地名委员会审定或由中国地名委员会组织编纂。

各机关、团体、部队、企业、事业单位使用地名时，都以地名机构或民政部门编辑出版的地名书籍为准。

第十条 地名档案的管理，按照中国地名委员会和国家档案局的有关规定执行。

第十一条 地方人民政府应责成有关部门在必要的地方设置地名标志。

第十二条 本条例在实施中遇到的具体问题，由中国地名委员会研究答复。

第十三条 本条例自发布之日起施行。

《地名管理条例实施细则》

民行发〔1996〕17号

(1996年6月18日发布,2010年12月27日修改)

第一章 总 则

第一条 根据《地名管理条例》(以下简称《条例》)的规定,制定本实施细则。

第二条 凡涉及地名的命名与更名、地名的标准化处理、标准地名的使用、地名标志的设置,地名档案的管理等行为,均适用本细则。

第三条 《条例》所称自然地理实体名称,包括山、河、湖、海、沙滩、岬角、海湾、水道、地形区等名称;行政区划名称,包括各级行政区域和各级人民政府派出机构所辖区域名称;居民地名称,包括城镇、区片、开发区、自然村、片村、农林牧渔点及街、巷、居民区、楼群(含楼、门号码)、建筑物等名称;各专业部门使用的具有地名意义的台、站、港、场等名称,还包括名胜古迹、纪念地、游览地、企业事业单位等名称。

第四条 地名管理的任务是:依据国家关于地名管理的方针、政策和法规,通过地名管理的各项行政职能和技术手段,逐步实现国家地名标准化和国内外地名译写规范化,为社会主义建设和国际交往服务。

第五条 国家对地名实行统一管理、分级负责制。

第六条 民政部是全面地名管理的主管部门。其职责是:指导和协调全国地名管理工作;制定全国地名工作规划;审核地名的命名和更名;审定并组织编纂全国性标准地名资料和工具图书;指导、监督标准地名的推广使用;管理地名标志和地名档案;对专业部门使用的地名实行监督和协调管理。

第七条 县级以上民政管理部门(或地名委员会)主管本行政区域的地名工作。其职责是:贯彻执行国家关于地名工作的方针、政策、法律、法规;落实全国地名工作规划;审核、承办本辖区地名的命名、更名;推行地名的标准化、规范化;设置地名标志;管理地名档案;完成国家其它地名工作任务。

第二章 地名的命名与更名

第八条 地名的命名除应遵循《条例》第四条的规定外，还应遵循下列原则：

（一）有利于国家统一、主权和领土完整。

（二）反映当地人文或自然地理特征。

（三）使用规范的汉字或少数民族文字。

（四）不以外国人名、地名命名我国地名。

（五）人民政府不驻在同一城镇的县级以上行政区域名称，其专名不应相同。一个省、自治区、直辖市行政区域内，较重要的自然地理实体名称不应重名；上述不应重名范围内的地名避免使用同音字。

一个县（市、区）内的乡、镇、街道办事处名称，一个乡、镇内自然村名称，一个城镇内的街、巷、居民区名称，不应重名；

国内著名的自然地理实体名称不应重名；

一个省、自治区、直辖市行政区域内，较重要的自然地理实体名称不应重名；上述不应重名范围内的地名避免使用同音字。

（六）不以著名的山脉、河流等自然地理实体名称作行政区域专名；自然地理实体的范围超出本行政区域的，亦不以其名称作本行政区域专名。

（七）县、市、市辖区不以本辖区内人民政府非驻地村镇专名命名。

（八）乡、镇、街道办事处一般应以乡、镇人民政府驻地居民点和街道办事处所在街巷名命名。

（九）新建和改建的城镇街巷、居民区应按照层次化、序列化、规范化的要求予以命名。

第九条 地名更名除应遵循《条例》第五条的规定外，凡不符合本细则第八条（四）、（五）、（七）、（八）项规定的地名，原则上也应予以更名。需要更改的地名，应随时着城乡发展的需要，逐步进行调整。

第十条 地名命名、更名的审批权限按照《地名管理条例》第六条（一）至（七）项规定办理。

第十一条 申报地名的命名、更名时，应将命名、更名的理由及拟采用的新名的含义、来源等一并加以说明。

第十二条 地名的命名、更名由地名管理部门负责承办。行政区域名称的命名、更名，由行政区和地名管理部门共同协商承办行政区划名称的命名、更名，由民政部门承办。

专业部门使用的具有地名意义的名称，其命名、更名由该专业部门负责承办，但应事先征得当地地名管理部门的同意。

第三章 地名的标准化处理

第十三条 凡符合《地名管理条例》规定，并经县级以上人民政府或专业主管部门批准的地名为标准地名。

第十四条 标准地名原则上由专名和通名两部分组成。通名用字应反映所称地理实体的地理属性（类别）。不单独使用通名词组作地名。具体技术要求，以民政部制定的技术规范为准。

第十五条 汉语地名中的方言俗字，一般用字音（或字义）相同或相近的通用字代替。对原有地名中带有一定区域性或特殊含义的通名俗字，经国家语言文字工作委员会审音定字后，可以保留。

第十六条 少数民族自治地方及民族乡名称，一般由地域专名、民族全称包括（"族"字）和相应自治区域通名组成。由多个少数民族组成的民族自治区地方名称，少数民族的称谓至多列举三个。

第十七条 少数民族语地名的译写

（一）少数民族语地名，在各自民族语言、文字的基础上，按其标准（通用）语音，依据汉语普通话读音进行汉字译写。对约定俗成的汉字译名，一般不更改。

（二）多民族聚居区的地名，如不同民族有不同的称谓并无惯用汉语名称时，经当地地名管理部门征得有关少数民族的意见后，选择当地使用范围较广的某一语种称语进行汉字译写。

（三）少数民族语地名的汉字译写，应尽可能采用常用字，避免使用多音、贬义和容易产生歧义的字词。

（四）有文字的少数民族语地名之间的相互译写，以本民族和他民族规范化的语言文字为依据，或者以汉语拼音字母拼写的地名为依据。

（五）少数民族语地名译写的具体技术要求，以民政部商同国务院有关部门制定的或经民政部审定的有关规范为依据。

第十八条 国外地名的汉字译写

（一）国外地名的汉字译写，除少数惯用译名外，以该国官方语言文字和标准音为依据；有两种以上官方语言文字的国家，以该地名所属语区的语言文字为依据。国际公共领域的地理实体名称的汉字译写，以联合国有关组织或国际有关组织颁布的标准地名为依据。

（二）国外地名的汉字译写，以汉语普通话读音为准，不用方言读音。尽量避免室用多音字、生僻字、贬义字。

（三）国外地名专名实行音译，通名一般实行意译。

（四）对国外地名原有的汉译惯用名采取"约定俗成"的原则予以保留。

（五）国外地名译写的具体技术要求，以国家地名管理部门制定的外国地名译名规范为依据。国外地名的译名以国家地名管理部门编纂或审定的地名译名手册中的地名为标准化译名。

第十九条 中国地名的罗马字母拼写

（一）《汉语拼音方案》是使用罗马字母拼写中国地名的统一规范。它不仅运用于汉语和国内其他少数民族语，同时也通用于英语、法语、德语、西班牙语、世界语等罗马字母书写的各种语文。

（二）汉语地名按《中国地名汉语拼音字母拼写规则（汉语地名部分）》拼写。

（三）少数民族的族称按国家技术监督局制定的《中国各民族名称的罗马字母拼写法和代码》的规定拼写。

（四）蒙、维、藏语地名以及惯用蒙、维、藏语文书写的少数民族语地名，按《少数民族语地名汉语拼音字母音译转写法》拼写。

（五）其他少数民族语地名，原则上以汉译名称按《中国地名汉语拼音字母拼写规则（汉语地名部分）》拼写。

（六）台湾省和香港、澳门地区的地名，依据国家有关规定进行拼写。

（七）地名罗马字母拼写具规范由民政部商同国务院有关部门负责修订。

第四章 标准地名的使用

第二十条 各级地名管理部门和专业主管部门，应当将批准的标准地名及时向社会公布，推广使用。

第二十一条 各级地名管理部门和专业管理部门，负责编纂本行政区域或本系统的各种标准化地名出版物，及时向社会提供法定地名。其他部门不得编纂标准化地名工具图书。

第二十二条 机关、部队、团体、企业、事业单位的公告、文件、证件、影视、商标、广告、牌匾、地图以及出版物等方面所使用的地名，均应以正式公布的标准地名（包括规范化译名）为准，不得擅自更改。

第二十三条 对尚未公布规范汉字译写的外国地名，地名使用单位应根据国家地名管理部门制定的译名规则进行汉字译写。

第五章 地名标志的设置

第二十四条 行政区域界位、城镇街巷、居民区、楼、院、自然村屯、主要道路和桥梁、纪念地、文物古迹、风景名胜、台、站、港、场和重要自然地理实体等地方应当设置地名标志，一定区域内的同类地名标志应当力求统一。

第二十五条 地名标志的主要内容包括：标准地名汉字的规范书写形式；标准地名汉语拼音字母的规范拼写形式。在习惯于用本民族文字书写地名的民族自治区域，可依据民族区域自治法有关文字书写规定，并列该民族文字规范书写形式。

第二十六条 地名标志的设置和管理，由当地地名管理部门负责。其中街、巷、楼、门牌统一由地名主管部门管理，条件尚不成熟的地方，地名主管部门应积极取得有关部门的配合，共同做好标志的管理工作，逐步实现统一管理，专业部门使用的具有地名意义的名称标志，由地名管理部门协调有关专业部门设置和管理。

第二十七条 地名标志的设置和管理所需费用，当地人民政府根据具体情况，可由财政拨款，也可采取受益单位出资或工程预算费列支等方式筹措。

第六章　地名档案的管理

第二十八条　全国地名档案工作由民政部统一指导，各级地名档案管理部门分级管理。地名档案工作在业务上接受档案管理部门的指导、监督。

第二十九条　各级地名档案管理部门保管的地名档案资料，应不少于本级人民政府审批权限规定的地名数量。

第三十条　地名档案的管理规范，应执行民政部和国家档案局制定的有关规定。

第三十一条　各级地名档案管理部门，要在遵守国家保密规定原则下，积极开展地名信息咨询服务。

第七章　奖励与惩罚

第三十二条　各级地名管理部门应当加强地名工作的管理、监督和检查。对擅自命名、更名或使用不规范地名的单位和个人，应发送违章使用地名通知书，限期纠正；对逾期不改或情节严重、造成不良后果者，地名管理部门应根据有关规定，对其进行处罚对擅自命名、更名或使用不规范地名的单位和个人，由地名主管部门按照国家有关规定处理。

第三十三条　地名标志为国家法定的标志物。对损坏地名标志的，地名管理部门责令其赔偿；对偷窃、故意损毁会擅自移动地名标志的，地名管理部门报请有关部门，依据《中华人民共和国治安管理处罚条例》《中华人民共和国治安管理处罚法》的规定予以处罚；情节恶劣、后果严重触犯刑律的构成犯罪的，依法追究形刑事责任。

第三十四条　当地人民政府对推广使用标准地名和保护地名标志作出贡献的单位和个人，应当给予表彰和奖励。

第八章　附　则

第三十五条　各省、自治区、直辖市人民政府可根据本细则，制定本行政区域的地名管理办法。

第三十六条　本细则由民政部负责解释。

第三十七条　本细则自发布之日起施行。

《河北省地名管理规定》

(河北省人民政府令 [2010] 第7号,自2011年1月1日起施行。)

第一章 总 则

第一条 为加强地名管理,实现地名的标准化,适应城乡建设、对外交往和人民生活的需要,根据国务院《地名管理条例》及有关法律、法规的规定,结合本省实际,制定本规定。

第二条 本规定适用于本省行政区域内地名的命名、更名与销名、标准地名的使用、地名标志的设置以及相关管理活动。

第三条 本规定所称地名,是指具有指位功能的自然地理实体名称和人文地理实体名称。包括:

(一)山、河、湖、海、瀑布、泉、岛、滩涂、淀、洼、平原、沙漠、草原等自然地理实体名称;

(二)省、设区的市、县、自治县、县级市、市辖区、乡、民族乡、镇、街道办事处等行政区域名称;

(三)村民委员会、居民委员会等区域性群众自治组织辖区名称;

(四)煤田、油田、农区、林区、牧区、渔区、工业区、开发区等专业区名称;

(五)自然村、居民区、街巷、门户、楼院等居民地名称;

(六)台、站、港、场、水库、渠道、铁路、公路、桥梁、隧道、闸涵等专业设施名称;

(七)文物古迹、陵园、风景名胜区、自然保护区、旅游度假区、公园等纪念地和旅游胜地名称;

(八)公共广场、体育场、非居住用大楼、非住宅类居住大楼等大型建筑物名称;

(九)其他具有地名意义的名称。

第四条 地名管理工作在各级人民政府的领导下,坚持统一管理、分级负责的原则。

地名管理应当从地名的历史和现状出发,保持地名的相对稳定,并对历史悠久、具有纪念意义的地名予以保护。任何单位和个人不得擅自对地名进行命名、更名。

第五条 县级以上人民政府民政部门主管本行政区域内的地名管理工作。

县级以上人民政府其他有关部门应当按各自的职责,做好地名管理的相关工作。第六条 设区的市和县(市)人民政府民政部门应当根据城乡规划,会同有关部门编制地名规划。

第二章 地名的命名、更名与销名

第七条 地名的命名应当符合下列要求:

(一)维护国家主权、领土完整和民族尊严,有利于人民团结;

(二)体现当地历史、文化、地理或者经济特征;

(三)含义健康,符合社会主义道德风尚;

(四)除纪念性地名外,不以人名命名地名,禁止使用国家领导人的名字、外国人名、外国地名命名地名;

(五)不得使用外国地名读音或者外国语读音命名地名;

(六)一地一名,名称应当与使用性质及规模相适应;

(七)省内的乡镇名称,同一县级行政区域内的村民委员会和自然村名称,同一城镇内的同类地名名称,不应重名、谐音;

(八)一般不以著名的山脉、河流等自然地理实体名称命名行政区域名称,自然地理实体的范围超出本行政区域的,不得以其名称命名本行政区域名称;

(九)乡镇名称以乡镇人民政府所驻居民点名称命名,街道办事处名称以街道办事处所在街巷名称命名;

(十)具有地名意义的台、站、港、场名称,其专名应当与所在地主地名的专名一致;

(十一)地名以规范汉字为基本用字,不使用繁体字、异体字、生僻字、自造字、已废止的字、叠字和容易产生歧义的词语,一般不使用多音字,不单独使用方位词和数词。

第八条 地名更名应当符合下列规定：

（一）不符合本规定第七条第一、三、四、五项规定的，必须更名；

（二）不符合本规定第七条第七、九、十、十一项规定的，在征得有关方面和当地多数居民同意后，予以更名；

（三）一地多名、一名多写的，应当确定一个统一的名称和用字。

不属于前款规定范围，可改可不改且当地多数居民不同意更名的地名，不予更名。

第九条 本省在国内著名或者跨两个以上省级行政区域的自然地理实体的命名、更名，按规定程序报国务院审批；跨两个以上设区的市或者县级行政区域的自然地理实体的命名、更名，分别由相关行政区域的设区的市或者县级人民政府共同提出申请，经省人民政府民政部门审核后，报省人民政府审批；其他自然地理实体的命名、更名，由所在地县级人民政府提出申请，经省人民政府民政部门审核后，报省人民政府审批。

第十条 行政区域的命名、更名，按国家有关行政区划管理的规定办理。

第十一条 区域性群众自治组织辖区和自然村的命名、更名，由所在地乡级人民政府或者街道办事处提出申请，经村民会议或者居民会议讨论通过、县级人民政府民政部门审核后，报本级人民政府批准。

第十二条 煤田、油田、农业区、林区、牧区、渔区、工业区、开发区等专业区的命名、更名，可以由有关专业主管部门向所在地人民政府提出申请或者由所在地人民政府提出申请，经有审批权的人民政府民政部门审核后，报本级人民政府审批。

第十三条 居民区的命名，由建设单位在项目立项前提出申请，经所在地设区的市、县（市）人民政府民政部门审核后，报本级人民政府审批。居民区的更名，由建设单位或者产权所有人提出申请，经所在地设区的市、县（市）人民政府民政部门审核后，报本级人民政府审批。

城镇街巷的命名、更名，由设区的市、县（市）人民政府民政部门提出方案，报本级人民政府审批。农村街区式聚落街巷的命名、更名，由村民委员会提出方案，经乡级人民政府同意、县级人民政府民政部门审核后，报县级人民政府审批。

第十四条 门户、楼院编码由设区的市、县（市）人民政府有关部门按现行职责分工统一编制，并颁发使用证书。

第十五条 纪念地和旅游胜地以及专业设施的命名、更名，由有关单位或者专业主管部门向所在地县级人民政府提出申请，经有审批权的人民政府民政部门审核后，报本级人民政府专业主管部门审批。

第十六条 申请地名的命名、更名，应当提交下列材料：

（一）地理实体的性质、位置、规模；

（二）命名、更名的理由；

（三）拟用地名的汉字、标注声调的汉语拼音、含义；

（四）有关方面的意见及相关材料。

民政部门或者有关专业主管部门一般应当自受理地名的命名、更名申请之日起20日内办结审批手续。涉及公众利益，需要征求有关方面意见并进行协调的，民政部门或者有关专业主管部门应当自受理申请之日起60日内办结审批手续。

第十七条 建筑物名称的命名，由建设单位或者产权所有人在项目立项前，将拟用名称向所在地设区的市、县（市）人民政府备案。建筑物名称的更名，由建设单位或者产权所有人将拟更改名称向所在地设区的市、县（市）人民政府备案。设区的市、县（市）人民政府在备案时，发现备案的建筑物名称不符合国家和本省规定的，应当立即通知建设单位或者产权所有人更改。

第十八条 除桥梁、隧道外，其他地名的冠名权不得实行有偿使用。对桥梁、隧道名称，有关单位提出申请的，所在地县级人民政府可以实行有偿命名。在有偿命名前，所在地县级人民政府民政部门应当将拟命名的名称逐级报省人民政府民政部门审核。

有偿命名所得收入应当全部上缴同级财政。

第十九条 地名的命名、更名应当征求有关部门、专家和公众的意见，必要时可以举行听证会。重要地名的命名、更名可以通过新闻媒体向社会公开征集意见。

第二十条 因自然变化、行政区域调整、城市建设等原因导致地名无存在必要的，应当按地名管理的审批权限和程序予以销名。

第二十一条 经设区的市、县（市）人民政府批准命名、更名、销名的地名，应当按档案管理的有关规定报省人民政府民政部门存档。

第二十二条 居民区名称经批准、建筑物名称备案后，由设区的市、县（市）人民政府颁发使用证书。

第二十三条 对原有的居民区、建筑物、门户、楼院颁发证书所需费用，由颁发证书的人民政府承担。对新建的居民区、建筑物、门户、楼院颁发证书所需费用，由建设单位承担。

第三章 标准地名的使用

第二十四条 依照本规定批准、备案的地名和编制的门户、楼院编码，为标准地名。

对新批准、备案和编制的标准地名，设区的市和县（市）人民政府应当自批准之日起30日内向社会公布。

第二十五条 除有特殊需要外，下列范围内应当使用标准地名：

（一）涉外协定、文件；

（二）机关、团体、企事业单位的公告、文件；

（三）报刊、书籍、广播、电影、电视和信息网络；

（四）街巷标志、建筑物标志、居民区标志、门户楼院牌、景点指示标志、交通导向标志、公共交通站牌；

（五）商标、牌匾、广告、合同、证件、印信；

（六）公开出版发行的地图、电话号码簿、邮政编码册等地名密集出版物。

第二十六条 标准地名一般由专名和通名组成。

标准地名应当使用规范的汉字书写，并以汉语普通话为标准读音。使用罗马字母汉语拼音拼写时，应当符合国家公布的《汉语拼音方案》和《中国地名汉语拼音字母拼写规则》的规定。

少数民族语地名应当按国家有关规定译写。

第二十七条 县级以上人民政府民政部门负责编纂本行政区域的标准地名出版物，其他任何单位和个人不得擅自编纂。

第二十八条 县级以上人民政府民政部门应当建立地名信息系统，及时更新地名信息，并向社会提供地名信息咨询服务。

第四章 地名标志的设置

第二十九条 经常被社会公众使用的标准地名，应当按国家和本省的有关标准、规范设置地名标志，并做到美观、大方、醒目、坚固。

第三十条 重要自然地理实体、行政区域、居民区、城镇街巷、导向标志等地名标志，由县级以上人民政府民政部门负责设置、维护和管理。农村的地名标志由县级人民政府民政部门会同所在地乡级人民政府规划，乡级人民政府负责设置、维护和管理。其他地名标志，由有关部门按职责分工和管理权限负责设置、维护和管理。

第三十一条 新建居民区、街巷、桥梁、隧道和公共广场的地名标志，应当在工程竣工前设置完成。其他地名标志，应当自地名公布之日起60日内设置完成。

第三十二条 县级以上人民政府民政部门应当会同有关部门对地名标志设置、维护情况进行监督检查，发现有下列情形之一的，应当通知设置单位在30日内维护或者更换：

（一）地名标志未使用标准地名或者样式、书写、拼写不符合国家标准的；（二）地名已更名但地名标志未更改的；

（三）地名标志破损、字迹模糊或者残缺不全的；

（四）设置位置不当的。

第三十三条 地名标志的设置、维护和管理所需经费，按下列规定承担：

（一）自然地理实体、行政区域、城镇街巷的地名标志以及原有的居民区、门户、楼院的地名标志，由本级财政承担；

（二）新建、改建、扩建建设项目的地名标志，列入工程预算，由建设单位承担；

（三）农村的地名标志，由县级人民政府承担；

（四）其他地名标志，由设置单位承担。

第三十四条 地名标志是国家法定标志物，任何单位或者个人不得擅自涂改、玷污、遮挡、移动、拆除、毁损、盗窃地名标志。

确需移动或者拆除地名标志的，应当与地名标志的设置单位协商一致，经有关专业主管部门或者所在地县级人民政府民政部门同意，并承担移动或者拆除费用。

第五章　法律责任

第三十五条　民政部门和其他有关部门的工作人员在地名管理工作中有下列行为之一的，依法给予处分；构成犯罪的，依法追究刑事责任：

（一）不依法审批地名命名、更名申请的；

（二）在对地名监督检查时发现问题不及时查处的；

（三）不按规定设置地名标志的；

（四）其他滥用职权、玩忽职守、徇私舞弊的行为。

第三十六条　违反本规定，有下列行为之一的，由民政部门责令限期改正，并处以二百元以上一千元以下罚款：

（一）擅自命名、更名地名的；

（二）不按本规定第二十五条第一至五项的规定使用标准地名的；

（三）不按规定书写、拼写、译写地名的；

（四）不按规定将建筑物名称备案的；

（五）不按规定设置、维护地名标志的。

第三十七条　违反本规定第二十五条第六项规定的，由民政部门责令限期改正；逾期不改正的，处以二千元以上一万元以下罚款。

第三十八条　违反本规定第二十七条规定的，由民政部门责令限期改正；逾期不改正的，处以违法所得一倍以上三倍以下最高不超过三万元罚款。

第三十九条　擅自涂改、玷污、遮挡、移动、拆除地名标志的，由民政部门责令限期改正；逾期不改正的，处以二百元以上一千元以下罚款；造成损失的，依法承担赔偿责任。

第四十条　故意毁损、盗窃地名标志以及阻碍民政部门和其他有关部门的工作人员依法执行职务的，由公安机关依照《中华人民共和国治安管理处罚法》的规定予以处罚；构成犯罪的，依法追究刑事责任。

第六章　附　　则

第四十一条　本规定自2011年1月1日起施行。

《河北省历史文化名城名镇名村保护办法》

(河北省人民政府令 [2013] 第5号)

第一章 总 则

第一条 为加强对历史文化名城、名镇、名村的保护,继承优秀历史文化遗产,根据国务院《历史文化名城名镇名村保护条例》和其他有关法律、法规的规定,结合本省实际,制定本办法。

第二条 本省行政区域内历史文化名城、名镇、名村的申报、批准、规划、保护和监督管理,适用本办法。

本办法所称历史文化名城、名镇、名村,是指经国务院批准公布的国家历史文化名城,国务院住房城乡建设主管部门、国务院文物主管部门公布的中国历史文化名镇、名村,以及经省人民政府批准公布的河北省历史文化名城、名镇、名村。

第三条 历史文化名城、名镇、名村的保护应当坚持统筹规划、科学管理、保护为主、合理利用的原则。

历史文化名城、名镇、名村的保护与监督管理,应当保证原住居民的参与,保障原住居民的合法权益。

第四条 县级以上人民政府负责本行政区域内历史文化名城、名镇、名村的保护和监督管理工作。

设区的市、县级人民政府应当设立历史文化名城、名镇、名村保护委员会,并报省住房城乡建设主管部门和省文物主管部门备案。具体工作由城乡规划(建设)主管部门负责。

历史文化名城、名镇、名村保护委员会由本级人民政府及其相关主管部门负责人、专家和公众代表组成,专家和公众代表由本级人民政府选聘。历史文化名城、名镇、名村保护委员会应当根据本级人民政府确定的工作职责,建立健全审议制度。

第五条 县级以上人民政府城乡规划(建设)主管部门会同同级人民政

府文物主管部门，具体负责本行政区域内历史文化名城、名镇、名村保护和监督管理的有关工作。

县级以上人民政府有关部门应当按各自职责，做好历史文化名城、名镇、名村保护和监督管理的相关工作。

乡（镇）人民政府、街道办事处及村（居）民委员会应当配合做好历史文化名城、名镇、名村的保护工作。

第六条　县级以上人民政府应当将所在地历史文化名城、名镇、名村的保护纳入国民经济和社会发展规划，并安排保护专项资金，用于历史文化名城、名镇、名村、历史文化街区、历史建筑的普查、规划、保护等工作。

保护专项资金的来源包括本级财政预算安排的资金、上级财政专项补助的资金、境内外单位和个人的捐赠及其他合法筹集的资金。

第七条　鼓励和支持企事业单位、社会团体和个人通过捐赠、投资、提供技术服务等方式，参与历史文化名城、名镇、名村保护工作。

第八条　各级人民政府和有关部门应当组织开展历史文化名城、名镇、名村保护的宣传教育活动，普及保护知识，增强全社会保护意识。

第二章　申报与批准

第九条　国家历史文化名城，中国历史文化名镇、名村的申报、批准程序，按国务院《历史文化名城名镇名村保护条例》有关规定执行。

第十条　具备下列条件的城市及县级人民政府所在地镇、镇、村庄，可以申报河北省历史文化名城、名镇、名村：

（一）文物比较丰富；

（二）历史建筑集中成片；

（三）保留着传统格局和历史风貌；

（四）历史上曾经作为政治、经济、文化、交通中心或者军事要地，或者发生过重要历史事件，或者其传统产业、历史上建设的重大工程对本地的发展产生过重要影响，或者能够集中反映本地建筑的文化特色、民族特色。

申报河北省历史文化名城的，在所申报的历史文化名城保护范围内应当有两个以上经省人民政府核定公布的历史文化街区。

第十一条 申报河北省历史文化名城、名镇、名村，应当提交下列材料：

（一）历史沿革、地方特色和历史文化价值的说明；

（二）反映传统格局和历史风貌现状的材料；

（三）有关保护范围的材料；

（四）不可移动文物、历史建筑、历史文化街区的清单；

（五）反映当地非物质文化遗产资源及存续状况的材料；

（六）有关保护工作情况、保护目标和保护要求的材料。

第十二条 申报本办法第十条第二款所称的历史文化街区，应当具备下列条件：

（一）保留着较完整的传统格局和历史风貌；

（二）构成历史风貌的历史建筑和历史环境要素可以是不同时代的，但必须是真实的历史实物；

（三）历史文化街区用地面积一般不小于一公顷；

（四）历史文化街区内文物古迹、历史建筑及能够展现当地历史风貌特色的建筑物、构筑物的用地面积达到保护范围内建筑总用地的百分之六十以上。

第十三条 申报历史文化街区，应当提交下列材料：

（一）地理区位、历史沿革和历史文化价值综述；

（二）反映传统格局和历史风貌现状的材料；

（三）反映核心保护范围和建设控制地带的材料；

（四）不可移动文物、历史建筑和历史环境要素清单；

（五）有关保护工作情况、保护目标和保护要求的材料。

第十四条 申报河北省历史文化名城、名镇、名村和历史文化街区，由设区的市人民政府提出申请，经省住房城乡建设主管部门会同省文物主管部门组织专家进行论证，提出审查意见后报省人民政府批准公布。

第十五条 已经批准的河北省历史文化名城、名镇、名村和历史文化街区，因保护不力或者其他原因，使其历史文化价值受到严重影响的，省人民政府将其列入濒危名单，予以公示，并责成所在地人民政府限期采取补救措施；若情况继续恶化，不再符合本办法规定条件的，由省人民政府撤销其称号，并向社会公布。

第十六条 对符合本办法第十条、第十二条规定条件而没有申报河北省历史文化名城、名镇、名村和历史文化街区的，省住房城乡建设主管部门会同省文物主管部门，可以向其所在地人民政府提出申报建议；仍不申报的，可以直接向省人民政府提出确定为河北省历史文化名城、名镇、名村和历史文化街区的建议。

第三章　保护规划

第十七条 历史文化名城、名镇、名村和历史文化街区经批准公布后，所在地设区的市、县级人民政府应当自批准公布之日起30日内通过政府门户网站、现场公告牌、新闻媒体等形式向社会公布。

设区的市、县级人民政府组织编制历史文化名城、名镇、名村保护规划，同级人民政府城乡规划主管部门负责编制历史文化街区保护规划。保护规划应当自历史文化名城、名镇、名村和历史文化街区批准公布之日起1年内编制完成。

第十八条 承担历史文化名城、历史文化街区保护规划编制工作的单位，应当具有甲级城乡规划编制资质，承担历史文化名镇、名村保护规划编制工作的单位，应当具有乙级以上城乡规划编制资质。

第十九条 历史文化名城、名镇、名村保护规划应当包括下列内容：

（一）历史文化价值与特色；

（二）总体目标，保护原则、内容和重点；

（三）总体保护策略和市（县、镇、村）域保护要求；

（四）保护范围，包括文物保护单位、地下文物埋藏区、历史建筑的保护围，历史文化街区、名镇、名村的核心保护范围和建设控制地带，保护范围内相应的保护控制措施；

（五）名城历史城区的界限，提出与名城、名镇、名村传统格局、历史风貌、空间尺度及其相互依存的地形地貌、河湖水系等自然景观和环境的保护措施；

（六）完善城市、镇、村功能、改善基础设施、提高环境质量的规划要求和措施；

（七）保护范围内建筑物、构筑物和历史环境要素的分类保护整治要求；

（八）对建设控制地带内建筑物、构筑物的性质、开发强度、体量、高度、形式、色彩等控制要求；

（九）继承和弘扬传统文化、保护非物质文化遗产的内容和措施；

（十）利用和展示的要求与措施；

（十一）规划实施管理措施；

（十二）保护规划分期实施方案。

第二十条 历史文化街区保护规划应当包括以下内容：

（一）历史文化价值和特点；

（二）保护原则和保护内容；

（三）保护范围，包括核心保护范围和建设控制地带界线；

（四）保护范围内建筑物、构筑物和环境要素的分类保护整治要求；

（五）重要节点或者建筑立面整治规划设计方案；

（六）保持地区活力、延续传统文化的规划措施；

（七）改善交通和基础设施、公共服务设施、居住环境的规划方案；

（八）古树名木保护措施；

（九）规划实施管理措施。

第二十一条 历史文化名城、名镇保护规划的规划期限应当与所在城市、镇总体规划的规划期限相一致。历史文化名村保护规划的规划期限应当与村庄规划的规划期限相一致。

第二十二条 历史文化名城、名镇、名村和历史文化街区保护规划报送审批前，保护规划的组织编制机关应当予以公告，公告时间不少于30日，广泛征求有关部门、专家和公众的意见，必要时可以举行听证。保护规划草案涉及房屋征收、土地征用的，应当举行听证。

保护规划报送审批文件中应当附具意见采纳情况及理由，经听证的，还应当附具听证笔录。

第二十三条 历史文化名城、名镇、名村保护规划由设区的市人民政府报省人民政府审批。

历史文化街区保护规划由组织编制机关报街区所在地设区的市、县级人民政府审批，报省住房城乡建设主管部门、省文物主管部门备案。

第二十四条 历史文化名城、名镇、名村和历史文化街区保护规划经批准后，组织编制机关应当及时公布。

第二十五条 经依法批准的保护规划，不得擅自修改。确需修改的，保护规划的组织编制机关应当向原审批机关提出专题报告，经同意后，方可编制修改方案。修改后的保护规划，应当按原审批程序报送审批。

第二十六条 编制或者修改国民经济和社会发展规划、土地利用总体规划、城乡规划等规划，应当体现历史文化名城、名镇、名村和历史文化街区保护的要求。

经依法批准的历史文化名镇、名村和历史文化街区保护规划，应当作为建设项目规划许可的依据。名镇和历史文化街区保护范围内的区域，不再编制相应区域的城市、镇控制性详细规划。

第二十七条 省住房城乡建设主管部门应当会同省文物主管部门，加强对保护规划实施情况的监督检查。对存在保护不力等问题的，应当及时向设区的市、县级人民政府提出整改意见。

设区的市、县级人民政府应当对本行政区域内历史文化名城、名镇、名村和历史文化街区保护工作定期进行监督检查和评估。检查和评估信息应当通过政府门户网站、新闻媒体等向社会公布，接受社会监督。对发现的问题，应当及时纠正、处理。

第四章　保护措施

第二十八条 历史文化名城、名镇、名村和历史文化街区应当整体保护，保持传统格局、历史风貌和空间尺度，不得改变与其相互依存的自然景观和环境。

在历史文化街区、名镇、名村保护范围内应当保持环境整洁，不得建设污染环境的设施，不得进行可能影响环境的活动。

第二十九条 设区的市、县级人民政府应当根据当地经济社会发展水平，按照保护规划，控制历史文化街区、名镇、名村核心保护范围内的人口数量，改善历史文化名城、名镇、名村和历史文化街区的基础设施、公共服务设施和居住环境。

第三十条 县级以上人民政府应当统筹安排建设用地指标,优先保障因历史文化名城、名镇、名村和历史文化街区保护规划实施需要进行的住宅建设。

第三十一条 在历史文化名城、名镇、名村和历史文化街区保护范围内从事建设活动,应当符合保护规划的要求,不得损害历史文化遗产的真实性和完整性,不得对其传统格局和历史风貌造成破坏性影响。

第三十二条 在历史文化街区、名镇、名村保护范围内新建、扩建基础设施及进行绿化配置的,应当符合国家和本省有关标准、规范。确因保护需要,无法按标准、规范新建、扩建基础设施及进行绿化配置的,由设区的市、县级人民政府城乡规划(建设)主管部门会同相关主管部门制定相应的保障方案,明确相关布局、措施等。

在历史文化街区、名镇、名村保护范围内改建、翻建建筑物,因保持或者恢复其传统格局、历史风貌的需要,难以符合相关建设标准和规范的,在不突破原有建筑基底、建筑高度和建筑面积且不减少相邻居住建筑原有日照时间的前提下,可以办理规划许可手续。

第三十三条 在历史文化街区、名镇、名村核心保护范围内,不得进行新建、扩建活动。但是,新建、扩建必要的基础设施和公共服务设施除外。

新建、扩建基础设施和公共服务设施的,设区的市、县级人民政府城乡规划主管部门在核发建设工程规划许可证、乡村建设规划许可证前,应当征求同级文物主管部门的意见。

公路、铁路、高压电力线路、输油管线、燃气干线管道不得穿越历史文化街区、名镇、名村核心保护范围;已经建设的,应当按保护规划逐步迁出。

第三十四条 设区的市、县级人民政府应当组织对本行政区域内建成年代较久远的建筑物、构筑物进行普查,对具有一定保护价值,能够反映历史风貌和地方特色,未公布为文物保护单位,也未登记为不可移动文物的建筑物、构筑物,确定公布为历史建筑并建立档案。

历史建筑档案包括下列内容:

(一)区位图、保护范围边界示意图;

(二)建筑艺术特征、历史特征、建设年代及稀有程度;

(三)建筑的有关技术资料;

（四）建筑的使用现状和权属变化情况；

（五）建筑的修缮、装饰装修过程中形成的文字、图纸、图片、影像等资料；

（六）建筑的测绘信息记录和相关资料。

第三十五条 设区的市、县级人民政府应当组织编制历史建筑保护图则，向社会公布，并将保护和使用要求书面告知所有权人、使用人和物业管理单位。

前款所称历史建筑保护图则，是指为保护、利用历史建筑提供科学依据的文本及图纸，包含历史建筑基本信息、保护范围、使用要求等内容。

第三十六条 单位和个人实施下列行为，应当报设区的市、县级人民政府城乡规划（建设）主管部门会同同级文物主管部门批准：

（一）在历史建筑上设置牌匾、空调散热器、照明设备等设施；

（二）在历史文化街区、名镇、名村保护范围内历史建筑以外的建筑物上设置牌匾或者户外广告；

（三）在历史文化街区、名镇、名村核心保护范围内设置临时用房。

第三十七条 历史建筑应当按保护图则的要求进行维护和修缮。国有历史建筑由使用人负责维护和修缮，非国有历史建筑由所有权人负责维护和修缮，设区的市、县级人民政府可以给予资金补助。所有权人不具备维护和修缮能力的，设区的市、县级人民政府应当采取措施进行保护。

设区的市、县级人民政府应当与国有历史建筑使用人、非国有历史建筑所有权人签订历史建筑保护协议，对历史建筑的保护义务和享受补助等事项作出约定。

第三十八条 任何单位和个人不得损坏或者擅自迁移、拆除历史建筑。因公共利益需要进行建设活动，对历史建筑无法实施原址保护，必须调整、撤销其历史建筑称号，迁移异地保护或者拆除的，应当由所在地人民政府城乡规划（建设）主管部门会同同级人民政府文物主管部门，报省住房城乡建设主管部门会同省文物主管部门批准。

第三十九条 设区的市、县级人民政府应当在历史文化街区、名镇、名村核心保护范围的主要出入口、历史建筑主入口一侧设立统一的标志牌，并标明保护范围。

任何单位和个人不得擅自设置、移动、涂改或者损毁标志牌。

第四十条 在历史文化名城、名镇、名村,以及历史文化街区、历史建筑的保护范围内禁止进行下列活动:

（一）开山、采石、开矿等破坏传统格局和历史风貌的活动;

（二）占用或者破坏保护规划确定保留的园林绿地、河湖水系、道路等;

（三）修建生产、储存爆炸性、易燃性、放射性、毒害性、腐蚀性物品的工厂、仓库等;

（四）修建损害传统风貌的建筑物、构筑物和其他设施;

（五）损毁保护规划确定保护的建筑物、构筑物及其他设施;

（六）对保护规划确定保护的建筑物、构筑物进行改变原风貌的维修或者装饰;

（七）设置破坏或者影响风貌的广告、标牌、招贴;

（八）在历史建筑上刻划、涂污;

（九）随处倾倒垃圾、排放污水等污染环境的行为;

（十）损毁属于非物质文化遗产组成部分的实物和场所;

（十一）法律、法规禁止和违反保护规划的其他行为。

第四十一条 历史文化名城、名镇、名村和历史文化街区所在地设区的市、县级人民政府应当组织力量,加强对当地历史沿革、风物特产、民间文学、传统技艺、民风民俗等非物质文化遗产的搜集、整理、研究和保护工作。

历史文化名城、名镇、名村和历史文化街区所在地设区的市、县级人民政府应当鼓励社会力量对当地传统文化艺术进行挖掘和整理,扶持有关专业人才以及民间艺人传徒、授艺。

第五章 法律责任

第四十二条 违反本办法第三十八条规定,擅自批准调整、撤销历史建筑称号的,其批准无效,由批准机关的上级机关责令其予以变更或者撤销,对直接负责的主管人员和其他直接责任人员,依法给予处分。

第四十三条 违反本办法第四十条第（四）项、第（五）项、第（六）项、第（七）项规定的,由城乡规划（建设）主管部门或者城市管理综合执法部门责令其停止违法行为、限期改正;逾期不改正的,处五千元以上一万元以下罚款；有违法所得的，处违法所得一倍以上三倍以下但最高不超过三万元的罚款；造成损失的，依法承担赔偿责任。

第六章 附 则

第四十四条 本办法自 2013 年 10 月 1 日起施行。

《河北省城乡规划条例》

(2016年5月25日河北省第十二届人民代表大会常务委员会第二十一次会议修订通过自2017年1月1日起施行。)

第一章 总 则

第一条 为了加强城乡规划管理，协调城乡空间布局，改善人居环境，促进城乡经济和社会全面协调可持续发展，根据《中华人民共和国城乡规划法》和有关法律、行政法规的规定，结合本省实际，制定本条例。

第二条 在本省行政区域内制定和实施城乡规划，在规划区内进行建设活动，应当遵守本条例。

本条例所称城乡规划，包括城镇体系规划、城市规划、镇规划、乡规划、村庄规划。城市规划、镇规划包括总体规划和详细规划。详细规划分为控制性详细规划和修建性详细规划。

本条例所称规划区，是指城市、镇和村庄的建成区以及因城乡建设和发展需要必须实行规划控制的区域。规划区的具体范围由有关人民政府在组织编制的城市总体规划、镇总体规划、乡规划和村庄规划中，根据城乡经济社会发展水平和统筹城乡发展的需要划定。

第三条 制定和实施城乡规划，应当遵循城乡统筹、合理布局、节约土地、集约发展和先规划后建设的原则，注重近期建设和长远发展、经济社会发展和生态环境保护的关系，促进资源、能源节约和综合利用，保护历史文化遗产，保持地方特色、民族特色和传统风貌，防止污染和其他公害，并符合国家推进京津冀协同发展和新型城镇化发展要求，顺应现代化城市发展新趋势，统筹空间结构、规模结构和产业结构，符合京津冀城市群建设、区域人口发展、国防建设、防震减灾和公共卫生、公共安全、旅游发展的需要。

第四条 城市总体规划、镇总体规划、乡规划和村庄规划的编制，应当依据国民经济和社会发展规划，符合主体功能区规划要求，并与土地利用总体规划、生态环境保护规划等相衔接，推进多规合一。

第五条 省人民政府确定的重点发展区域为特定地区。特定地区的规划应当纳入城镇体系规划、城市总体规划。

第六条 单独编制的各类专项规划应当分别纳入城镇体系规划、城市总体规划、镇总体规划。

第七条 县级以上人民政府应当加强城乡规划的领导，将城乡规划的编制和管理经费纳入本级财政预算。

第八条 省人民政府城乡规划主管部门负责全省的城乡规划管理工作。

城市、县人民政府城乡规划主管部门负责本行政区域内的城乡规划管理工作。

纳入设区的市城市规划区的区域，由设区的市人民政府城乡规划主管部门负责城乡规划管理工作。

重点镇人民政府应当设立村镇规划建设管理机构，其他镇、乡人民政府应当确定相应机构或者专人负责本行政区域内的城乡规划管理工作。

县级以上人民政府其他有关部门按照各自的职责，做好城乡规划管理的相关工作。

第九条 本省实行城乡规划委员会审议制度。各级人民政府应当设立城乡规划委员会，作为本级人民政府城乡规划决策的议事机构。

城乡规划委员会由本级人民政府及其相关行政主管部门负责人、专家和公众代表组成，专家和公众代表由本级人民政府选聘。

城乡规划委员会应当根据本级人民政府确定的工作职责，建立健全审议制度。

第十条 经依法批准的城乡规划应当严格执行，不得擅自修改；确实需要修改的，应当依照法定程序和权限进行。

任何单位和个人都应当遵守经依法批准并公布的城乡规划，服从规划管理。

第十一条 任何单位和个人都有权对城乡规划的制定、实施、修改和监督检查提出意见和建议，就涉及其利害关系的建设活动是否符合城乡规划要求，可以向县级以上人民政府城乡规划主管部门查询。县级以上人民政府城乡规划主管部门应当健全相关制度，畅通信息渠道，按照政府信息公开的有关规定提供相关信息，认真研究和采纳公众意见、建议。

任何单位和个人都有权向县级以上人民政府城乡规划主管部门和其他有

关部门举报或者控告违反城乡规划的行为。县级以上人民政府城乡规划主管部门和其他有关部门应当及时受理并组织核查、处理。

各类新闻媒体应当加强对城乡规划管理工作的新闻舆论监督，宣传和普及城乡规划建设知识，增强全民的参与意识和监督意识。

第二章 城乡规划的制定

第十二条 省人民政府组织编制的省域城镇体系规划，经本级人民代表大会常务委员会审议后，报国务院审批。

省人民政府城乡规划主管部门可以根据京津冀协同发展的要求、实施省域城镇体系规划的需要，组织编制跨设区的市、省直管县（市）行政区域的城镇体系规划，报省人民政府审批。

设区的市人民政府城乡规划主管部门可以根据京津冀协同发展的要求、实施省域城镇体系规划、城市总体规划的需要，组织编制跨县（市、区）行政区域的城镇体系规划，报设区的市人民政府审批。

第十三条 城市人民政府组织编制城市总体规划。省人民政府所在地的城市以及国务院确定的城市的总体规划，由省人民政府审查同意后报国务院审批；其他城市的总体规划由城市人民政府报省人民政府审批。

县人民政府所在地镇的总体规划由县人民政府组织编制，报上一级人民政府审批。其他镇的总体规划、乡规划、村庄规划，由镇、乡人民政府组织编制，报城市或者县人民政府审批。

第十四条 纳入城市规划建设用地范围内的镇、乡和村庄不再单独编制镇总体规划、乡规划和村庄规划；纳入镇规划建设用地范围内的村庄，不再单独编制村庄规划。近期建设规划确定撤销的村庄，不再编制村庄规划。近期建设规划的规划期限为五年。

第十五条 县级以上人民政府组织编制的城市总体规划，在报上级人民政府审批前，应当报经本级人民代表大会常务委员会审议，并对常务委员会组成人员的审议意见进行研究处理，反馈处理情况。

镇、乡人民政府组织编制的镇总体规划、乡规划在报送城市或者县人民政府审批前，应当先经镇、乡人民代表大会审议。镇、乡人民政府应当对代表的审议意见进行研究处理，反馈处理情况。

村庄规划在报送审批前，应当先经村民会议或者村民代表会议讨论同意。

第十六条 编制城市总体规划和县人民政府所在地镇的总体规划，应当统筹城市、县行政区域范围内的镇、乡发展布局，对区域内的资源保护和利用、城市通风廊道、各项基础设施、公共服务设施和防灾减灾等城市安全设施布局进行综合安排，并划定禁止建设区、限制建设区、适宜建设区的范围，以及水系保护线、绿地系统线、基础设施建设控制线、历史文化保护线，提出管理控制要求。

编制镇总体规划应当按照有利于农业生产、方便农民生活的要求，确定镇域内村庄布点，统筹安排与村庄相关的各类基础设施和公共服务设施、防灾减灾等公共安全设施。

编制乡规划、村庄规划应当从农村实际出发，尊重村民意愿，注重保护自然、历史、文化等特色资源，以及村落原有形态和格局、传统建筑和古树名木，合理安排基础设施和公共服务设施，体现民族、地方、农村特色，促进新农村建设。

第十七条 规划区范围、规划区内建设用地规模、基础设施和公共服务设施用地、水源地和水系、基本农田和绿化用地、环境保护、自然与历史文化遗产保护以及防灾减灾等内容，应当作为城市总体规划、镇总体规划的强制性内容。

第十八条 城市、县人民政府所在地镇的各专项规划，分别由城市、县人民政府有关部门依据总体规划组织编制，经本级人民政府城乡规划主管部门审查后，报城市或者县人民政府审批。

其他镇的各专项规划，由镇人民政府组织编制，报城市或者县人民政府审批。

法律、行政法规对专项规划编制和审批另有规定的，从其规定。

第十九条 城市、县人民政府城乡规划主管部门会同有关部门，根据城市总体规划、县人民政府所在地镇的总体规划，组织编制地下空间开发利用专项规划，对地下的交通设施、人防设施、公用设施以及电力、通信等各类管廊、管网进行统筹安排。

地下空间开发利用专项规划应当报城市或者县人民政府审批。

第二十条 单独编制的区域性交通、生态环境保护、绿化、供水、排水、污水处理、供热、燃气、电力、通信、综合防灾等专项规划，应当符合城镇体系规划的总体要求，并与相关规划相衔接。

第二十一条 城市人民政府城乡规划主管部门组织编制城市控制性详细规划，报城市人民政府审批。其中，设区的市控制性详细规划，报本级人民代表大会常务委员会和省人民政府备案。

县人民政府城乡规划主管部门组织编制县人民政府所在地镇的控制性详细规划，经县人民政府审批后，报本级人民代表大会常务委员会和上一级人民政府备案。

其他镇的控制性详细规划，由镇人民政府组织编制，报城市或者县人民政府审批。

第二十二条 建设用地面积较大或者建设用地位置重要的建设项目，由建设单位按照城市、县人民政府城乡规划主管部门的要求，编制该项目建设用地范围内的修建性详细规划。

编制修建性详细规划应当注重建筑的平面布局和立体空间与景观风貌的统筹协调，体现地域特征、时代风貌，提高规划建设水平。

第二十三条 城市、县人民政府应当开展城市设计，总体城市设计应当与总体规划同步，片区城市设计应当与控制性详细规划同步。编制城市设计注重保护自然山水格局和传承历史文化，体现地方特色，合理安排城市、镇规划区建设用地范围内城市形态和空间环境。

第二十四条 城乡规划组织编制机关应当按照相关规定委托具备相应资质等级的单位承担城乡规划的具体编制工作。

省外城乡规划编制单位承担本省城镇体系规划、总体规划编制任务的，应当向省人民政府城乡规划主管部门备案。

第二十五条 编制城乡规划应当充分考虑生态文明建设和防御自然灾害、安全事故的需要，统筹安排相关基础设施。

编制地质灾害易发区的城乡规划时，应当组织进行地质灾害危险性评估。

第二十六条 历史文化名城、名镇、名村应当编制保护规划，保持和延续传统格局和历史风貌，维护历史文化遗产的真实性和完整性，保护规划报省人民政府审批。

省级历史文化名城、名镇、名村，由省人民政府公布；市级、县级历史建筑由本级人民政府公布。

省级传统村落由县（市、区）人民政府申请，报省人民政府城乡规划主管部门会同省人民政府文化、文物等部门公布。自公布之日起一年内，由县（市、区）人民政府组织编制传统村落保护发展规划，报省人民政府城乡规划主管部门审批。

第二十七条 城乡规划报送审批前，城乡规划组织编制机关应当依法将城乡规划草案予以公告，并采取论证会、听证会或者其他方式征求专家和公众的意见。其中，控制性详细规划应当在所在地块的公共场所进行公告。公告期限不少于三十日。

城乡规划组织编制机关应当收集、整理专家和公众的意见，并在报送审批的材料中附具吸收采纳情况和理由。

第二十八条 城乡规划组织编制机关应当及时公布经依法批准的城乡规划。但是，法律、行政法规规定不得公开的内容除外。

城乡规划组织编制机关可以采用设置展馆或者通过网站、报刊等媒体宣传和公示依法批准的城乡规划。

第三章　城乡规划的实施

第二十九条 城市、县、镇人民政府应当根据城市总体规划、镇总体规划、土地利用总体规划和年度计划以及国民经济和社会发展规划，制定近期建设规划，报总体规划审批机关备案。

第三十条 在实施城镇体系规划中，建立跨区域城镇发展协调机制，有关人民政府应当就区域性基础设施和公共服务设施共建共享、生态环境保护、相邻地区重大项目等方面的规划，主动进行协商。必要时由共同的上一级人民政府城乡规划主管部门组织协调。

第三十一条 在自然保护区、水源地和水系保护区、行滞洪区、生态控制区、风景名胜区等区域保护范围内从事建设活动，除按有关法律、行政法规的规定办理审批手续外，必须取得规划许可。

在文物保护单位的建设控制地带内进行工程建设，其建设工程设计方案应当根据文物保护单位的级别，经相应的文物主管部门审查同意后，报本级人民政府城乡规划主管部门审批。其中，在全国重点文物保护单位的建设控制地带内进行工程建设，其建设工程设计方案报省人民政府城乡规划主管部门审批。

在工业用地范围内，鼓励建设多层标准厂房，提高工业用地利用效率，并依法办理有关审批手续。

第三十二条　城市、县人民政府应当结合经济社会发展水平和当地实际情况，依据城市总体规划、近期建设规划，制定旧城片区整体改造年度计划，确定改造范围、界线并及时公布实施。

旧城片区改造应当注重保护历史文化遗产和传统风貌，配套完善基础设施和公共服务设施，增加绿地和公共空间。

第三十三条　开发利用地下空间，应当兼顾防空、防灾等要求，并与地面建设工程合理衔接，依法办理规划许可手续。与地面建设工程同时开发利用地下空间的，应当与地面建设工程一并办理规划许可手续。

第三十四条　不动产登记机构核发的房屋权属证件上载明的建筑物用途，应当与建设工程规划许可证、乡村建设规划许可证确定的用途一致。

任何单位和个人不得擅自改变建筑物、构筑物以及其他设施的用途。确实需要改变用途的，应当符合城乡规划的相关规定，满足建筑安全、环境、交通、相邻关系等方面的要求。

第三十五条　建设工程勘察、设计等单位不得违反规划条件或者规划许可开展建设工程相关业务。

第三十六条　任何单位和个人不得违反建设工程规划许可及有关规定，擅自改变建筑物、构筑物以及其他设施的形式、色彩、材质等。确实需要改变的，应当重新申请办理建设工程规划许可。

获全国及本省优秀建筑设计奖项的建筑物、构筑物，实施建筑外观改造时不得改变既有的形式、色彩、材质等。

第三十七条　省人民政府城乡规划主管部门应当依照国家有关技术规范，制定本省城乡规划编制和规划管理规定，规范和指导全省城乡规划工作。

城市、县人民政府城乡规划主管部门应当依据国家和省的有关技术规范、规定，组织制定当地的城乡规划管理技术规定，明确不同地块的建筑容积率、建筑密度、绿地率等要求，报城市、县人民政府批准后公布实施。

第三十八条 县（市、区）人民政府应当组织编制农村住宅设计方案，在征求公众和专家意见后公布，并引导村民优先选用。

农村住宅设计方案应当充分体现民族、地方、农村特色，满足村民现代生活需要，注重应用新技术、新材料、新装备、新样式，提倡使用新型结构体系，达到经济、适用、抗震、节能、美观的要求。

第三十九条 城市、县人民政府城乡规划主管部门或者镇、乡人民政府应当依据城乡规划和有关技术规定，核发建设项目选址意见书、建设用地规划许可证、建设工程规划许可证、乡村建设规划许可证。对不符合城乡规划的建设项目，不得核发规划许可证件。

各级人民政府不得以会议或者集体讨论决定等方式要求城乡规划主管部门对不符合城乡规划的建设项目核发规划许可。

第四十条 建设单位和个人在取得选址意见书一年内未办理建设项目批准或者核准文件，在取得建设用地规划许可证一年内未办理用地批准文件，在取得建设工程规划许可证、乡村建设规划许可证一年内未办理施工许可证，且未申请延期或者申请延期未获批准的，原规划许可自行失效。

第四十一条 城市、县人民政府城乡规划主管部门或者镇、乡人民政府应当自核发建设工程规划许可证、乡村建设规划许可证之日起十个工作日内，在网站、报刊等媒体公布规划许可有关内容。

属于住宅建筑的，建设单位应当在房屋预售、销售场所公布规划条件、建设工程规划许可证、修建性详细规划和建设工程设计方案的总平面图。规划条件应当明确地块的位置、范围和面积，使用性质、容积率、建筑密度、建筑高度、建筑退让、绿地率、出入口方位、停车泊位、必须配置的公共服务设施和市政基础设施、地下空间开发利用等规划要求；以及同步建设的公共服务设施和市政基础设施建设时序。公布期限截止于建设项目规划条件核实之日。

第四十二条 城市人民政府应当加强对城市道路以及配套基础设施建设的规划管理。对城市交通可能造成影响的拟建建设项目，应当进行交通影响评价，对不符合道路交通安全、畅通要求的，应当进行调整。

第四章 城乡规划的管理

第一节 建设项目选址规划管理

第四十三条 按照国家规定需要有关部门批准或者核准的建设项目,以划拨方式提供国有土地使用权的,建设单位在报送有关部门批准或者核准前,应当按下列规定申请核发建设项目选址意见书:

(一)国务院、省人民政府有关部门批准或者核准的建设项目,应当经城市或者县人民政府城乡规划主管部门提出初审意见后,向省人民政府城乡规划主管部门申请核发选址意见书;

(二)城市、县人民政府有关部门批准或者核准的建设项目,向本级人民政府城乡规划主管部门申请核发选址意见书;

(三)铁路、公路、管道、电力、水利、通信等跨行政区域的建设项目,应当在有关的城市、县人民政府城乡规划主管部门提出初审意见后,向共同的上一级人民政府城乡规划主管部门申请核发选址意见书;

(四)其他需要核发选址意见书的建设项目,应当按照有关法律、行政法规的规定申请核发选址意见书。

改建、扩建建设项目在已经以划拨方式取得国有土地使用权范围内,不涉及新增建设用地、规划用地性质调整的,不需要重新申请核发建设项目选址意见书。

第四十四条 申请核发建设项目选址意见书,应当提交下列材料:

(一)建设项目选址申请;

(二)批准类建设项目的项目建议书批准文件或者核准类建设项目拟报批的项目申请报告;

(三)标明建设项目拟选址位置的地形图;

(四)法律、行政法规规定的其他材料。

使用拟选址用地,对城市安全、周边环境等可能产生不利影响的建设项目,还应当提供建设项目选址论证报告。县级以上人民政府城乡规划主管部门应当组织有关专家对建设项目选址论证报告进行论证。

第四十五条 县级以上人民政府城乡规划主管部门根据建设项目的性

质、规模和城乡规划要求，可以组织现场踏勘，审查建设项目选址方案。

专项规划确定的区域性重大基础设施、公共服务设施等建设项目，按照规定需要办理选址意见书的，核发建设项目选址意见书的城乡规划主管部门应当会同有关部门，组织专家进行论证，经论证同意建设的，方可核发选址意见书。

第二节　建设用地规划管理

第四十六条　在城市、镇规划区内以出让方式提供国有土地使用权的建设项目，在国有土地使用权出让前，城市、县人民政府城乡规划主管部门应当提出出让用地的规划条件，并作为国有土地使用权出让合同的组成部分。

在城市、镇规划区内以划拨方式提供国有土地使用权的建设项目，应当在核发建设用地规划许可证时提出规划条件。

需要建设单位编制修建性详细规划的，应当在规划条件中予以明确。

国有土地依法转让时，应当附具原有规划条件；原有规划条件所依据的控制性详细规划已经依法修改的，城市、县人民政府城乡规划主管部门应当依据修改后的控制性详细规划，重新提出规划条件。没有规划条件的国有土地依法转让前，城市、县人民政府城乡规划主管部门应当依据控制性详细规划提出规划条件，作为国有土地使用权转让合同的组成部分。

第四十七条　任何单位和个人不得擅自变更规划条件。因公共利益、公共安全确实需要变更规划条件的，应当经原出具规划条件的城市、县人民政府城乡规划主管部门审批。

第四十八条　以出让方式取得国有土地使用权的建设项目，建设单位向城市或者县人民政府城乡规划主管部门申请办理建设用地规划许可证，应当提交下列材料：

（一）建设用地规划许可申请；

（二）建设项目批准或者核准、备案文件；

（三）国有建设用地使用权出让合同；

（四）标示拟用地范围的一比一千或者一比五百现状地形图；

（五）法律、行政法规规定的其他材料。

第四十九条　以划拨方式提供国有土地使用权的建设项目，建设单位向城市或者县人民政府城乡规划主管部门申请办理建设用地规划许可证，应当提交下列材料：

（一）建设用地规划许可申请；

（二）建设项目批准或者核准、备案文件；

（三）标示拟用地范围的一比一千或者一比五百现状地形图；

（四）法律、行政法规规定的其他材料。

城市、县人民政府城乡规划主管部门受理申请后，应当现场踏勘规划用地，核实建设用地位置和界限。经审查符合要求的，核发建设用地规划许可证，并附具规划条件及有关技术规定要求。

城市、县人民政府土地主管部门应当及时将划拨土地的情况向本级人民政府城乡规划主管部门通报。

第五十条 自城市、县人民政府城乡规划主管部门向本级人民政府土地主管部门或者建设单位提出规划条件之日起二年内，城市、县人民政府土地主管部门未划拨、出让土地的，建设单位未在划拨、出让土地上进行建设的，该规划条件自行失效。

在规划条件有效期内，国有土地使用权划拨、出让前，控制性详细规划经依法修改的，城市、县人民政府城乡规划主管部门应当重新确定规划条件，及时向本级人民政府土地主管部门通报。

第五十一条 改建、扩建建设项目涉及用地性质、用地范围、用地面积等调整的，建设单位应当向城市、县人民政府城乡规划主管部门重新申请建设用地规划许可证。涉及相关国有土地使用权划拨或者出让事项的，还应当按土地管理等法律、行政法规的规定办理有关手续。

改建、扩建建设项目不涉及规划条件调整的，不需要重新申请办理建设用地规划许可证。

城市、县人民政府城乡规划主管部门核发改建、扩建的建设项目建设用地规划许可证前，应当在建设项目所在地显著位置公示变更后的规划条件，征求利害关系人意见，必要时组织听证。

第三节 建设工程规划管理

第五十二条 建设单位和个人在城市、镇规划区内进行工程建设，应当向城市或者县人民政府城乡规划主管部门申请办理建设工程规划许可证。其中，在省人民政府授权的镇的规划区内进行工程建设的，应当向镇人民政府申请办理建设工程规划许可证。

前款所称的工程建设，是指建筑物、构筑物、道路、管线等工程建设。

第五十三条 申请办理建设工程规划许可证，应当提交下列材料：

（一）建设工程规划许可申请；

（二）使用土地的有关证明文件；

（三）建设工程设计方案；

（四）法律、行政法规规定的其他材料。

除提交前款规定的材料外，需要建设单位编制修建性详细规划的建设项目，还应当提交修建性详细规划；属于原有建筑物改建、扩建的建设项目，还应当提交建筑物的权属证明；使用拟选址用地，对城市安全、周边环境等可能产生不利影响的建设项目，还应当提交说明材料和技术依据。

城市、县人民政府城乡规划主管部门、省人民政府授权的镇人民政府应当自受理之日起二十个工作日内，对符合城乡规划要求的核发建设工程规划许可证。

第五十四条 在乡、村庄规划区内兴办企业、公益事业，建设乡村公共设施、集中村民住宅建设、乡村旅游项目等工程，按照以下程序申请办理乡村建设规划许可证：

（一）申请人持项目批准或者核准、备案文件，占用土地权属证件原件，建设工程规划设计方案等有关材料，向占用土地所属的镇或者乡人民政府提交乡村建设规划许可申请。属于农用地的，应当依照《中华人民共和国土地管理法》有关规定办理农用地转用审批手续。占用土地属于村集体用地的，应当征求村庄村民会议或者村民代表会议同意建设的意见；

（二）镇、乡人民政府自受理申请之日起十个工作日内提出初审意见，报城市或者县人民政府城乡规划主管部门审查；

（三）城市、县人民政府城乡规划主管部门自收到初审意见之日起十五个工作日内，对符合城乡规划要求的核发乡村建设规划许可证。

第五十五条 村民在乡、村庄规划区内的集体土地上申请新宅基地建设住宅的，在办理农用土地转用审批手续后，按照以下程序申请办理乡村建规划许可证：

（一）申请人持本村村民身份证明和户口本、占用土地权属证件原件、村民委员会同意的意见、住宅设计方案等有关材料，向新宅基地所属的镇或者乡人民政府提交乡村建设规划许可申请；

（二）镇、乡人民政府自受理申请之日起十个工作日内提出初审意见，报城市或者县人民政府城乡规划主管部门审查；

（三）城市、县人民政府城乡规划主管部门自收到初审意见之日起十五个工作日内，对符合城乡规划要求的核发乡村建设规划许可证。

第五十六条 村民在乡、村庄规划区内自己原有的宅基地上建设住宅，不得超出原有宅基地四至范围，不得妨碍相邻权利人利益，需持村民委员会同意的意见、住宅设计方案等资料，向所属的镇或者乡人民政府提交乡村建设规划许可申请，按照规定办理乡村建设规划许可证。

前款和第五十五条第一项中所称的住宅设计方案应当由县（市、区）人民政府组织编制并公布，由村民自主选定；也可以由村民提供住宅设计方案或者委托设计人员参照县（市、区）人民政府组织编制的住宅设计方案进行设计。

第五十七条 建设工程竣工验收前，建设单位和个人应当及时向原建设工程规划许可证颁发机关申请规划条件核实，并提交下列材料：

（一）建设工程规划许可证及其附件；

（二）依法取得相应测绘资质证书的单位测绘的竣工图等资料；

（三）法律、行政法规规定的其他材料。

城市、县人民政府城乡规划主管部门应当通过图件核验、现场踏勘等方式进行核实。未经核实或者经核实不符合规划条件的，建设单位不得组织竣工验收。

规划条件核实结果应当公布。

建设单位应当在竣工验收后六个月内向城市或者县人民政府城乡规划主管部门报送有关竣工验收材料。

核发乡村建设规划许可证的工程建设竣工后，建设单位和个人应当及时向镇或者乡人民政府申请规划核实。镇或者乡人民政府应当通过图件核验、现场踏勘等方式进行核实。

第五十八条 分期实施的建设工程可以分期进行规划条件核实。建设工程的分期实施范围应当相对完整，并在建设工程规划许可证附图中明确分期同步配套建设的基础设施、公共服务设施。建设工程分期实施范围内的各类建设项目应当同时竣工，未同时竣工的，城市、县人民政府城乡规划主管部门不予分期核实。

第四节　临时用地和临时建设规划管理

第五十九条 在城市、镇规划区内因建设工程施工、堆料等需要临时使用土地的，应当先经城市或者县人民政府城乡规划主管部门同意，报本级人民政府土地主管部门审批。

第六十条 在城市、镇规划区内进行临时建设，建设单位应当向城市或者县人民政府城乡规划主管部门申请核发临时建设工程规划许可证。

第六十一条 有下列情形之一的，城市、县人民政府城乡规划主管部门不得办理临时建设工程规划许可证：

（一）在历史文化街区核心保护范围内的；

（二）影响近期建设规划实施的；

（三）影响道路交通、公共安全、市容等公共利益的；

（四）侵占绿地、水面、广场、公共停车场等公共活动场地的；

（五）侵占电力、通信、人防、气象观测、地震监测、防洪保护区域或者压占城市地下管线的；

（六）侵占军事用地的；

（七）法律、行政法规禁止的其他情形。

第六十二条 临时建设工程规划许可证的使用期限不得超过二年。确实需要延长使用期限的，应当在有效期届满之日三十日前，向批准机关申请延续手续，经批准可以延续一次，但延长期限不得超过二年。

临时建设工程建设规划许可证使用期限届满，或者因城乡规划建设需要，原批准机关通知提前终止的，建设单位应当自届满之日或者接到通知之日起十五日内自行拆除临时建设并清理场地。

第五章　城乡规划的修改

第六十三条　城镇体系规划、城市总体规划、镇总体规划的组织编制机关，应当组织有关专家对规划实施情况进行定期评估，并采取论证会、听证会或者在网站、报刊公开等方式征求公众意见。

第六十四条　城镇体系规划、城市总体规划、镇总体规划的修改应当符合有关法律、行政法规和国家的规定，适应京津冀协同发展和新型城镇化发展要求，并依照本条例规定的审批程序报批。

第六十五条　乡规划、村庄规划有下列情形之一的，组织编制机关应当组织修改：

（一）上级人民政府制定的城乡规划发生变更，提出修改规划要求的；

（二）行政区划调整确实需要修改规划的；

（三）其他法律、行政法规规定确实需要修改的。

修改乡规划、村庄规划，组织编制机关应当组织论证，依照本条例规定的审批程序报批。

第六十六条　城市总体规划、镇总体规划已经依据法定程序修改或者因实施涉及公共利益的工程建设需要的，有关组织编制机关应当组织修改专项规划，并依照本条例规定的审批程序报批。

第六十七条　控制性详细规划有下列情形之一的，组织编制机关应当依法修改，并依照本条例规定的审批程序报批：

（一）城市总体规划、镇总体规划已经修改，对控制性详细规划控制区域的功能与布局产生重大影响的；

（二）国家和省重点建设项目对控制性详细规划控制区域的功能与布局产生重大影响的；

（三）经评估发现控制性详细规划内容确需修改的；

（四）法律、行政法规规定需要修改的其他情形。

第六十八条　修建性详细规划、建设工程设计方案的总平面图有下列情形之一的，组织编制机关应当依法修改，并依照本条例规定的审批程序报批：

（一）因控制性详细规划的修改导致无法按照修建性详细规划、建设工程设计方案的总平面图建设的；

（二）因文物保护、地质灾害和其他涉及公共利益原因致使无法按照修建性详细规划、建设工程设计方案的总平面图建设的；

（三）法律、行政法规规定的其他情形。

按照前款规定确实需要修改的，审定机关应当将修建性详细规划、建设工程设计方案的总平面图的修改原因、修改草案予以公示，并采取听证会、座谈会等形式，听取利害关系人的意见，公示时间不得少于十日；因修改修建性详细规划、建设工程设计方案的总平面图给利害关系人合法权益造成损失的，应当依法给予补偿。

第六章　监督检查

第六十九条　各级人民政府应当向本级人民代表大会常务委员会或者镇、乡人民代表大会报告城乡规划的实施情况，并接受监督。

各级人民代表大会常务委员会或者镇、乡人民代表大会根据需要，可以对城乡规划工作做出相应的决议、决定。

第七十条　上级人民政府及其城乡规划主管部门，应当加强对下级人民政府及其城乡规划主管部门城乡规划编制、审批、实施、修改的监督检查和指导，建立健全城乡规划管理监督检查和考核评价、违法行为通报、违法行政责任人约谈制度。

第七十一条　城市、县人民政府城乡规划主管部门、县人民政府所在地镇以外的镇、乡人民政府应当建立城乡规划执法巡查制度和巡查责任追究制度、城乡规划违法建设行政处罚工作信息共享平台，采取网格化管理等措施监控建设项目。

第七十二条　城市、县人民政府城乡规划主管部门、省人民政府授权的镇人民政府应当对批准后的建设工程的基槽开挖、基础施工、地面首层和顶层封顶、建设工程外装修、室外工程和景观环境设施等建设过程进行监管。经检查不合格的，责令改正；改正后符合要求的，方可进行下一阶段施工。

第七十三条　实行城乡规划督察员制度。上级人民政府应当向下级人民政府派驻城乡规划督察员，依据有关法律、行政法规，对城乡规划编制、审批、实施和修改进行督察，所需经费纳入上级人民政府本级财政预算。城乡规划督察员制度的具体办法由省人民政府制定。

第七十四条 县级以上人民政府城乡规划主管部门应当会同同级有关部门，统筹城乡规划与国民经济和社会发展、土地利用、环境保护、旅游资源等基础信息，建立城乡规划空间信息系统。

省人民政府城乡规划主管部门应当利用卫星遥感图像和其他技术手段对城乡规划实施情况进行动态监测，并将监测情况通报下级人民政府及其有关部门。

第七十五条 城市、县人民政府城乡规划主管部门应当及时将违法建设行政处罚决定及其执行情况，书面告知质量监督、工商行政管理、食品药品监督、税务、文化、安全生产监督、公安等部门和供电、供水、供气等单位。各部门和单位应当按照规定对违法建设予以相应处理。

第七十六条 监督检查城乡规划实施情况和处理结果除涉及国家秘密、商业秘密、个人隐私的以外，公众可以查阅。

第七章　法律责任

第七十七条 各级人民政府及其有关部门有下列行为之一的，由监察机关或者上级部门责令改正，通报批评；拒不改正的，对主要负责人、有关负责人和直接责任人员给予行政处分：

（一）依法应当编制城乡规划而未组织编制的或者未按法定程序编制、审批、修改城乡规划的；

（二）超越职权或者违法核发选址意见书、建设用地规划许可证、建设工程规划许可证、临时建设工程规划许可证、乡村建设规划许可证的；

（三）未依法在国有土地使用权出让合同中确定规划条件或者改变国有土地使用权出让合同中依法确定的规划条件的；

（四）对未经规划条件核实或者经核实不符合规划条件的建设工程办理竣工验收手续的；

（五）对未经规划条件核实、乡村建设规划核实或者经核实不符合要求的建设工程以及擅自改变建设工程规划许可内容进行房屋登记的；

（六）同意修改修建性详细规划、建设工程设计方案的总平面图前未依法采取听证会等形式听取利害关系人意见的；

（七）发现未依法取得规划许可或者违反规划许可的规定在规划区内进行建设的行为，而不予查处或者接到举报后不依法处理的；

（八）以会议或者集体讨论决定方式要求城乡规划主管部门对不符合城乡规划的建设项目核发规划许可的；

（九）法律、行政法规规定的其他行为。

第七十八条 违反城乡规划有关规定，擅自改变建筑物、构筑物以及其他设施用途的，责令限期改正；逾期不改正的，对个人处二千元以上一万元以下的罚款，对单位处一万元以上十万元以下罚款。

第七十九条 违反建设工程规划许可有关规定，擅自改变建筑物、构筑物以及其他设施的形式、色彩、材质的，由县级以上人民政府确定的城乡规划执法部门责令限期改正；逾期不改正的，处一万元以上三万元以下罚款。

第八十条 未在住宅建筑房屋预售、销售场所公布规划条件、建设工程规划许可证、修建性详细规划和建设工程设计方案的总平面图的，由县级以上人民政府确定的城乡规划执法部门责令限期改正；逾期不改正的，可以处五千元以上一万元以下罚款。

第八十一条 未取得建设工程规划许可证或者未按照建设工程规划许可证的规定进行建设的，由县级以上人民政府确定的城乡规划执法部门责令停止建设，尚可采取改正措施消除对规划实施影响的，限期改正，对按期改正的，处违法建设工程造价百分之五的罚款，对逾期不改正的，处违法建设工程造价百分之十的罚款；无法采取改正措施消除影响的，限期拆除，对按期拆除的，不予罚款，对逾期不拆除的，依法强制拆除，不能拆除的，没收实物或者违法收入，可以并处违法建设工程造价百分之十以下的罚款。

前款所称无法采取改正措施消除影响，包括下列情形：

（一）占用城市道路、广场、绿地、河湖水域、地下工程、轨道交通设施、通信设施或者压占城市管线、永久性测量标志的；

（二）违反控制性详细规划确定的建筑容积率、建筑密度、绿地率等重要控制性内容的；

（三）占用文物保护单位保护范围用地进行建设的；

（四）擅自在建筑物楼顶、退层平台、住宅底层院内以及配建的停车场地进行建设的；

（五）其他无法采取改正措施消除影响的。

临时建筑物、构筑物超过批准期限不自行拆除的，由县级以上人民政府城乡规划执法部门责令限期拆除，可以并处临时建设工程造价一倍以下的罚款。

第八十二条 在乡、村庄规划区内未依法取得乡村建设规划许可证或者未按照乡村建设规划许可证的规定进行建设的，由镇、乡人民政府责令停止建设，限期改正；逾期不改正的，可以拆除。其中，占用乡村基础设施和公共服务设施用地进行建设的，应当拆除。

第八十三条 县级以上人民政府确定的城乡规划执法部门作出责令停止建设、限期拆除违法建设工程、临时建设工程的决定后，当事人不停止建设或者逾期不拆除的，有关部门应当报告本级人民政府。

县级以上人民政府应当自收到有关部门的报告之日起三日内，责成有关部门采取查封施工现场、强制拆除等措施，并在实施强制拆除前发布公告，限期当事人自行拆除。当事人在法定期限内不申请行政复议或者提起行政诉讼，又不拆除的，县级以上人民政府有关部门可以依法强制拆除。

第八十四条 违反本条例规定，构成犯罪的，依法追究刑事责任。

第八章 附 则

第八十五条 县（市）人民政府可以组织编制覆盖本行政区域的城乡总体规划，并按照城市总体规划或者县人民政府所在地镇的总体规划审批、修改程序审批。编制城乡总体规划的，不再编制城市或者县人民政府所在地镇的总体规划。编制城乡总体规划的具体要求由省人民政府城乡规划主管部门制定。

第八十六条 未设行政建制的农场、林场、牧场场部及其居民点的规划和管理，应当参照本条例有关镇、乡、村庄规划管理的规定执行。

第八十七条 本条例自2012年1月1日起施行。1991年6月8日河北省第七届人民代表大会常务委员会第二十一次会议通过的《河北省城市规划条例》同时废止。

燕赵地区传统村镇沿革与地名法律规制研究

《衡水市地名管理实施办法》

(经 2005 年 5 月 20 日市政府第 26 次常务会议讨论通过,现予发布,请认真贯彻执行。2005 年 5 月 26 日施行)

第一章 总 则

第一条 为加强地名管理,适应社会和经济发展需要,根据国务院《地名管理条例》、民政部《地名管理条例实施细则》、河北省人民政府《河北省地名管理实施办法》等有关法律法规和规章规定,结合我市实际情况,制定本实施办法。

第二条 凡涉及地名的命名与更名、地名的标准化处理、标准地名的推广使用、地名标志的设置与管理、地名工具书图的编纂出版、地名档案和地名数据库的管理等行为,均适用本办法。

第三条 本市地名管理的范围:

(一)市、县市区、乡镇等行政区划名称及街道办事处、村民委员会、社区居民委员会名称;

(二)居民区、开发区、工业区、商业区、自然村、街巷、住宅小区、家属院等居民地名称及门、楼、单元、户牌号码;

(三)包括河流、湖泊、洼淀、地域等自然地理实体名称;

(四)其他具有地名意义的台、站、场、公路、渠道、桥梁、闸涵、文化体育场馆、风景区、名胜古迹、纪念地、游览地、企事业单位等名称。

国道、省道穿越城区的路段及桥梁纳入居民地名称的管理范围。

第四条 市、县两级地名委员会为同级政府地名管理的协调组织,民政部门为地名管理的行政主管部门,地名委员会办公室为具体办事机构。按照国家对地名实行统一管理、分级负责的原则,衡水市城区内的地名管理工作由市地名管理部门直接负责,区地名管理部门负责所辖乡镇农村的地名管理工作;各县市地名管理部门分别负责本行政区域内的地名管理工作。乡(镇)人民政府、街道办事处要配合上级民政部门做好所辖区域内的地名管理工作。

建设、规划、公安、城管、邮政、交通、工商、房管等有关部门要按照各自职责，配合做好地名管理工作。

第五条 地名管理部门的职责是：贯彻执行国家关于地名工作的方针、政策、法律、法规；落实全国地名工作规划；制定城乡地名规划；审核、承办本辖区地名的命名、更名；推行地名标准化、规范化；设置和管理地名标志；编纂出版标准地名工具书图；管理地名档案并定期更新地名资料；建立地名数据库并实现动态管理；对专业部门使用的地名进行监督、指导；完成上级下达的其他地名工作任务。

第六条 本市地名管理的任务是：依据国家关于地名管理的法规和方针、政策，通过地名管理的各项行政职能和技术手段，逐步实现本市地名标准化、地名拼写规范化和地名标志国标化，为本市经济发展和精神文明建设服务。

第二章 地名的命名与更名

第七条 本市范围内的地名命名、更名应遵循如下原则：

（一）有利于当地人民团结和社会稳定，有利于当地经济发展和精神文明建设；

（二）反映当地人文或自然地理特征，尊重当地群众愿望；

（三）使用规范的汉字或少数民族文字，避免使用生僻字；

（四）一般不以人名作地名，禁止用各级领导人的名字作地名；

（五）不以外国人名、地名命名本市地名；

（六）一个县市区内的乡镇名称，一个乡镇内的村庄名称，一个城镇内的街巷名称、居委会名称、建筑物名称不能重名，并避免同音；

（七）乡级以上行政区划名称一般应与驻地名称一致；

（八）不以著名的山脉、河流、湖泊等自然地理实体名称作行政区域专名；自然地理实体的范围超出本行政区域的，亦不以其名称作本行政区域的专名；

（九）各专业部门使用的台、站、场、学校、分支机构等名称，一般应与所在地地名统一；

（十）新建和改建的城镇居民区、街巷应按照层次化、序列化、规范化的要求予以命名；

（十一）建筑物及商业服务设施不能以含义不文明、不健康的词语或阿拉伯数字、符号、字母等作专名，不以其他类地名通名用词作通名；达不到一定规模和规格要求的，不能以城、世界、中心、广场等词汇作通名。

第八条 地名命名、更名的审批权限和程序如下：

（一）自然地理实体的命名更名，本市境内跨县市区的，由相关县市区人民政府联合或分别提出方案，报市人民政府审批；各县市区境内的，由当地地名管理部门提出方案，报县市区人民政府审批。

（二）本市城区内地名的命名更名，次干街道等级以上的街路、广场、开发区、工业区、商业区等名称，由开发建设单位提出申请，市地名管理部门负责拟定方案，报市人民政府审批；经市政府授权，市区内的小街、巷由市地名管理部门直接进行命名，住宅小区、家属院、商住楼、综合楼、写字楼等名称及楼、门、单元、住宅号码由开发建设单位提出申请，直接到市地名管理部门进行审批。

县市政府驻地居民区、街巷的命名更名，由县市地名管理部门提出方案，报县市人民政府审批。

乡镇驻地的居民区、街巷的命名更名，由乡镇人民政府与县市区地名管理部门协商确定。

（三）行政区域地名的命名更名，由民政部门提出方案，按国家规定的政区变动程序和管理权限办理审批手续。

（四）村委会、居委会的命名更名，由乡镇人民政府或街道办事处提出方案，经县市区地名管理部门审核后报县市区人民政府审批。

（五）其他类具有地名意义的名称的命名更名，专业部门须事先经当地地名管理部门审核同意，并经当地人民政府签署意见后再报上级专业主管部门审批。

第九条 地名管理部门或专业部门办理地名命名更名时，要认真填报地名管理部门统一印制的《地名命名更名申报表》，将命名更名的理由及废止的旧名，拟采用新名的含义、来源等一并说明。

第十条 地名管理部门应当在收到地名命名、更名申请之日起十五日内向同级人民政府报送审核意见，市、县（市、区）人民政府应当在收到地名管理部门审核意见之日起十日内作出是否批准的决定。

第十一条 经县级以上人民政府或者上级专业主管部门批准同意命名、更名的地名，应自批准之日起七日内，报上一级地名管理部门备案。

第十二条 经批准命名、更名的地名，由县级以上人民政府地名管理部门自批准之日起三十日内向社会公布。

第十三条 各级地名管理部门负责本行政区域内城镇地名规划方案的拟定与实施。衡水市区、开发区、各县市政府驻地的地名规划方案报省地名管理部门审核；县级开发区、乡镇政府驻地的地名规划方案报市地名管理部门审核。地名规划方案经上级地名管理部门审核后，报当地人民政府审批。获批地名规划方案具有法定效力，各有关部门和单位必须遵照执行。获批地名规划方案要及时报审核机关备案。

地名命名更名后，地名管理部门或专业部门应及时向当地规划、建设、城管、邮政、房管、交通、公安、工商等部门通报情况。逐步实现地名业务的电子互联互通。

第三章 标准地名的使用

第十四条 按照各类地名的审批权限，经人民政府、地名管理部门或专业主管部门审定的地名为标准地名，由地名委员会及时向社会公布。任何单位和个人不得擅自改动标准地名。

在下列活动和事项中必须使用标准地名：

（一）对外签订的协议或涉外文件中；
（二）机关、部队、社会团体、企事业单位印发的文件、公告、证件等；
（三）出版各类报刊、地图、书籍及广播、影视等；
（四）制作各类商标、牌匾、广告、印信等；
（五）设置街巷标志、楼院门牌标志、景点指示标志、交通指示标志、公共交通站牌等；
（六）办理邮政、通信、户籍、有效证件、营业执照、房地产注册等项事宜。

第十五条 市、县两级地名管理部门负责编纂出版本行政区域的标准地名工具书图，向社会提供标准地名；出版前应送交上一级地名管理部门审定。非地名管理部门编纂出版地图或地名密集型出版物，出版前须经同级地名管理部门审核；非地名管理部门不得编纂出版标准化地名工具书图。

第十六条　标准地名的汉字书写必须使用国家确定的规范汉字，不得用错别字、自造字、已简化的繁体字和已淘汰的异体字；用罗马字母拼写标准地名统一按照《中国地名汉语拼音字母拼写规则》拼写，不得以英文或其他外文拼写；门牌号码使用阿拉伯数字书写。

第四章　地名标志的设置与管理

第十七条　行政区域界位、城镇街巷、居民区、村庄、楼院、单元、住宅、店铺，主要道路、渠道、桥梁、闸涵、纪念地、文物古迹、风景名胜、台、站、场和重要自然地理实体等，都应在适宜位置设置规范、准确、醒目的长久性地名标志。

第十八条　各级地名管理部门负责本行政区域内各类地名标志的设置和管理工作。其中村庄、街巷、居民区、店铺、楼院、单元及住宅门牌等地名标志统一由地名管理部门按照国家技术标准进行设置和管理；各专业部门设置本行业地名标志，事先须将设标方案报地名管理部门审核，接受地名管理部门的监督、指导。

城镇街路地名标志牌的设置应与城镇道路建设同步进行，其造型设计要符合城镇美观的要求。埋置街路地名标志牌，应经市政工程主管部门行政许可后施工。

第十九条　地名标志的设置和管理所需经费，其中街巷地名标志属公共设施，应由当地财政负担；新建的建筑物、生活小区、商业区等楼、门、单元、户牌的制作安装、运输和维修管理费用，由开发建设单位承担；旧建筑物、生活小区、商业区等楼、门、单元、户牌的更新设置费用由产权单位或个人承担。

第五章　地名档案与地名数据库管理

第二十条　地名档案工作由民政部门统一指导，分级进行管理，在工作业务上应接受同级档案管理部门的指导、监督。

第二十一条　地名档案的管理规范，应执行民政部门和国家档案局制定的有关规定。各级地名档案室保管的地名档案资料应不少于同级人民政府审批权限规定的地名数量。地名档案资料要定期进行更新。

第二十二条 市、县两级都要建立包含本行政区域内各类地名信息的数据库，并实现动态管理。

第二十三条 地名档案室和地名数据库都要在遵守国家保密规定的原则下，积极开展地名信息咨询服务。

第六章 奖励与惩罚

第二十四条 地名标志为国家法定的标志物。对损坏、遮挡地名标志，或在地名标志物上涂写和粘贴、拴挂杂物的，地名管理部门应责令其赔偿或限期纠正；对偷窃、故意损毁或擅自移动地名标志的，地名管理部门报请有关部门，依据《中华人民共和国治安管理处罚条例》的规定予以处罚；情节恶劣，后果严重触犯刑律的，依法追究刑事责任。

第二十五条 对不执行地名管理规定，擅自命名更名、非法设置地名标志、使用不规范地名的单位和个人，地名管理部门应发送《地名管理违章通知书》，限期纠正；对逾期不改或情节严重、造成不良后果者，地名管理部门应依法对其进行处罚。

第二十六条 当地人民政府对推广使用标准地名、设置管理和保护地名标志做出贡献的单位和个人，应当给予表彰和奖励。

第七章 附 则

第二十七条 各县市区人民政府可根据上级地名管理法规和本实施办法，制定适合本地实际情况的地名管理办法或实施细则。

第二十八条 本实施办法由市地名委员会办公室负责解释。

第二十九条 本实施办法自二〇〇五年七月一日施行。

《张家口市人民政府办公室关于进一步加强地名管理工作的通知》

各县、区人民政府,察北、塞北管理区管委会,高新区管委会,市政府有关部门:

为进一步做好全市地名管理工作,充分发挥地名公共服务功能,全面提升地名管理服务水平,更好地为广大人民群众提供优质的公共服务,经市政府研究,决定在全市范围内加强地名管理工作,现就有关事宜通知如下:

一、统一思想,提高认识,增强做好地名工作的责任感

近年来,全市地名管理工作在标准化、规范化、法制化建设方面取得了一定成效,但随着经济社会快速发展和城市化进程的不断推进,现有地名管理方式已难以适应社会管理的需要,部分建筑物的名称不符合地名相关规定,新闻媒体在广告中未使用标准地名,交通导向标志、公共交通站牌仍在沿用废止街路名称,这些标识不规范现象严重影响了城市形象和城市建设的协调发展,给人民群众的生活和社会交往带来不便。为此,各级各有关部门要统一思想,切实提高对地名管理工作重要性的认识,增强做好地名管理工作的责任感,不断提升全市地名管理工作水平。

二、明确目标,把握原则,确保地名工作规范有序

(一)指导思想

地名工作坚持以服务经济社会发展和城市化建设需要为中心,以提高地名法制化、规范化、标准化、信息化水平为目标,坚持管理与服务并重,严格按照地名管理各项规定,不断完善地名申报、审核、审批、公告等制度,逐步建立健全与全市经济社会发展水平相适应的分级负责、部门协作、规范管理的地名管理体系。

(二)基本原则

1. 坚持依规管理原则。《国务院地名管理条例》《民政部地名管理条例实施细则》《河北省地名管理规定》和《河北省居民地名称和标志设置管规范》是地名管理工作的准则和依据。在地名管理过程中，要严格按照相关规定对地名工作实施管理。

2. 坚持分级负责原则。市、县（区）民政部门在同级人民政府领导下，负责本行政区域内的地名命名、更名工作。其中，市中心城区范围内的居民区、住宅楼、建筑物、道路、桥梁、公园、广场等名称，由市民政部门负责；其它县（区）的地名管理工作，由本县（区）民政部门负责。

3. 坚持为民服务原则。地名的命名、更名，要从地名的历史、现状出发，力求保持地名的延续性，在尊重城乡人民群众的生活习惯、体现人民群众意愿的基础上，坚持以民为本的服务理念，全方位、多手段服务于经济社会发展和人民群众的生产生活。

4. 坚持文化传承原则。地名的命名、更名，要继承和保护历史地名，赋予地名丰富的文化内涵，以此提高城乡文化品位。地名布局既要做到区块特色鲜明、点线面层次清晰、布局科学合理，又要体现地名之间内在的联系和规律，形成地名的网络系统。

三、完善制度，严格程序，不断完善地名管理机制

（一）命名规则

标准地名一般由专名和通名两部分组成。专名应富有文化内涵，做到标准规范、各具特色；通名用于分类和区分层次。地名命名要尊重历史，照顾习惯，方便管理，体现规划，易找好记。

（二）命名程序

1. 申报

市中心城区范围内的居民区、建筑物名称的命名、更名，由建设单位向市民政部门提出命名申请，其它县（区）向辖区所在地民政部门申请。

街路、桥梁等地名的命名、更名，在征求专家、公众的意见后，由所在地的县（区）民政部门提出方案。市中心城区范围内的街路、桥梁等地名的命名由市民政部门提出方案。

2. 审核

市、县（区）民政部门接到命名申请后，要组织专家评审组对上报的居民区、建筑物名称进行评议、审核。

3. 审批

居民区、建筑物名称通过审核后，由市、县（区）民政部门将相关材料报本级人民政府审批。审批通过后，由民政部门下发标准地名批准文件，颁发标准地名使用证书。

街路、桥梁的命名、更名，由所在地的市、县（区）民政部门提出方案后，报本级人民政府审批。

4. 公告

对新批准的标准地名，市、县（区）民政部门应当自批准之日起30天内向社会公布。

5. 存档

经市、县（区）人民政府批准命名、更名、销名的地名，应当在15日内报省、市民政部门存档。

四、加强领导，明确职责，全面做好地名管理工作

1. 加强部门协调。市地名委员会要充分发挥组织协调功能，定期召开地名委员会工作会议，协调解决本地区地名管理工作中存在的重点、难点问题，形成"政府主导、民政牵头、部门配合、社会参与"的地名管理机制。发改、规划、住建、公安、工商、城管等部门和各级新闻媒体在办理建设项目立项、项目规划、项目验收、房屋预售许可、户籍登记和居民区（建筑物）售房广告审批、广告设置、广告刊发手续时，必须要求申办单位提供标准地名批准文件和标准地名使用证书。对无标准地名批准文件和标准地名使用证书的，有关部门要督促申办单位到民政部门办理地名命名手续。

2. 完善地名规划。民政、规划部门要加强协调，共同制定与城市建设规划相配套的城市地名专项规划。民政部门要组织地名专家对地名规划进行论证，召开地名委员会工作会议征求各单位意见，采用报纸、网络等形式征求广大市民意见，最终形成与城市功能定位相适应、布局合理的地名体系，充分体现地名的层次性、系统性，切实提高全市地名文化内涵和品位。

3. 规范标牌设置。各级民政部门要积极做好城乡地名标志设置和管理工作，公安、交通等部门要对交通导向标志、公共交通站牌进行摸底排查，对没有使用规范地名的标志及时进行整改。地名标志作为城乡公共基础设施，

有关部门在进行施工时，涉及地名标志拆迁的，要及时与民政部门取得联系，任何单位和个人不得擅自拆迁地名标志。

4. 推广地名成果。各级民政部门要加强对地名管理工作的理论研究，编绘出版地名图集、地名志等资料，进一步宣传、推广和利用好地名标准化成果，更好地为全市经济社会发展提供优质服务。

《河北省居民地名称和标志设置管理规范（征求意见稿）》

(河北省民政厅 2009 年 11 月 16 日)

为加强和规范城乡街巷、门户、楼院、居民区、建筑物名称和标志设置的管理，推进地名标准化进程，适应城乡建设、社会发展、对外交往和人民生活的需要，根据《地名管理条例》《地名管理条例实施细则》《地名标志》（GB17733-2008）强制性国家标准，及有关法律、法规的规定，结合本省实际，制定本规范。

本规范适用于本省行政区域内城乡街巷、门户、楼院、居民区、建筑物等名称的命名、更名、使用、废止和标志设置，以及相关的管理活动。

街巷、门户、楼院、居民区、建筑物等名称管理，应当尊重地名形成的历史演变和现状，保持名称的相对稳定。

第一章 命名、更名与废止

第一条 街巷、居民区、建筑物名称由专名和通名两部分组成。专名应富有文化内涵，标准规范，各具特色。通名用于分类和区分层次。

街巷、居民区、建筑物通名均划分为三个层次：街道第一层次为主干道，用大街、大道、路；第二层次为次干道，用街、道、路；第三层次为支路，用小街、巷、胡同、条；死胡同统称里。

居民区第一层次为大型居民区，通名用生活区、城、新村、小区、花园、花苑、庄园、山庄、别墅、公寓等；第二层次为一般居民区，通名用家属院、宿舍等；第三层次为小型居民区，通名用家属楼、住宅楼等。

建筑物第一层次为大型建筑物，通名用大厦、商厦、大楼、中心、商城、商场、公园、广场、广厦等；第二层次为一般建筑物，通名用楼、院、阁等；第三层次为小型建筑物，通名用堂、所等。

第三条 通名的使用

（一）生活区、城：指占地面积 20 万平方米以上，并有完善的配套设施（如幼儿园、小学、银行、商店）的居民区名称；用地面积在 20 万平方米以上，规模大的商场、专卖贸易场所名称；用地面积在 2 万平方米以上（含 2 万平方米），拥有三幢 20 层以上，具有地名作用的大型建筑群名称。符合上述条件之一的可用"生活区"或"城"作通名。"城"应严格控制使用。在一个街道 1000 米内原则上不能有两个相邻"城"的名称。

（二）新村：指集中的相对独立的大型居住区，有相应的配套设施，其建筑面积在 10 万平方米以上的多层或高层住宅楼名称，可用"新村"作通名。

（三）小区：指占地面积 5 万平方米以上，建筑面积 10 万平方米或 30 栋楼以上的居民区名称。县城镇住宅区的建筑面积由各县（市）地名管理部门规定。

（四）花园、花苑：指多草地和人工景点的住宅区名称，绿地面积占整个用地面积百分之五十以上。

（五）别墅：指以 2-3 层为主、规格较高、具有环境良好的住宅区名称，用地面积 1 万平方米以上，其容积率不超过 0.5%。

（六）山庄：指地处靠山的低层住宅区名称。不靠山的不准以山庄命名。

（七）公寓：指多层或高层的居民区名称。

（八）大楼：指 8 层以上的综合性办公大楼或住宅楼名称。

（九）大厦：指 10 层以上大型楼宇名称。

（十）商厦：指 8 层以上，底层（或数层）为商业，其余为办公大楼或住宅的高层建筑名称。

（十一）广场：指有宽阔公共场地的建筑物名称。

（十二）商城、商场：指具有商业、娱乐、餐饮等多功能的建筑物名称。

（十三）广厦：指用地面积在 1 万平方米以上或总建筑面积在 10 万平方米以上，有整块露天公共场地（不包括停车场和消防通道），其面积大于 2000 平方米，具有商业、办公、娱乐、餐饮、住宿、休闲等多功能的建筑物名称。但应严格控制。

（十四）公园：指具备水域、花草树木、娱乐设施等条件，可供群众观赏、娱乐、游玩的公共场所。

（十五）中心：指某一特定功能最具规模的建筑物或建筑群名称（如商务中心、物贸中心）。用地面积 2 万平方米以上、建筑面积在 10 万平方米以上，并有宽畅的停车场地，在功能上必须是最具规模、起主导地位的建筑群。

（十六）楼：指7层以下的商务楼、办公楼、商住楼、综合楼、写字楼。

（十七）在居住区建造的综合性办公大楼，亦可单独申报命名；

（十八）第二、三层次居民区、建筑物通名规模的掌握，及使用其它新的通名，由县（市）、设区市地名管理部门研究决定。

第四条　命名的原则是：尊重历史，照顾习惯，方便管理，体现规划，易找好记，雅俗共赏。

第五条　街巷、居民区、建筑物名称命名除遵循《地名管理条例》《地名管理条例实施细则》的规定外，还应当遵循下列规定：

（一）含义健康，积极向上，有利于精神文明建设。

（二）体现规划，反映特征，与使用功能相适应。

（三）通俗易懂，照顾习惯，体现当地历史、文化、地理或者经济特征。

（四）名称应与使用性质及规模相吻合，不能过大和过小。一般不使用"中国""中华""全国""国家""中央""国际""世界"等词语，确需使用的，申报人应当出具国务院有关主管部门的意见书，并经省地名管理部门核实。

（五）不得以外国地名命名地名；不使用外文和利用外文直译命名，切忌洋化、封建化、小地冠大名。

（六）名实相符，通名要与功能相匹配。

（七）名称用字要选用《现代汉语通用字表》中的字，应当准确、简明、规范、易懂，符合我国语言习惯，禁止使用繁体字、已淘汰的异体字、叠字和容易产生歧义的词语，杜绝使用自造字，不用多音字，慎用方位词和数词。

（八）一地一名，一般不在同一生活区内再命名别名。

（九）同一个城镇、聚落内同类地名不得重名，并避免同音、谐音。

（十）同一个城镇、聚落内第一、二层次街道通名的使用应按方向统一。

（十一）没有街区的散列式聚落，连接院落之间的山涧或田间小路不命名。

（十二）不得以有损于国家尊严、违背社会公德、带有封建和殖民色彩、复古崇洋、格调低下、古怪离奇、任意拔高等不良倾向的词语命名。

（十三）体现我国民族自尊、自强、自信，传承中国民族文化。

（十四）一般不以人名命名。

（十五）通名禁止重叠，如"某某广场花园""某某花园城"等。

（十六）不得侵犯他人的专利权和知识产权名称：

第六条 门户、楼院号牌编码除遵循《地名管理条例》《地名管理条例实施细则》的规定外，还应当遵循下列规定：

（一）按照街、路、胡同、巷、条、里和散落式聚落名称以"户"为基点，不受行政区划限制，按建筑物自然顺序编排门牌号码。

（二）街、路、小街、胡同、巷、条、里两侧都有门口时，东、北侧编单号，西、南侧编双号；只有一侧有门口时，按自然序数编号。

（三）街、路、小街、巷、胡同、条、里封闭的一端为首号，向发展方向编号；无法确定封闭端的，首先确定编码起点，按放射性原则向发展方向分别编号。

（四）散列式聚落由中心点向发展方向，按自然序数编号。

（五）不得无序跳号、重号。

（六）一个单位、院落、门脸一个号；一个单位多个门时，只在主门编号；一个院落有前门、后门、偏门时，只在前门编号；一个门脸多门时，只编一个号。

（七）无围墙和院门的临街住宅楼、办公楼、写字楼及平房，以单位和片编门牌号主号与支号；临街楼房底层门脸，根据城乡建设规划编主号或主号的支号。

（八）临街较短无名的里，按照编码规则依临街名称编号。

（九）相邻建筑物之间有空地时，按照一定距离预留备用门牌号。

（十）楼群按照进入楼群方向，先由左向右、再由前向后自然顺序编号；单元、户号按照进入单元方向，由左向右自然顺序编号；高层建筑按照电梯出口方向，由左侧开始，按照顺时针方向顺序编号；楼道两侧都有电梯时，按照进入楼道方向，以左侧电梯出口方向为准，由左侧开始按照顺时针方向顺序编号。

（十一）临时建筑一般不编号。

第七条 街巷、居民区、建筑物更名应遵循下列规定：

（一）不符合《地名管理条例》《地名管理条例实施细则》规定和本规范第五条规定的街巷、居民区、建筑物名称，在征得有关方面和当地群众同意后，予以更名。

（二）因改建或者扩建需要变更街巷、居民区、建筑物名称的，应当更名；因街巷名称变更需要变更门牌号码或楼（院）名称的，应当更名。

（三）当地群众不同意更改的街巷、居民区、建筑物名称，不要更名；一地一路多名的，应当确定一个名称；一名多写的，应确定统一的用字；需要更改的名称，应当随着城乡发展的需要，逐步进行调整。

第八条 街巷、居民区、建筑物等名称命名、更名，应当履行下列程序：

（一）城镇街巷名称的命名、更名，由设区市、县（市）地名管理部门通过媒体向社会发布征名公告，广泛征集名称；地名管理部门通过认真筛选提出命名方案；提交地名专家组论证修改后，向社会公示，征求群众意见；再经修订，报同级地名委员会审定后，呈请同级人民政府审批；审批后，报送设区市、省地名管理部门备案；

街区式聚落街巷名称的命名、更名，由村委会组织征名、筛选、提出命名方案；经论证修订后，向社会公示，征求当地群众的意见，再经修订；经乡级政府报县级地名委员会审定后，呈请县级人民政府审批。审批后，报送设区市、省地名管理部门备案。

（二）门户、楼院及单元编号，实行统一编制管理。

（三）居民区、建筑物名称的命名、更名，由项目单位或个人在征得土地使用权后，将拟用名称报所在行政区域地名管理部门审核，经县（市）、设区市地名管理部门审核后，发展改革委、规划、建设等部门方准用拟用名称办理相关立项审批手续。工程完工后，在正式启用前，按有关规章确定的审批权限履行正式命名报批手续。同时上报设区市、省地名管理部门备案，房管和项目验收部门依据政府正式审批的名称办理房产预售许可证和项目验收合格证。未履行正式审核手续前，开发单位、个人和新闻媒体不得擅自使用未经审核的名称做任何广告宣传。

第九条 一般不以企业名称命名街巷名称。企业单位提出申请的，经当地政府批准，可以实行有偿命名。有偿命名所得收入上缴同级财政，用于地名管理专项经费。在有偿命名前，有偿命名的名称应当经设区市地名管理部门报省地名管理部门审核。

第十条 在办理命名、更名的工作过程中，应当征求有关部门、专家和群众的意见。

第十一条 申报街巷、居民区、建筑物名称命名、更名请示文件的主要内容包括：拟定地名的汉字，汉语拼音及声调，命名、更名的理由，拟采用新名的由来、含义。街巷还包括道路等级、起点、止点、长度、走向，路面宽度、质地、地理位置等；居民区、建筑物还包括占地面积、建筑面积、楼栋数量、楼层数、高度、地理位置、主要用途等。并应填报地名命名、更名审批表。

第十二条 因城乡建设等原因消失的街巷、居民区、建筑物名称，应当予以废止。有重要历史意义的应酌情保留。

第十三条 建立标准地名使用证和门牌号码使用证制度。《河北省标准地名使用证》和《河北省门牌号码使用证》由省地名管理部门统一设计样式，并在省地名管理部门的监督下，由各设区市、县（市）地名管理部门通过公开招投标确定厂家印制。县级以上人民政府地名管理部门在居民区、建筑物名称履行审批手续后，向产权单位或者用户发放《河北省标准地名使用证》；在开发商向用户销售住房时，根据编制的门户、楼（院）牌号码，向产权单位或者用户发放《河北省门牌号码使用证》。门牌及使用证费用，旧有住宅、建筑物、沿街门牌由政府承担，新建居民区、建筑物的楼、单元、户牌及使用证费用由项目单位承担。

第十四条 任何单位和个人不得擅自命名更名地名和设置地名标志。违反地名管理法规，擅自命名更名地名和公开使用未经批准的非标准名称的，一律视为非法地名，不予承认，并依法取缔。

第二章 使用与管理

第十五条 地名的命名更名，实行属地管理。

第十六条 依照本规范核实确认批准的街巷、居民区、建筑物名称和编

制的门户、楼院号码,为标准地名:

各级地名管理部门,应当将批准的标准地名及时向社会公告,推广使用。

第十七条 书写、拼写街巷、居民区、建筑物名称,应当遵守下列规定:

(一)街巷、居民区、建筑物名称用规范的汉字书写,以汉语普通话为标准读音。对地名专名和通名的拼写均使用罗马字母,不得使用外文译写。

(二)街巷、居民区、建筑物名称的罗马字母拼写,以国家公布的"汉语拼音方案"作为统一规范,按照《中国地名汉语拼音字母拼写规则(汉语地名部分)》的规定拼写。

(三)楼群排序用阿拉伯数字。

第十八条 任何单位和个人,在社会活动中都必须使用标准地名。

第十九条 县级以上地名管理部门负责编辑出版本行政区域的标准地名出版物。其他部门编辑的地名密集出版物,出版前应送同级地名管理部门核实地名。

第三章 标志设置与管理

第二十条 地名标志是国家法定的标志物。地名标志包括自然地理实体地名标志、人文地理实体地名标志。凡已命名的自然地理实体地名和人文地理实体地名都要设置地名标志。

各级地名管理部门负责地名标志的设置、维护、管理工作。

第二十一条 地名标志的分类、设置安全要求、设置方式、设置高度、设置密度、版面内容、版面布局、文字、颜色、图形符号、尺寸规格、外观、基本性能、特殊性能、支撑装置、地名导向标志、外置照明器材等必须严格执行国家质量技术监督检验检疫总局、国家标准化管理委员会发布的《地名标志》(GB17733-2008)强制性国家标准。做到规范、统一、美观、牢固,任何单位和个人不得擅自变通。同一区域内同类地名标志的样式、规格等应当统一。

第二十二条 地名标志设置前,要制定地名标志设置规划,并报上一级地名管理部门审核后,经公开招标,由具有生产地名标志资,贡证书的厂家制作。地名标志制作材料，要使用有质量担保、符合国家标准要求的正规生产厂家的产品。地名标志生产厂家要具备资金实力、质量实力、信誉实力和质量赔偿能力、资金周转能力、质量检验能力。严禁"无证"厂家生产地名标志。

第二十三条 地名标志的制作要严格按照《地名标志》（GB17733-2008）强制性国家标准规定的试验方法，对试样制备进行地名标志外观检查、耐酸雾腐蚀性能、耐湿热性能、耐高温性能、耐低温性能、耐候性能、辐射性能、抗冲击性能、LED地名标志的亮度和电气安全性能进行试验，对长余辉蓄光地名标志亮度进行测试，并写出实验报告。

第二十四条 生产厂家要加强型式检验和出厂检验，并在地名标志背面或边沿注明生产厂家名称、产品出厂日期和保质期。各级地名管理部门和质检部门要加强联检，上级地名管理部门和质检部门要定期抽检和随时检查，确保地名标志设置质量。

第二十五条 地名标志的设置数量，以方便人们的出行、体现指位功能为标准。道路十字路口标志设置不得少于四块，丁字路口不得少于两块。城市较长街道视情况增设。居民区、建筑物标志不得少于一处；门户、楼院、单元、楼层、户标志，各设一块；其他标志，本着方便、实用、指位明显视情况而定。

第二十六条 统一地名标志的设置位置。居民区、建筑物在明显位置设置；街路标志，在其起止点、交叉处边缘和丁字口设置；巷、胡同、里标志在其起止点设置，设置在巷、胡同、里入口处墙壁上，距离地面不得低于2米；门牌统一安装在门口左侧墙壁上，距离地面2米高的位置；楼牌统一安装在甬道二楼至三楼中间位置；单元标志统一安装在单元门口上方中间位置；楼层标志统一安装在本楼层墙壁中间离地面2.2米高的位置；户标志统一安装在门眉的上方位置。

第二十七条 地名标志的设置安装由厂家或专业队伍对照地名标志设置图纸实施。当地地名管理部门要严密组织，细致操作。城管、交通、公安等部门要积极配合和支持，确保地名标志的设置顺利实施，并共同做好地名标志保护工作。

第二十八条 建立地名标志产品生产、设置档案。地名标志具有永久的使用价值，从地名标志产品的生产到设置安装，都要建立完整的地名标志档案，永久保存，以备查验。

第二十九条　地名标志设置安装完毕后，要制定管理制度，定期组织检查，发现标志破损、歪斜、字迹脱落等问题应及时采取相应措施，予以修复。若发现质量问题，在保质期内，则应要求生产厂家返工重做。

第三十条　新建工程项目的地名标志，在工程竣工验收前设置完成，其他地名标志在地名命名更名被批准之日起60日内设置完成。

第三十一条　地名标志有下列情形之一的，设置单位应当及时予以维修或者更换：

（一）使用非标准地名或者用字、拼写不规范的；

（二）不符合国家有关标准的；

（三）已更名的地名，地名标志仍未更换的；

（四）锈蚀、破损、字迹模糊或者残缺不全的；

（五）其他原因需要维修和更换的。

《石家庄市人民政府关于加强地名命名管理的通知》

各县（市）、区人民政府，市政府各部门，市属各单位：

地名管理工作是城镇管理的基础性工作。近年来，随着城镇建设与经济发展，各类新生地名不断涌现，特别是房地产开发业发展迅猛，生活居住区、商住楼和具有地名意义的标志性建筑物大量涌现，不仅增加了地名数量，扩展了城镇区域内点状地名和面状地名的管理空间，也丰富了城镇地名内容，提升了城镇文化品位。但从目前我市地名管理工作的整体情况看，仍有部分开发建设单位不能按照《石家庄市地名管理办法》的规定要求，在申请规划立项之前按照法定程序到所在行政区域的民政部门办理建筑物（群）名称审核及命名审批手续，而是随意起名并广泛在社会上使用和进行广告宣传，扰乱了城镇地名的日常管理工作，给地名的依法管理增加了难度。主要表现在：一是用外国的人名、地名冠名；二是名不副实，用夸大其词的名称冠名，名为"广场"，实则无场；三是重名、同音和谐音现象时有出现；四是名称不雅，文化品位不高；五是名称不规范，没有通名部分。以上现象的存在，违背了国务院《地名管理条例》、民政部《地名管理条例实施细则》有关地名命名的规定和国际地名标准化的原则，给社会交往和人们日常生活带来不便，有损于现代化城镇形象和社会主义精神文明建设。为进一步规范地名，推动全市地名规划工作顺利开展，现就有关加强地名命名管理工作通知如下：

一、对地名命名、更名的要求

（一）有利于人民团结和社会主义现代化建设，尊重当地群众的愿望；

（二）反映当地人文或自然地理特征；

（三）一般不以人名作地名。不以外国人名和地名命名我市地名；

（四）一个城区或一个县（市）区内的乡、镇、街道办事处名称，一个城镇内的街、巷、居住区和标志性建筑物名称，一个乡、镇内的自然村名称等，不应重名和同音，并避免使用生僻字；

（五）县（市）、区不以本辖区内政府非驻地村镇专名命名；

（六）乡、镇、街道办事处为行政区划名称的通名，其专名一般应以乡、镇政府驻地居民点和街道办事处所在街巷名命名；

（七）新建和改建的城镇街（路）巷、居民区、桥梁、标志性建筑物、自然景观等名称，应按照层次化、系列化、规范化的要求予以命名；

（八）各专业部门使用的具有地名意义的台、站、港、场等名称，一般应与当地地名统一；

（九）凡有损我国领土主权和民族尊严的，带有民族歧视性质和妨碍民族团结的，带有侮辱劳动人民性质和极端庸俗的，以及其它违背国家方针、政策的地名，必须更名；

（十）不符合上述第四、八项规定的地名，在征得有关方面和当地群众同意后，予以更名；

（十一）一地多名、一名多写的，应当确定一个统一的名称和用字；

（十二）不明显属于上述更名范围的，可改可不改的和当地群众不同意改的地名，不要更改。

二、地名命名、更名申报审批程序

（一）城镇街（路）巷的命名、更名。市区内跨行政区的街（路）巷名称，由市民政局组织征集、论证、提出方案后，再由市区划地名办公室报市政府审批。不跨行政区的街（路）巷名称，由所在区民政局组织征集、论证、提出方案，经所在区政府同意，报市民政局审核、论证后，由市区划地名办公室报市政府审批；县（市）、矿区辖区内的由县（市）、矿区民政局组织征集、论证、提出方案，报县（市）、矿区政府审批。

（二）居住区、商住楼等建筑物（群）的命名、更名，由开发建设单位或产权单位向所在行政区民政局提出报告。市区的，由区民政局审核、论证、提出方案，报市民政局审核、论证后，再由市区划地名办公室报市政府审批；县（市）、矿区的，由县（市）、矿区民政局审核、论证、提出方案，报县（市）、矿区政府审批。

（三）公园（含街心绿地）、自然景观的命名、更名，由园林主管部门组织征集、论证、提出方案。市区的，市民政局审核后，由市区划地名办公室报市政府审批；县（市）、矿区的，县（市）、矿区民政局审核后，报县（市）、矿区政府审批。

（四）桥梁及具有地名意义的公共设施名称的命名、更名，由建设主管部门组织征集、论证、提出方案。市区的，市民政局审核后，由市区划地名办公室报市政府审批；县（市）、矿区的，县（市）、矿区民政局审核后，报县（市）、矿区政府审批。

（五）各专业部门使用的具有地名意义的台、站、港、场等名称，由专业部门提出方案，报经市民政局或县（市）、矿区民政局审核并征得当地政府同意后，由专业主管部门审批。

（六）乡、镇的设立、撤销、更名。在事先征得市民政局和省民政厅同意后，县（市）、区民政局提出方案，由县（市）、区政府报市政府审核，由省政府审批。

（七）办事处的设立、撤销、更名。在事先征得市民政局和省民政厅同意后，县（市）、矿区的，由县（市）、矿区民政局提出方案，由县（市）、矿区政府报市政府审核，由省政府审批；市区的，区民政局提出方案，由区政府报市政府审批后，报省民政厅备案。

（八）村民委员会、居民委员会的设立、撤销、更名。在事先征得市民政局同意后，由县（市）、区民政局提出方案经县（市）、区政府报市政府审批，报省民政厅备案。

二〇〇六年六月七日

《唐山市地名管理条例》

第一章 总　则

第一条　为加强地名管理，适应社会和经济发展需要，根据国务院《地名管理条例》及有关法律、法规，结合本市实际，制定本条例。

第二条　本条例适用于本市行政区域内地名的命名、更名、公布、使用、标志设置及其相关的管理活动。

第三条　本条例所称地名包括：

（一）市、县（市）区、乡（镇）和街道办事处的行政区划名称；

（二）居民区、村，住宅楼（含楼门号码）、农、林、牧、渔点等居民地名称；

（三）道、路、街、巷、桥梁等名称；

（四）名胜古迹、纪念地、纪念碑、公园、广场、风景游览区、自然保护区等名称；

（五）山、河、海湾、岛礁、滩涂、洼地等自然地理实体名称；

（六）具有地名意义的台、站、港、场、建筑物、企事业单位等名称。

第四条　市、县（市）区人民政府地名主管部门负责本行政区域内的地名管理工作。

政府有关部门应当按照各自的职责，配合地名主管部门做好地名管理工作。

第五条　地名管理应当从本地的历史和现状出发，保持地名的相对稳定，实现地名标准化。

第二章　地名命名与更名

第六条　地名命名应当遵循下列原则：

（一）维护国家统一、民族团结、主权和领土完整；

（二）有利于社会主义精神文明建设；

（三）符合当地的历史、地理、文化和经济特征；

（四）尊重当地群众习俗，体现时代特点。

第七条　地名命名应当遵守下列规定：

（一）一般不以人名命名地名，禁止用国家领导人的名字命名地名；

（二）不以外国地名命名地名；

（三）用字准确、规范，不用生僻字和字形、字音容易混淆或者容易产生歧义的字；

（四）同一县（市）、区内的乡（镇）、街道办事处名称，同一乡（镇）内的村名称，同一乡（镇）内的道、路、街、巷、居民区等名称，不得重名、同音；

（五）以楼、厦、花园、广场、公寓、别墅、山庄等词作通名的，应当与实际相符；

（六）各专业部门使用的台、站、港、场和企事业单位使用的具有地名意义的名称，应当与所在区域内的主地名相一致。

第八条　有下列情形之一的，应当更名：

（一）有损国家主权和民族尊严的；

（二）不利于民族团结的；

（三）有封建迷信色彩的；

（四）不符合本条例第七条规定的。

第九条　未经县级以上人民政府批准或者同意，任何单位和个人不准擅自命名、更改地名。

第十条　地名的命名、更名按下列规定办理：

（一）行政区划名称按照国务院的有关规定执行；

（二）村和农、林、牧、渔点名称，由乡（镇）人民政府或者同级街道办事处申报，经所在地县（市）、区地名主管部门审核后，报同级人民政府批准；

（三）各专业部门使用的台、站、港、场等名称，由专业主管部门申报，在征得当地县级以上人民政府同意后由上级专业主管部门批准；

（四）具有地名意义的企事业单位名称，由有关部门按照本条例第七条第（六）项规定执行；

（五）纳入市级管理的名胜古迹、纪念地、纪念碑、风景游览区、自然保护区和坐落在路南区、路北区的公园、广场名称，由主管单位申报，经市地名主管部门审核后，报市人民政府批准；其它名胜古迹、纪念地、纪念碑、风景游览区、自然保护区、公园、广场等，由主管单位申报，经县（市）区地名主管部门审核后，报同级人民政府批准；

（六）山、河、海湾、岛礁、滩涂、洼地等自然地理实体名称，由所在地乡（镇）人民政府申报，经县（市）区地名主管部门审核后，报当地人民政府批准；跨县（市）区的，由所在县（市）区政府联合或者分别申报，经市地名主管部门审核后，报市人民政府批准；

（七）路南区、路北区新建居民区、住宅楼、道路、桥梁、建筑物、构筑物等名称，由产权单位或者开发建设单位在批准立项后，将拟定名称报当地地名主管部门初步审核，建设工程规划批准后，凭《建设工程规划许可证》申报，由区人民政府提出意见，报市人民政府批准；位于其它区域的，经当地地名主管部门初审和审核后，报县级人民政府批准。

申报地名应当提交地名位置图和地名命名、更名申请书，并将命名、更名的理由，拟采用新名的含义一并说明。

地名主管部门应当在收到地名命名、更名申请之日起十五日内向同级人民政府报送审核意见。

市、县（市）区人民政府应当在收到地名主管部门审核意见之日起十日内作出是否批准的决定。

第十一条 经县级以上人民政府批准或者同意命名、更名的地名，应自批准之日起七日内报上一级地名主管部门备案。

第十二条 经批准命名、更名的地名，由县级以上人民政府地名主管部门自批准之日起三十日内向社会公布。

第十三条 对地名进行有偿命名的具体办法，由市人民政府另行规定。

第三章　标准地名的使用

第十四条 按照本条例第十条规定批准的地名为标准地名。

第十五条 下列活动与事项涉及到地名时，必须使用标准地名：

（一）机关、部队、社会团体、企事业单位的文件、公告、证件、印鉴、牌匾；

（二）书籍、报刊、地图等出版物；

（三）广播、影视等新闻报道；

（四）商业或者公益广告；

（五）公共交通站点；

（六）其它应当使用标准地名的情形。

第十六条 标准地名应当使用规范汉字，用汉语拼音拼写地名应当遵守国家地名汉语拼音字母拼写的有关规定。

第十七条 有关单位编制出版本行政区域内地图前，应将地图中标注的地名报同级地名主管部门审核。

第四章　地名标志的设置与管理

第十八条 地名标志按照国家规定的标准执行，由地名主管部门会同有关部门监制。

第十九条 地名标志的设置、维护和管理，按下列规定执行：

（一）城市道路、城市居民区的地名标志，由当地地名主管部门负责；

（二）乡（镇）、村和重要的自然地理实体的地名标志，由所在乡（镇）人民政府负责；

（三）本款第一、二项以外的地名标志，由专业主管部门或产权单位负责。

在城市规划区内设置地名标志，应符合城市规划要求。

第二十条 设置地名标志的资金来源：

（一）市、县（市）区、乡（镇）的道、路、街、巷和重要的自然地理实体地名标志所需资金，由各级政府财政列支，村和村的道、路、街、巷的地名标志所需资金由村收入中列支；

（二）房屋的楼门牌（含沿街门牌）初始安装资金由开发建设单位承担，以后更换的由产权人或者受益人承担；

（三）各专业部门设置地名标志所需资金由各专业部门承担。

第二十一条 任何单位和个人不得涂改、玷污、遮挡和毁坏地名标志，因施工等原因确需移动地名标志的，应当征得当地地名主管部门同意。

第五章 法律责任

第二十二条 有下列行为之一的，由地名主管部门给予行政处罚，法律、法规另有规定的从其规定：

（一）违反本条例第九条规定，擅自命名、更名的，责令限期补办手续或者停止使用，逾期不补办手续继续使用的，处二千元以上一万元以下罚款；

（二）违反本条例第十五条规定，不使用标准地名的，责令限期改正，逾期不改正的，处一千元以上五千元以下罚款；

（三）违反本条例第十六条规定的，责令限期改正，逾期不改正的处五百元以下罚款；

（四）违反本条例第十七条规定的，给予警告；在地图中使用非标准地名的，责令限期销毁或者予以没收，已发行销售的处违法所得一倍以上三倍以下罚款，无法确定违法所得的，处二千元以上一万元以下罚款；

（五）违反本条例第十九条规定，擅自设置地名标志的，责令限期拆除，并处一千元以上三千元以下罚款；

（六）违反本条例第二十一条规定的，责令限期恢复原状，并处五百元以上一千元以下罚款。

第二十三条 当事人对行政处罚不服的，可以依法申请行政复议或者提起行政诉讼。当事人逾期不申请行政复议、不提起行政诉讼、又不履行行政处罚决定的，由地名主管部门依法申请人民法院强制执行。

第二十四条 拒绝、阻碍地名主管部门行政执法人员依法执行公务的，由公安机关依照《中华人民共和国治安管理处罚法》的规定给予处罚；涉嫌犯罪的，移送司法机关处理。

第二十五条 地名主管部门工作人员不履行法定职责或者滥用职权、徇私舞弊的，由其所在单位或者上级主管部门给予行政处分；涉嫌犯罪的，移送司法机关处理。

第六章 附 则

第二十六条 本条例自 2003 年 1 月 1 日起施行。

《石家庄市地名管理办法》

第一条 为加强本市的地名管理，适应经济和社会发展的需要，根据国家和省地名管理的有关规定，结合本市实际，制定本办法。

第二条 本市行政区域内的地名管理工作，适用本办法。

第三条 本办法所称的地名，是指：

（一）自然地理实体（包括：山、岗、山口、关隘、山洞、坡、河流、沟、湖泊、池塘、泉等）的名称；

（二）行政区域（包括：市、县（市）区、乡（镇）、行政村、自然村）的名称；

（三）城乡道路（含街、路、巷、胡同，下同）的名称，居住区（含生活小区，下同）及院、楼、单元、门户的名称；

（四）具有地名意义的台、一站、场等公共设施、名胜古迹、纪念地等名称。

第四条 市民政部门是全市的地名主管部门，市地名管理机构负责地名管理日常工作。县（市）、区民政部门是同级政府的地.名管理部门。

第五条 地名的命名应遵循下列原则：

（一）有利于维护国家尊严，促进各民族人民团结，尊重当地居民意愿；

（二）内容健康，能够反映当地历史、地理、经济、文化特征，保持相对稳定性；

（三）一般不使用人名；

（四）同一县级行政区域内的行政村或居民委员会不得使用重名，同一城镇内的道路、居住区不得使用重名；

（五）具有地名意义的公共设施的名称，应与所在地的名称相统一：

（六）不得用生僻字或易混淆的字做地名，不得用同音字、多音字命名新地名。

第六条 经市、县（市）、矿区人民政府批准，地名使用权可以有偿使用。

第七条 行政区域变更时，地名主管部门应即时组织行政区域内的地名变更工作。

第八条 具有下列情形之一的，应予更换或确定地名：

（一）有损于国家尊严、妨碍民族团结、带有侮辱劳动人民性质以及违反法律、法规和政策的；

（二）不符合本办法第五条第四项、第五项规定的；

（三）一地多名的，应确定和使用一个标准的名称。

第九条 地名书写应符合国家语言文字规范。地名使用拼音的，应符合国家颁布的汉语拼音字母拼写规则。

第十条 同一县级区域内自然地理实体的命名、更名，由所在地的地名管理机构提出方案，报当地县级人民政府批准。

跨县级行政区域的自然地理实体的命名、更名，由市地名管理机构会同有关县级人民政府提出方案，报市人民政府批准。

第十一条 行政区域的命名、更名，按国务院关于行政区划管理的有关规定执行。

第十二条 市区（含郊区、高新技术产业开发区，下同）内的道路、居住区的命名、更名，由所在区的地名主管部门提出方案，经所在区人民政府同意和市地名管理机构审查后，报市人民政府批准。

县（市）城镇的道路、居住区的命名、更名，由县（市）地名主管部门提出方案，经市地名管理机构审查同意后，报县（市）人民政府批准。

村内道路的命名、更名，由所在地的乡（镇）人民政府提出方案，经县（市）、矿区地名主管部门批准，报市地名管理机构备案。

第十三条 穿越城区的国道、省道，该路段应纳入城市规划，并按本办法规定实施。

第十四条 居住区以及院的名称和楼、单元、门户的名称，由市地名管理机构制定统一的规定，并向社会公布，由各县（市）、区地名主管部门组织实施。

第十五条 本办法第三条第四项所列的公共设施、名胜古迹、纪念地的命名、更名，由主管部门或产权单位提出方案，经所在地的县级地名主管部门同意后，由市地名管理机构审查并报市人民政府批准。

第十六条 机关、部队、团体、企事业单位、其他组织或个人必须使用经市地名管理机构或县（市）、矿区地名主管部门公布的标准地名，任何单位或个人不得擅自更改。

任何单位或个人未经地名主管部门批准，不得编纂标准化地名工具图书。

第十七条 新建的居住区、商住大楼、综合性办公大楼、桥梁和其它具有地名意义的各种公用建筑物（群）的名称，开发建设单位在向建设规划部门办理项目规划审批的同时，必须向所在地的市地名管理机构或县（市）、矿区地名主管部门办理建筑物（群）名称登记审批手续，以审查批准的名称作为该建筑物（群）正式启用时的标准名称。

第十八条 申请办理地名命名、更名手续，应填写石家庄市地名命名、更名审批表，并附平面图及有关资料。

对道路、居住区和公共设施的命名、更名，审批机关应在批准后向社会公布。

第十九条 注销、恢复地名，按命名、更名的审批权限和程序办理。

第二十条 地名标志是国家的法定标志物。经正式命名的地名，应按照《中华人民共和国国家标准》（CB17733.1-1999）的规定设置地名标志。地名标志由市地名管理机构统一监制。

道路标志可附设广告内容，但应符合城市规划和城市街景建设的要求。

第二十一条 地名标志的设置、维护和管理，按下列规定执行。

（一）重要自然地理实体和其它必须设置地名标志的地方，由所在县（市）、矿区地名主管部门会同有关部门共同负责；

（二）乡（镇）、村的地名标志，由县级地名主管部门会同所在地乡（镇）人民政府负责；

（三）城市道路、居住区的地名标志，由所在地的地名主管部门负责；

（四）公共设施、名胜古迹、纪念地的地名标志，由主管部门或产权单位负责。

第二十二条 道路标志的制作、安装、维护费，从城市建设维护费列支。

第二十三条 地名档案实行分级管理，业务上接受同级档案管理部门的监督、指导。

第二十四条　有下列行为之一的，由民政部门责令限期改正，逾期不改正的，予以处罚。

（一）擅自命名、更名的，对单位处以一千元罚款，对个人处以一百元罚款；

（二）使用不规范地名标志的，对单位处以三百元罚款，对个人处以五十元罚款；

（三）擅自编纂标准化地名工具图书的，对单位处以一千元罚款，对个人处以一百元罚款。

第二十五条　在地名标志上乱贴、乱画、乱挂的，按市容环境卫生管理法律法规处罚。

擅自移动或损坏地名标志的，按《中华人民共和国治安管理处罚条例》予以处罚。

第二十六条　本办法自2000年11月1日起生效。1987年10月4日石家庄市人民政府发布的《石家庄市地名管理实施细则》（市政［1987］74号）同时停止执行。

《河北省非物质文化遗产条例》

第一章 总 则

第一条 为了加强非物质文化遗产保护、保存工作，继承和弘扬本省优秀传统文化，根据《中华人民共和国非物质文化遗产法》等法律、法规的规定，结合本省实际，制定本条例。

第二条 本省行政区域内非物质文化遗产的保护、保存工作，适用本条例。

第三条 本条例所称非物质文化遗产，是指各族人民世代相传并视为其文化遗产组成部分的各种传统文化表现形式，以及与传统文化表现形式相关的实物和场所。包括：

（一）传统口头文学以及作为其载体的语言；
（二）传统美术、书法、音乐、舞蹈、戏剧、曲艺和杂技；
（三）传统技艺、医药和历法；
（四）传统礼仪、节庆等民俗；
（五）传统体育和游艺；
（六）其他非物质文化遗产。

属于非物质文化遗产组成部分的实物和场所，凡属文物的，适用文物保护法律、法规的有关规定。

第四条 本省对非物质文化遗产采取认定、记录、建档等措施予以保存，对体现本省优秀传统文化且具有历史、文学、艺术、科学价值的非物质文化遗产采取传承、传播等措施予以保护。

非物质文化遗产的保护、保存，应当正确处理传承、发展与开发、利用的关系。

第五条 县级以上人民政府应当加强非物质文化遗产的保护、保存工作，推进优秀传统文化传承体系建设，将非物质文化遗产保护、保存工作纳入本级国民经济和社会发展规划，将非物质文化遗产保护专项资金列入本级财政预算，并随着非物质文化遗产项目的增加而增加。

非物质文化遗产保护专项资金专款专用，任何组织和个人不得截留、挪用、侵占。

第六条　县级以上人民政府文化主管部门负责本行政区域内非物质文化遗产的保护、保存工作。

县级以上人民政府其他有关部门在各自的职责范围内，负责有关非物质文化遗产的保护、保存工作。

第七条　对在非物质文化遗产保护、保存工作中做出突出贡献的组织和个人，由县级以上人民政府按照国家和本省有关规定予以表彰、奖励。

第二章　非物质文化遗产调查与代表性项目名录

第八条　县级以上人民政府应当根据非物质文化遗产保护、保存工作的需要，组织有关部门和单位对本行政区域内的非物质文化遗产进行调查。

第九条　县级以上人民政府文化主管部门和其他有关部门进行非物质文化遗产调查，应当对非物质文化遗产予以认定、记录，采用接收、征集等方式收集属于非物质文化遗产组成部分的代表性实物，整理调查所得资料。其他有关部门取得的实物图片、资料复制件，应当汇交给同级文化主管部门。

县级以上人民政府文化主管部门应当建立档案和相关数据库，并将电子档案报上一级人民政府文化主管部门备份。

第十条　公民、法人或者其他组织认为某项非物质文化遗产项目体现当地优秀传统文化且具有历史、文学、艺术、科学价值的，可以向县级以上人民政府文化主管部门提出列入非物质文化遗产代表性项目名录的建议。

第十一条　县级以上人民政府应当将本行政区域内体现当地优秀传统文化，具有历史、文学、艺术、科学价值的非物质文化遗产项目经认定后列入本级非物质文化遗产代表性项目名录，并报上一级人民政府文化主管部门。

第十二条　县级以上人民政府可以将本级非物质文化遗产代表性项目向上一级人民政府文化主管部门推荐，经认定后列入上一级非物质文化遗产代表性项目名录。

第十三条　相同的非物质文化遗产代表性项目，其形式和内涵在两个以上设区的市、县（市、区）或者乡（镇、街道）都保持完整的，可以同时列入相应级别的非物质文化遗产代表性项目名录。

第十四条 非物质文化遗产代表性项目按照下列程序认定：

（一）县级以上人民政府文化主管部门组织五人以上的专家评审小组，对申请、建议、推荐列入本级非物质文化遗产代表性项目名录的项目进行初评，提出初评意见，初评意见应当经专家评审小组成员过半数通过；

（二）初评意见通过后，由县级以上人民政府文化主管部门组织九人以上的专家评审委员会，对初评通过的项目进行审议，提出审议意见，审议意见应当经专家评审委员会成员过半数通过；

（三）县级以上人民政府文化主管部门应当将经专家评审委员会审议通过拟列入本级非物质文化遗产代表性项目名录的项目，通过广播、电视、报刊和网络等媒体公示，向社会公开征求意见，公示期不少于二十日；

（四）县级以上人民政府文化主管部门根据专家评审委员会的审议意见和向社会公开征求意见的结果，拟订本级非物质文化遗产代表性项目名录，报本级人民政府批准、公布，并报上一级人民政府文化主管部门。

第十五条 公民、法人或者其他组织对拟列入非物质文化遗产代表性项目名录的项目有异议的，可以在公示期内向县级以上人民政府文化主管部门提出书面意见。县级以上人民政府文化主管部门经调查情况属实的，应当终止对该项目的认定，将有关情况以书面形式告知异议人；情况不属实的，应当自收到书面意见之日起二十日内以书面形式告知异议人，并说明理由。

第三章　非物质文化遗产传承与传播

第十六条 县级以上人民政府文化主管部门对本级人民政府批准、公布的非物质文化遗产代表性项目，可以认定代表性传承人。

第十七条 县级以上人民政府文化主管部门应当通过广播、电视、报刊和网络等媒体，将认定的非物质文化遗产代表性项目的代表性传承人名单向社会公布，并报上一级人民政府文化主管部门。

第十八条 县级以上人民政府应当建立健全非物质文化遗产代表性项目的代表性传承人政策扶持机制，采取下列措施，支持其开展传承、传播活动：

（一）提供必要的传承场所；

（二）提供必要的经费资助；

（三）为其参与社会公益活动创造条件；

（四）加强对传承人的培养；

（五）支持其参与传承、传播活动的其他措施。

第十九条 非物质文化遗产代表性项目的代表性传承人享有下列权利：

（一）开展授徒、传艺、交流等活动并享受传承资助；

（二）参加有关活动获得相应报酬；

（三）向有关部门、单位提出非物质文化遗产保护、保存工作的意见和建议；

（四）开展传承、传播活动确有困难的，可以向县级以上人民政府文化主管部门申请支持。

第二十条 非物质文化遗产代表性项目的代表性传承人应当履行下列义务：

（一）采取收徒、培训、办学等方式传授技艺，培养新传承人；

（二）妥善整理、保存相关实物和资料；

（三）配合非物质文化遗产调查；

（四）参与非物质文化遗产公益性宣传活动；

（五）接受县级以上人民政府文化主管部门的业务指导和监督检查。

第二十一条 县级以上人民政府文化主管部门应当组织有关部门和专家，定期对非物质文化遗产代表性项目的代表性传承人进行评估。

非物质文化遗产代表性项目的代表性传承人丧失传承能力的，县级以上人民政府文化主管部门可以重新认定该项目的代表性传承人。

第二十二条 县级以上人民政府及其有关部门应当加强非物质文化遗产宣传工作，提高全社会保护非物质文化遗产的意识。

广播、电视、报刊和网络等媒体应当通过专题展示、专栏介绍、公益广告等形式，向公众宣传和普及非物质文化遗产知识。

第二十三条 县级以上人民政府应当根据非物质文化遗产保护、保存工作的需要，建立非物质文化遗产博物馆（展室）和传习场所等公共文化设施，用于非物质文化遗产代表性项目的收藏和传承、传播活动。

第二十四条 县级以上人民政府及其文化、教育等部门应当鼓励、支持有关公共教育机构或者其他组织，根据其学术研究、教学等方面的专长、优势，设置非物质文化遗产专业或者课程，建立非物质文化遗产研究和传承、传播基地。

第二十五条 县级以上人民政府及其有关部门应当鼓励、支持公民、法人或者其他组织将其所有的非物质文化遗产实物、资料，捐赠或者委托各级各类文化馆（群艺馆）、图书馆、博物馆、美术馆、科技馆等公共文化机构收藏、保管或者展示，促进当地非物质文化遗产的保护、保存。

第二十六条 各级各类公共文化机构、有关高等院校和科研单位、非物质文化遗产学术研究机构和保护工作机构、利用财政性资金设立的文艺表演团体和演出场所经营单位，应当开展非物质文化遗产的收集、整理、研究、学术交流和非物质文化遗产代表性项目的传承、传播活动。

第二十七条 各级各类公共文化机构应当根据当地非物质文化遗产传承、传播需要，定期展示非物质文化遗产项目，并按照国家和本省有关规定向社会免费开放。

第二十八条 学校应当按照国家和本省有关规定，开展相关的非物质文化遗产教育，提高学生保护和传承、传播非物质文化遗产的意识。

第四章 非物质文化遗产保护

第二十九条 县级以上人民政府文化主管部门应当组织制定保护规划，对本级人民政府批准、公布的非物质文化遗产代表性项目予以保护，对濒危的非物质文化遗产代表性项目予以重点保护。

第三十条 非物质文化遗产保护专项资金主要用于下列事项：

（一）非物质文化遗产的调查与研究；

（二）濒危非物质文化遗产项目的抢救；

（三）非物质文化遗产项目的传承和传播；

（四）非物质文化遗产项目传承、研究、传播、生产性保护基地建设；

（五）非物质文化遗产相关资料和实物的征集；

（六）文化生态保护区专项保护规划的制定实施；

（七）非物质文化遗产保护工作的表彰奖励；

（八）非物质文化遗产保护的其他工作。

非物质文化遗产保护专项资金的使用，由县级以上人民政府文化主管部门按照有关规定提出方案报同级财政部门审核后，由财政部门会同文化主管部门执行,并定期向社会公布资金使用情况。

第三十一条 县级以上人民政府文化主管部门对本级人民政府批准、公布的非物质文化遗产代表性项目,可以认定保护单位。保护单位认定后应当通过广播、电视、报刊和网络等媒体向社会公布。

第三十二条 非物质文化遗产代表性项目保护单位应当具备下列基本条件:

(一)具有独立法人资格;

(二)有该项目的代表性传承人或者具有较为完整的实物、资料;

(三)具有实施该项目保护规划的能力;

(四)具有开展传承、传播活动的场所和条件。

第三十三条 非物质文化遗产代表性项目保护单位应当履行下列职责:

(一)收集该项目的实物、资料,并登记、整理和建立档案;

(二)推荐该项目的代表性传承人;

(三)拟定并实施该项目保护措施,定期向本级人民政府文化主管部门报告保护措施落实情况,接受文化主管部门的业务指导和监督检查;

(四)组织开展该项目的研究和传承、传播活动或者为以上活动提供必要条件;

(五)本级人民政府文化主管部门规定的其他职责。

第三十四条 县级以上人民政府对非物质文化遗产代表性项目相对集中、特色鲜明、形式和内涵保持相对完整的特定区域,可以设立文化生态保护区,对非物质文化遗产代表性项目实施区域性整体保护。

在文化生态保护区内从事生产、建设和开发活动,不得破坏非物质文化遗产代表性项目及其依存的建筑物、构筑物、场所、遗址和遗迹。

第三十五条 县级以上人民政府对与非物质文化遗产代表性项目直接关联的遗址、遗迹及其附属物,应当划定保护范围,制定具体保护措施,建立专门档案,并在进行城乡规划和建设时采取措施予以整体保护。

第三十六条 县级以上人民政府及其有关部门应当鼓励、支持有关单位和个人有效保护、合理利用非物质文化遗产资源,开发具有地方特色和市场潜力的文化产品、文化服务,并可建立非物质文化遗产代表性项目生产性保护示范基地。

合理利用非物质文化遗产代表性项目的,依法享受国家规定的税收优惠。

第三十七条　县级以上人民政府文化主管部门应当加强对非物质文化遗产代表性项目保护、保存情况的监督检查,依法查处违反非物质文化遗产相关法律、法规的行为。

第三十八条　公民、法人或者其他组织对已列入非物质文化遗产代表性项目名录的项目持有异议,或者对认定的非物质文化遗产代表性项目的代表性传承人、保护单位持有异议的,可以向县级以上人民政府文化主管部门提出书面意见,由文化主管部门依照有关规定处理。

第五章　法律责任

第三十九条　县级以上人民政府及其有关部门和非物质文化遗产保护工作机构、保护单位的工作人员有下列行为之一的,依法给予处分;构成犯罪的,依法追究刑事责任:

(一)不履行非物质文化遗产保护、保存监督管理职责的;

(二)在非物质文化遗产代表性项目和代表性传承人认定工作中不作为或者弄虚作假的;

(三)不采取有效措施,造成濒危的非物质文化遗产代表性项目失传的;

(四)截留、挪用、侵占非物质文化遗产保护专项资金的;

(五)其他玩忽职守、滥用职权、徇私舞弊的行为。

第四十条　非物质文化遗产代表性项目的代表性传承人无正当理由拒不履行规定义务的,由县级以上人民政府文化主管部门取消其代表性传承人资格,重新认定该项目的代表性传承人。

第六章　附　则

第四十一条　本条例自2014年6月1日起施行。

《河北省非物质文化遗产保护专项资金管理办法》

第一章 总 则

第一条 为规范和加强河北省非物质文化遗产保护专项资金（以下简称"专项资金"）使用管理，提高资金使用效益，根据《中华人民共和国预算法》《中华人民共和国非物质文化遗产法》《河北省非物质文化遗产条例》和《中共河北省委办公厅 河北省人民政府办公厅关于改革财政资金使用管理的若干意见》（冀办发〔2016〕54号）等有关规定，结合河北省非物质文化遗产保护工作实际，制定本办法。

第二条 专项资金由省级财政预算安排，专项用于河北省非物质文化遗产管理和保护。专项资金的年度预算根据河北省非物质文化遗产保护工作总体规划、年度工作计划和省级财力情况核定。

第三条 专项资金的使用和管理坚持"统一管理、分级负责、合理安排、专款专用"的原则。专项资金用于补助市县的，适当向少数民族地区和贫困地区倾斜。

第四条 专项资金的管理和使用严格执行国家和省有关法律法规、财务规章制度和本办法的规定，并接受财政、审计、监察、文化等部门的监督检查。

第二章 专项资金的使用范围

第五条 专项资金分为省本级专项资金和省级对下补助专项资金。

省本级专项资金包括省级所属单位非物质文化遗产保护补助经费；省级对下补助专项资金为省级财政补助各市县开展非物质文化遗产保护补助经费。

第六条 专项资金主要用于省级非物质文化遗产代表性项目、省级代表性传承人、省级文化生态保护区创建、省级非遗小镇创建、国家和省级重大战略规划区（如：雄安新区、大运河文化带（河北段）等）的非遗保护、省级传承人群研修研习、抢救性记录等相关支出。具体包括：

（一）省级非物质文化遗产代表性项目补助资金，重点补助濒危省级非物质文化遗产项目，主要用于传承活动开展、理论及技艺研究、宣传展示推广。

（二）省级代表性传承人补助资金，用于补助省级代表性传承人开展传习活动支出。

（三）省级文化生态保护区补助资金，主要用于省级文化生态保护区相关的调查研究、规划编制、传习设施租赁或修缮、普及教育、宣传支出。

（四）省级非遗小镇创建引导资金，主要用于规划编制、非遗展演活动、非遗项目普查研究、新闻宣传报道。

（五）国家和省级重大战略规划区（如：雄安新区、大运河文化带（河北段）等）的非遗保护补助资金主要用于：非遗项目普查调研、专家咨询、规划编制、宣传展示、新闻报道等。

（六）河北省非物质文化遗产传承人群研修研习培训计划资金主要用于对省级非遗项目的传承人群组织开展研修研习等。

（七）抢救性记录资金主要用于对70岁以上或体弱多病的省级代表性传承人的技艺进行记录。

（八）其他与省委省政府重大决策部署相关的非物质文化遗产项目保护补助等。

第七条 专项资金不得用于偿还债务，不得用于缴纳罚款、捐款、赞助、投资等支出，不得用于编制内在职人员工资性支出和离退休人员离退休费，不得用于国家规定禁止列入的其他支出。

第三章 资金分配

第八条 专项资金的分配采用因素分配与项目分配相结合的方式，其中：省本级专项资金实行项目法分配，省级对下补助专项资金原则上按因素法分配。

（一）非物质文化遗产代表性项目分配因素

1. 各市、直管县辖区内的省级非遗项目分布数量。
2. 少数民族地区、贫困地区因素。
3. 列入省级传统工艺振兴目录项目。

4. 项目濒危程度。

（二）省级文化生态保护区分配因素

1. 当地政府重视程度，资金投入情况。

2. 保护规划制定情况。

3. 非遗展演、展示活动开展情况。

4. 媒体宣传报道情况。

5. 当地民众参与度和知晓率。

（三）省级非遗小镇创建引导资金分配因素

1. 当地政府重视程度，资金投入情况。

2. 创建规划制定情况。

3. 非遗项目涵盖数量及分布情况。

4. 制度设计情况。

5. 非遗宣传展示活动开展情况。

第九条 对个别需完成特定目标，且不适用因素法分配资金的特殊项目，如国家、省级重大战略规划区（如：雄安新区、大运河文化带（河北段）等等）非遗保护、省级传承人群研修研习计划等，可根据需要实行项目管理。

第四章　职责分工

第十条 省财政厅会同省文化厅制定专项资金管理办法，组织、指导、协调省文化厅实施专项资金预算编制、执行。根据省文化厅编制的项目预算安排建议筹集资金，审核批复省文化厅项目预算，对项目资金支出方向进行政策审核，按照有关规定办理专项资金拨付。

第十一条 省文化厅负责编制项目预算安排建议，提出专项资金分配使用计划，执行专项资金预算。按绩效预算管理改革的要求，对专项资金使用情况进行日常检查及绩效评价。省直有关单位负责组织所属范围内专项资金项目的管理工作，组织项目实施，开展所属范围内项目的自查和绩效评价工作。

第十二条 市县文化主管部门对申报材料的合法性、合规性负审核责任。负责组织所属范围内专项资金项目的管理工作，组织项目实施，开展所属范围内项目的自查和绩效评价工作。

第十三条 市县财政部门对资金申报预算进行汇总,并对项目资金支出方向进行政策审核,按照有关规定办理专项资金拨付。

第十四条 专项资金使用单位对所提供材料的真实性、合法性、合规性负责,负责专项资金的核算管理,对专项资金绩效进行自我评价,接受有关部门监督检查等。

第五章 专项资金的管理使用

第十五条 市县文化主管部门收到专项资金预算后,应当根据本办法规定,结合本地情况,会同同级财政主管部门制订专项资金分配使用方案。各级财政部门和文化主管部门按照制定的专项资金分配方案及时下达或拨付项目资金,严禁滞留、截留、挤占和挪用专项资金。

第十六条 专项资金的核算管理应当严格遵守财政财务制度,按照国库集中支付等有关规定拨付使用。纳入政府采购范围的项目应当按照政府采购的有关规定执行。

第十七条 用专项资金购置的固定资产应当按照国有资产管理的有关规定,纳入单位的固定资产账户进行核算与管理。

第十八条 项目结转结余资金按照财政部门有关规定管理使用。

第六章 监督检查和绩效评价

第十九条 各级专项资金使用部门和单位要建立健全专项资金监管和绩效评价机制,对专项资金进行自查和绩效评价,并于每年3月底前将上一年度自查和绩效评价结果逐级报省文化厅;省文化厅对专项资金管理使用情况进行监督和绩效评价,并于每年4月底前将上一年度监督和绩效评价结果形成绩效评价报告报省财政厅。监督和绩效评价结果作为以后年度专项资金预算安排的重要参考依据。

第二十条 专项资金的绩效指标设置分为产出指标和效果指标,主要以社会效益为主,坚持社会效益和经济效益相统一。产出指标包括补助项目数量、补助传承人数量、普查项目数量、民俗节参与人数等;效果指标包括传承人数增长、保护规划制定、非遗文化传播情况等。

第二十一条 对于违反本办法规定截留、挪用专项资金或者报送虚假信息骗取专项资金等行为,依照《预算法》《财政违法行为处罚处分条例》等相关规定处理。

第七章 附 则

第二十二条 本办法由省财政厅会同省文化厅负责解释。

第二十三条 本办法自 2018 年 3 月 1 日起施行,有效期 5 年。《河北省非物质文化遗产保护专项资金管理办法〉(试行)》(冀财教〔2013〕166 号)同时废止。

《河北省非物质文化遗产代表作申报评定暂行办法》

第一条 为加强非物质文化遗产保护工作,规范省级非物质文化遗产代表作的申报和评定工作,根据中华人民共和国宪法第二十二条"国家保护名胜古迹、珍贵文物和其他重要历史文化遗产"、《国家级非物质文化遗产代表作申报评定暂行办法》及相关法律、法规,制定本办法。

第二条 非物质文化遗产指各族人民世代相承的、与群众生活密切相关的各种传统文化表现形式(如民俗活动、表演艺术、传统知识和技能,以及与之相关的器具、实物、手工制品等)和文化空间。

第三条 非物质文化遗产可分为两类:(1)传统的文化表现形式,如民俗活动、表演艺术、传统知识和技能等;(2)文化空间,即定期举行传统文化活动或集中展现传统文化表现形式的场所,兼具空间性和时间性。

非物质文化遗产的范围包括:

(一)口头传统,包括作为文化载体的语言;

(二)传统表演艺术;

(三)民俗活动、礼仪、节庆;

(四)有关自然界和宇宙的民间传统知识和实践;

(五)传统手工艺技能;

(六)与上述表现形式相关的文化空间。

第四条 建立省级非物质文化遗产代表作名录的目的是:

(一)推动我省非物质文化遗产的抢救、保护与传承;

(二)加强文化自觉和文化认同,提高对以燕赵文化为主体的河北文化整体性和历史连续性的认识;

(三)尊重和彰显有关社区、群体及个人对河北文化的贡献,展示河北人文传统的丰富性;

(四)鼓励公民、企事业单位、文化教育科研机构、其他社会组织积极参与非物质文化遗产的保护工作;

(五)配合我国政府履行《保护非物质文化遗产公约》,促进国际间的文化交流与合作,为人类文化的多样性及其可持续发展做出应有的贡献。

第五条 省级非物质文化遗产代表作的申报评定工作由河北省非物质文化遗产保护工作领导小组（以下简称省领导小组）办公室具体实施。领导小组办公室要与各有关部门、单位和社会组织相互配合、协调工作。

第六条 省级非物质文化遗产代表作的申报项目，应是具有重大价值的民间传统文化表现形式或文化空间；或在非物质文化遗产中具有典型意义；或在历史、艺术、民族学、民俗学、社会学、人类学、语言学及文学等方面具有重要价值。

具体评审标准如下：

（一）具有展现河北文化创造力的杰出价值；

（二）扎根于相关地区的文化传统，世代相传，具有鲜明的地方特色；

（三）具有促进河北乃至中华民族文化认同、增强社会凝聚力、增进民族团结和社会稳定的作用，是文化交流的重要纽带；

（四）出色地运用传统工艺和技能，体现出高超的水平；

（五）具有见证河北乃至中华民族活的文化传统的独特价值；

（六）对维系中华民族的文化传承具有重要意义，同时因社会变革或缺乏保护措施而面临消失的危险。

第七条 申报项目须提出切实可行的十年保护计划，并承诺采取相应的具体措施，进行切实保护。这些措施主要包括：

（一）建档：通过搜集、记录、分类、编目等方式，为申报项目建立完整的档案；

（二）保存：用文字、录音、录像、数字化多媒体等手段，对保护对象进行真实、全面、系统的记录，并积极搜集有关实物资料，选定有关机构妥善保存并合理利用；

（三）传承：通过社会教育和学校教育等途径，使该项非物质文化遗产的传承后继有人，能够继续作为活的文化传统在相关社区尤其是青少年当中得到继承和发扬；

（四）传播：利用节日活动、展览、观摩、培训、专业性研讨等形式，通过大众传媒和互联网的宣传，加深公众对该项遗产的了解和认识，促进社会共享；

（五）保护：采取切实可行的具体措施，以保证该项非物质文化遗产及其智力成果得到保存、传承和发展，保护该项遗产的传承人（团体）对其世代相传的文化表现形式和文化空间所享有的权益，尤其要防止对非物质文化遗产的误解、歪曲或滥用。

第八条 公民、企事业单位、社会组织等，可向所在行政区域文化行政部门提出非物质文化遗产代表作项目的申请，由受理的文化行政部门逐级上报。申报主体为非申报项目传承人（团体）的，申报主体应获得申报项目传承人（团体）的授权。

第九条 市级文化行政部门对本行政区域内的非物质文化遗产代表作申报项目进行汇总、筛选，经同级人民政府核定后，向省领导小组办公室提出申报。省直单位可直接向省领导小组办公室提出申报。

第十条 申报者须提交以下资料：

（一）申请报告：对申报项目名称、申报者、申报目的和意义进行简要说明；

（二）项目申报书：对申报项目的历史、现状、价值和濒危状况等进行说明；

（三）保护计划：对未来十年的保护目标、措施、步骤和管理机制等进行说明；

（四）其他有助于说明申报项目的必要材料。

第十一条 传承于不同地区并为不同社区、群体所共享的同类项目，可联合申报；联合申报的各方须提交同意联合申报的协议书。

第十二条 省领导小组办公室根据本办法第十条的规定，对申报材料进行审核，并将合格的申报材料提交评审委员会。

第十三条 评审委员会由省文化行政部门有关负责同志和相关领域的专家组成，承担省级非物质文化遗产代表作的评审和专业咨询。评审委员会每届任期四年。评审委员会设主任一名、副主任若干名，主任由省文化行政部门有关负责同志担任。

第十四条 评审工作应坚持科学、民主、公正的原则。

第十五条 评审委员会根据本办法第六条、第七条的规定进行评审，提出省级非物质文化遗产代表作推荐项目，提交省领导小组办公室。

第十六条 省领导小组办公室通过媒体对省级非物质文化遗产代表作推

荐项目进行社会公示，公示期 10 天。

第十七条　省领导小组办公室根据评审委员会的评审意见和公示结果，拟订入选省级非物质文化遗产代表作名录名单，经省领导小组审核同意后，报请省政府批准、公布。

第十八条　省政府每两年批准并公布一次省级非物质文化遗产代表作名录。

第十九条　对列入省级非物质文化遗产代表作名录的项目，各级政府要给予相应支持。同时，申报主体必须履行其保护计划中的各项承诺，按年度向省领导小组办公室提交实施情况报告。

第二十条　省领导小组办公室组织专家对列入省级非物质文化遗产代表作名录的项目进行评估、检查和监督，对出现未履行保护承诺等问题的，视不同程度给予警告、严重警告直至除名处理。

第二十一条　本《暂行办法》由省非物质文化遗产保护工作领导小组办公室负责解释。

第二十二条　本《暂行办法》自发布之日起施行。

《邢台市非物质文化遗产代表作申报评定暂行办法》

第一条 为加强非物质文化遗产保护工作，规范市级非物质文化遗产代表作的申报和评定工作，根据中华人民共和国宪法第二十二条"国家保护名胜古迹、珍贵文物和其他重要历史文化遗产"、《河北省非物质文化遗产代表作申报评定暂行办法》及相关法律、法规，制定本办法。

第二条 非物质文化遗产指各族人民世代相承的、与群众生活密切相关的各种传统文化表现形式（如民俗活动、表演艺术、传统知识和技能，以及与之相关的器具、实物、手工制品等）和文化空间。

第三条 非物质文化遗产可分为两类：（1）传统的文化表现形式，如民俗活动、表演艺术、传统知识和技能等；（2）文化空间，即定期举行传统文化活动或集中展现传统文化表现形式的场所，兼具空间性和时间性。

非物质文化遗产的范围包括：

（一）口头传统，包括作为文化载体的语言；

（二）传统表演艺术；

（三）民俗活动、礼仪、节庆；

（四）有关自然界和宇宙的民间传统知识和实践；

（五）传统手工艺技能；

（六）与上述表现形式相关的文化空间。

第四条 建立市级非物质文化遗产代表作名录的目的是：

（一）推动我市非物质文化遗产的抢救、保护与传承；

（二）加强文化自觉和文化认同，提高对邢台文化整体性和历史连续性的认识；

（三）尊重和彰显有关社区、群体及个人对邢台文化的贡献，展示邢台人文传统的丰富性；

（四）鼓励公民、企事业单位、文化教育科研机构、其他社会组织积极参与非物质文化遗产的保护工作；

（五）配合我国政府履行《保护非物质文化遗产公约》，促进国际间的文化交流与合作，为人类文化的多样性及其可持续发展作出应有的贡献。

第五条 市级非物质文化遗产代表作的申报评定工作由邢台市非物质文化遗产保护工作领导小组（以下简称市领导小组）办公室具体实施。领导小组办公室要与各有关部门、单位和社会组织相互配合、协调工作。

第六条 市级非物质文化遗产代表作的申报项目，应是具有重大价值的民间传统文化表现形式或文化空间；或在非物质文化遗产中具有典型意义；或在历史、艺术、民族学、民俗学、社会学、人类学、语言学及文学等方面具有重要价值。

具体评审标准如下：

（一）具有展现邢台文化创造力的重大价值；

（二）扎根于相关地区的文化传统，世代相传，具有鲜明的地方特色；

（三）具有促进邢台乃至中华民族文化认同、增强社会凝聚力、增进民族团结和社会稳定的作用，是文化交流的重要纽带；

（四）出色地运用传统工艺和技能，体现出高超的水平；

（五）具有见证邢台乃至中华民族活的文化传统的独特价值；

（六）对维系中华民族的文化传承具有重要意义，同时因社会变革或缺乏保护措施而面临消失的危险。

第七条 申报项目须提出切实可行的十年保护计划，并承诺采取相应的具体措施，进行切实保护。这些措施主要包括：

（一）建档：通过搜集、记录、分类、编目等方式，为申报项目建立完整的档案；

（二）保存：用文字、录音、录像、数字化多媒体等手段，对保护对象进行真实、全面、系统的记录，并积极搜集有关实物资料，选定有关机构妥善保存并合理利用；

（三）传承：通过社会教育和学校教育等途径，使该项非物质文化遗产的传承后继有人，能够继续作为活的文化传统在相关社区尤其是青少年当中得到继承和发扬；

（四）传播：利用节日活动、展览、观摩、培训、专业性研讨等形式，通过大众传媒和互联网的宣传，加深公众对该项遗产的了解和认识，促进社会共享；

（五）保护：采取切实可行的具体措施，以保证该项非物质文化遗产及其智力成果得到保存、传承和发展，保护该项遗产的传承人（团体）对其世代相传的文化表现形式和文化空间所享有的权益，尤其要防止对非物质文化遗产的误解、歪曲或滥用。

第八条 公民、企事业单位、社会组织等，可向所在行政区域文化行政部门提出非物质文化遗产代表作项目的申请，由受理的文化行政部门逐级上报。申报主体为非申报项目传承人（团体）的，申报主体应获得申报项目传承人（团体）的授权。

第九条 县级文化行政部门对本行政区域内的非物质文化遗产代表作申报项目进行汇总、筛选，经同级人民政府核定后，向市领导小组办公室提出申报。市直单位可直接向市领导小组办公室提出申报。

第申报者须提交以下资料：

（一）申请报告：对申报项目名称、申报者、申报目的和意义进行简要说明；

（二）项目申报书：对申报项目的历史、现状、价值和濒危状况等进行说明；

（三）保护计划：对未来十年的保护目标、措施、步骤和管理机制等进行说明；

（四）其他有助于说明申报项目的必要材料。

第十一条 传承于不同地区并为不同社区、群体所共享的同类项目，可联合申报；联合申报的各方须提交同意联合申报的协议书。

第十二条 市领导小组办公室根据本办法第十条的规定，对申报材料进行审核，并将合格的申报材料提交评审委员会。

第十三条 评审委员会由市文化行政部门有关负责同志和相关领域的专家组成，承担市级非物质文化遗产代表作的评审和专业咨询。评审委员会每届任期四年。评审委员会设主任一名、副主任若干名，主任由市文化行政部门有关负责同志担任。

第十四条 评审工作应坚持科学、民主、公正的原则。

第十五条 评审委员会根据本办法第六条、第七条的规定进行评审，提出市级非物质文化遗产代表作推荐项目，提交市领导小组办公室。

第十六条 市领导小组办公室通过媒体对市级非物质文化遗产代表作推

荐项目进行社会公示，公示期 10 天。

第十七条 市领导小组办公室根据评审委员会的评审意见和公示结果，拟订入选市级非物质文化遗产代表作名录名单，经市领导小组审核同意后，上报市政府批准、公布。

第十八条 市政府每两年批准并公布一次市级非物质文化遗产代表作名录。

第十九条 对列入市级非物质文化遗产代表作名录的项目，各级政府要给予相应支持。同时，申报主体必须履行其保护计划中的各项承诺，按年度向市领导小组办公室提交实施情况报告。

第二十条 市领导小组办公室组织专家对列入市级非物质文化遗产代表作名录的项目进行评估、检查和监督，对未履行保护承诺、出现问题的，视不同程度给予警告、严重警告直至除名处理。

第二十一条 本《暂行办法》由市非物质文化遗产保护工作领导小组办公室负责解释。

第二十二条 本《暂行办法》自发布之日起施行。

《唐山市人民政府办公厅关于加强全市非物质文化遗产保护工作的意见》

各县（市）、区人民政府，各开发区（园区、管理区、工业区）管委会，市政府各部门：为贯彻落实国务院办公厅《关于加强我国非物质文化遗产保护工作的意见》（国办发〔2005〕18号）文件精神，进一步做好我市非物质文化遗产保护工作，根据我市实际，经市政府同意，特提出如下意见：

一、充分认识我市非物质文化遗产保护工作的重要意义

非物质文化遗产是各族人民世代相传，与群众生活密切相关的各种传统文化表现形式和文化空间，是中华民族智慧与文明的结晶，是连结民族情感的纽带和维护国家统一的基础。我市各族人民在长期的社会活动和历史发展进程中，创造了丰富多彩的非物质文化遗产，如评剧、唐山皮影、乐亭大鼓等，是中华文化遗产的重要组成部分。这些非物质文化遗产，集中体现了人民群众的生活方式、思想观念、认识水平、聪明智慧、审美情趣和理想追求，是我们的宝贵精神财富，是发展先进文化的根基和建设文化名城与人民群众幸福之都的精神资源。保护好我们的非物质文化遗产，对于传承历史文明、发展先进文化、建设文化名城和人民群众的幸福之都，对于宏扬优秀的文化传统、增强民族凝聚力，对于落实科学发展观，实现经济社会的全面、协调、可持续发展都具有重要的现实意义和深远的历史意义。

当前，由于外来文化的渗透和现代化以及全球化的冲击，非物质文化遗产生存环境遭到了不同程度的破坏，有些非物质文化遗产项目面临着失传的危险，因此，加强我市非物质文化遗产保护已刻不容缓。

二、我市非物质文化遗产保护工作的方针原则和目标

我市非物质文化遗产保护工作的方针是保护为主、抢救第一、合理利用、传承发展。正确处理好保护与利用的关系，坚持非物质文化遗产的真实性和整体性，在有效保护的前提下，合理利用开发，防止对保护非物质文化遗产的误解、歪曲和滥用。在科学认定的基础上，采取有力措施，使非物质

文化遗产在全社会得到确认、尊重、弘扬、传承与发展。要坚持政府主导、社会参与、明确职责、形成合力；长远规划、分步实施、点面结合、讲求实效的原则。并逐步形成依法保护与政策保障相结合，政府保护与民间保护相结合，决策系统与咨询系统相结合，财政投入与社会资助相结合的保护工作机制。

要通过开展非物质文化遗产保护工作，逐步建立起比较完备的非物质文化遗产保护制度和保护体系，使我市具有历史、文化和科学价值的珍贵、濒危非物质文化遗产得到有效保护，并得以传承和发扬。在全社会形成自觉保护非物质文化遗产的意识，基本实现非物质文化遗产保护工作的科学化、规范化、网络化、法制化。推出一大批极具特色的优秀民族民间文化，使其成为推动我市经济社会全面、协调、可持续发展的活跃因子。

三、建立名录体系，逐步形成非物质文化遗产保护制度

1. 认真开展非物质文化遗产普查工作。

要将普查摸底作为非物质文化遗产保护的基础性工作来抓，统一部署、有序进行。

要在充分利用已有工作成果和研究成果的基础上，分地区、分类别制定普查工作方案，组织开展对非物质文化遗产的现状调查，全面了解和掌握我市各地非物质文化遗产资源的种类、数量、分布状况、生存环境、保护现状及存在问题。要运用文字、录音、录像、数字化多媒体等各种方式，对非物质文化遗产进行真实、系统和全面的记录，建立档案和数据库。

2. 建立非物质文化遗产代表作名录体系。

要通过制定评审标准并经过科学认定，建立市、县级非物质文化遗产代表作名录体系。市、县级非物质文化遗产代表作名录由同级政府批准公布，并报上一级政府备案。

3. 加强非物质文化遗产的研究、认定、保存和传播。

要组织各类文化单位、科研机构、大专院校及专家学者对非物质文化遗产的重要理论和实践问题进行研究，注重科研成果和现代技术的应用。组织力量对非物质文化遗产进行科学认定，鉴别真伪。经各级政府授权的有关单位可以征集非物质文化遗产实物、资料，并予以妥善保管。采取有效措施，

防止珍贵的非物质文化遗产实物和资料流出境外。对非物质文化遗产的物质载体也要予以保护，对已被确定为文物的，要按照《中华人民共和国文物保护法》的相关规定执行。充分发挥各级图书馆、文化馆、博物馆、科技馆等公共文化机构的作用，有条件的县（市）区可设立专题博物馆或展示中心。

4. 建立科学有效的非物质文化遗产传承机制。

对列入各级名录的非物质文化遗产代表作，可采取命名、授予称号、表彰奖励、资助扶持等方式，鼓励代表作传承人（团体）进行传习活动。通过社会教育和学校教育，使非物质文化遗产代表作的传承后继有人。要加强非物质文化遗产知识产权的保护。研究探索对传统文化生态保持较完整并具有特殊价值的村落或特定区域，采取动态整体性保护的方式。在传统文化特色鲜明、具有广泛群众基础的社区、乡村，开展创建民间传统文化之乡等活动。

四、加强领导，落实责任，建立协调有效的工作机制

1. 各级政府要加强领导，将保护工作列入重要工作议程，纳入国民经济和社会发展整体规划，纳入文化发展纲要。及时研究制定有关政策措施。要制定非物质文化遗产保护规划，明确保护目标、保护范围和措施。文化行政部门与各相关部门要积极配合，形成合力。同时，要广泛吸纳有关学术研究机构、大专院校、企事业单位、社会团体等各方面力量，共同开展非物质文化遗产保护工作。充分发挥专家的作用，建立非物质文化遗产保护的专家咨询机制和检查监督制度。

2. 不断加大非物质文化遗产保护工作的经费投入和队伍建设。

市财政设立"唐山市非物质文化遗产保护专项资金"，重点支持市级非物质文化遗产代表作的保护和研究工作。各县（市）区财政部门也要将非物质文化遗产保护工作纳入财政预算，给予经费保障。特别是市级非物质文化遗产代表作项目所在县（市）区必须安排适当的配套资金。同时，通过政策引导等措施，鼓励个人、企业和社会团体对非物质文化遗产保护工作进行资助。要加强非物质文化遗产保护工作队伍建设。

通过有计划的教育培训，提高现有人员的工作能力和业务水平；充分利用科研院所、高等院校的人才优势和科研优势，大力培养专门人才。

3. 充分发挥非物质文化遗产对广大未成年人进行传统文化教育和爱国主义教育的重要作用。各级图书馆、文化馆、博物馆、科技馆等公共文化机构要积极开展对非物质文化遗产的传播和展示。各级各类学校要利用优秀的、体现民族精神与民间特色的非物质文化遗产内容开展科学教学活动。鼓励和支持新闻出版、广播电视、互联网等媒体对非物质文化遗产及其保护工作进行宣传展示，普及保护知识，强化保护意识，努力在全社会形成共识，营造保护非物质文化遗产的良好环境和氛围。

二〇〇九年三月二十日

《河北省人民政府办公厅关于加强全省非物质文化遗产保护工作的意见》

各设区市人民政府，各县（市、区）人民政府，省政府各部门：

为贯彻落实《国务院办公厅关于加强我国非物质文化遗产保护工作的意见》（国办发〔2005〕18号），努力建设文化大省，经省政府同意，现就进一步加强我省非物质文化遗产保护工作提出如下意见：

一、努力提高对我省非物质文化遗产保护工作重要性和紧迫性的认识

非物质文化遗产是各族人民世代相承的、与群众生活密切相关的各种传统文化表现形式和文化空间。我省历史悠久，文化底蕴深厚，不仅有大量的物质文化遗产，而且有丰富的非物质文化遗产。既有物质形态的"有形"文化遗产，如文物、典籍；又有主要通过"口传心授"的方式传承下来、以非物质形态存在的非物质文化遗产，内容丰富、形式多样，包括口头传统、传统表演艺术、民俗活动、礼仪、节庆、传统手工艺技能等等，物质的和非物质的文化遗产共同构成河北文化遗产的整体，缺一不可。保护和利用好我省非物质文化遗产，对落实科学发展观，实现经济社会的全面、协调、可持续发展具有重要意义。

当前，我省非物质文化遗产保护工作形势严峻：非物质文化遗产生存的文化生态环境急剧改变，资源流失状况严重，后继乏人，一些传统技艺面临灭绝；非物质文化遗产还没有得到依法保护，有关法律法规建设有待加快步伐；文化遗产保护意识有待提高；保护机制急需完善等。积极采取有效措施对我省非物质文化遗产进行抢救保护，已刻不容缓。

二、科学确立我省非物质文化遗产保护工作的目标和方针

我省的非物质文化遗产保护工作要坚持"保护为主、抢救第一、合理利用、传承发展"的工作方针和"政府主导、社会参与，明确职责、形成合力；长远规划、分步实施，点面结合、讲求实效"的工作原则，通过全社会的努力，逐步建立起比较完备的、有河北特色的非物质文化遗产保护制度和

保护体系，在全社会形成自觉保护非物质文化遗产的意识和氛围，使我省珍贵、濒危并具有历史、文化和科学价值的非物质文化遗产得到有效抢救、保护、传承和发扬。

三、逐步形成科学完备的非物质文化遗产保护制度和保护体系

要把抢救濒危项目作为非物质文化遗产保护工作的一项重要任务。采取及时有效的措施，对我省具有重大历史、文化和科学价值、河北特色鲜明，又处于濒危状态的项目进行抢救性保护。对年事已高、掌握特殊传统技艺的民间艺人的生活条件进行改善，并对其技艺抓紧进行记录、整理和传承。对珍贵、濒临消失的非物质文化遗产实物、资料等，按照分级负责的原则，尽快进行征集、收藏和保存。

要在充分利用已有工作成果和研究成果的基础上，精心组织，统一部署，全面开展全省非物质文化遗产现状调查，彻底摸清各地非物质文化遗产资源的种类、数量、分布状况、生存环境、保护现状及存在问题。要运用文字、录音、录像、数字化多媒体等各种方式，对非物质文化遗产进行真实、系统和全面的记录，建立档案和数据库。

要按照《河北省非物质文化遗产代表作申报评定暂行办法》，逐步建立省、市、县级非物质文化遗产代表作名录体系。省级非物质文化遗产代表作名录由省级人民政府公布，报国务院备案；市、县级非物质文化遗产代表作名录由同级政府批准公布，并报上一级政府备案。在此基础上积极做好国家级非物质文化遗产代表作名录的申报工作。

要加强非物质文化遗产的研究、认定、保存和传播。要切实加强对非物质文化遗产的研究、认定及相关学科建设。经各级政府授权的有关单位可以征集非物质文化遗产实物、资料，并予以妥善保管。按照有关法规，采取有效措施，防止珍贵的非物质文化遗产实物和资料流出境外。充分发挥各级公共文化机构的作用，对非物质文化遗产进行研究、展示和传播。

要重视建立以人为核心、科学有效的非物质文化遗产传承机制，通过社会教育、学校教育以及鼓励传承人讲习、带徒等多种方式，加强非物质文化遗产有效传承。注重非物质文化遗产保护工作队伍建设，充分利用科研院所、高等院校的人才优势和科研优势，大力培养专门人才。要保护非物质文

化遗产知识产权。研究探索对传统文化生态保持较完整并具有特殊价值的村落或特定区域，进行动态整体性保护的方式。开展创建民间传统文化之乡活动。

四、建立协调有效的工作机制

各级政府要承担起非物质文化遗产保护工作的领导责任。要真正把保护工作列入政府重要工作议程，纳入国民经济和社会发展整体规划，纳入文化发展纲要。要结合当地实际，制定切实可行的保护规划，研究制定有关政策措施。加强非物质文化遗产保护的法律法规建设。各级政府应根据非物质文化遗产保护总体规划和实际工作需要，安排必要的经费投入。通过政策引导，鼓励个人、企业和社会团体对非物质文化遗产保护工作进行资助。

要广泛动员和吸纳社会各方面力量共同开展非物质文化遗产保护工作。教育部门和各级各类学校要逐步将优秀的、体现民族精神与民间特色的非物质文化遗产内容编入有关教材，开展教学活动。要发挥各高校、科研机构及学术社团专家的作用，建立非物质文化遗产保护的专家咨询机制和检查监督制度。各级公共文化机构及各种新闻媒体要积极开展对非物质文化遗产的展示和传播，努力在全社会形成共识，营造保护非物质文化遗产的良好氛围。

《石家庄市人民政府办公厅关于加强全市非物质文化遗产保护工作的意见》

各县（市）、区人民政府，市政府各部门，市属各单位：

为贯彻落实国务院办公厅《关于加强我国非物质文化遗产保护工作的意见》（国办发［2005］18号）精神，进一步做好我市非物质文化遗产保护工作，结合我市实际，特提出如下意见。

一、充分认识非物质文化遗产保护工作的重要意义

非物质文化遗产是各族人民世代相承、与群众生活密切相关的各种传统文化表现形式和文化空间。非物质文化遗产是中华民族智慧与文明的结晶，是连结民族情感的纽带和维系国家统一的基础。非物质文化遗产与物质文化遗产共同承载着人类社会的文明，是世界文化多样性的体现。我市广大劳动人民在长期历史发展进程中创造的丰富多彩的非物质文化遗产，如民间舞蹈"井陉拉花""藁城战鼓""赞皇铁龙灯"、民间美术"辛集农民画"、民间戏曲"丝弦"等等，是中华文化的重要组成部分，它们集中体现了人民群众的生活方式、思想观念、认识水平、聪明智慧、审美情趣和理想追求，是我市人民世代相传的、宝贵的文化财富，是我们发展先进文化的根基和重要的精神资源，是我市生存发展的内在动力，也是我市文明史的生动写照和历史见证。保护好我市的非物质文化遗产，对于传承历史文明、发展先进文化、建设文化强市，对于弘扬优秀文化传统、增强民族凝聚力、维护民族团结，对于落实科学发展观、构建社会主义和谐社会、实现经济社会的全面、协调、可持续发展，都具有重要的现实意义和深远的战略意义。

当前，面临着来自全球化和现代化的挑战与冲击，我市与全国非物质文化遗产生存环境一样，出现了一些具有历史、文化价值的传统文化资源遭到不同程度破坏的现象。一些依靠口头和行为传承的民间文艺、技术、礼仪、节庆、游艺等文化遗产正在不断消失；非物质文化遗产的传承后继乏人，一些传统技艺濒临灭绝；许多珍贵实物和资料流失严重。因此，加强我市非物质文化遗产的保护已刻不容缓。

二、我市非物质文化遗产保护工作的方针、原则和目标

（一）我市非物质文化遗产保护工作的方针是：保护为主、抢救第一、合理利用、传承发展。正确处理保护和利用的关系，坚持非物质文化遗产保护的真实性和整体性，在有效保护的前提下合理利用，防止对非物质文化遗产的误解、歪曲或滥用。在科学认定的基础上，采取有力措施，使非物质文化遗产在全社会得到确认、尊重和弘扬。

（二）我市非物质文化遗产保护工作的原则是：政府主导、社会参与，明确职责、形成合力；长远规划、分步实施，点面结合、讲求实效。并逐步形成依法保护与政策保障相结合，政府保护与民间保护相结合，决策系统与咨询系统相结合，财政投入与社会资金相结合的保护工作机制。

（三）我市非物质文化遗产保护工作的目标是：通过开展非物质文化遗产保护工作，逐步建立起比较完备的石家庄市非物质文化遗产保护制度和保护体系，使我市具有历史、文化和科学价值的珍贵、濒危非物质文化遗产得到有效保护，并得以传承和发扬。在全社会形成自觉保护非物质文化遗产的意识，基本实现非物质文化遗产保护工作的科学化、规范化、网络化、法制化。推出一大批极具特色的优秀民族民间文化，使其成为推动我市经济社会全面、协调、可持续发展的活跃因子。

三、建立名录体系，逐步形成非物质文化遗产保护制度

（一）认真开展非物质文化遗产普查工作。要将普查摸底作为非物质文化遗产保护的基础性工作来抓，统一部署、有序进行。要在充分利用已有工作成果和研究成果的基础上，分地区、分类别制定普查工作方案，组织开展对非物质文化遗产的现状调查，全面了解和掌握我市各地非物质文化遗产资源的种类、数量、分布状况、生存环境、保护现状及存在问题。要运用文字、录音、录像、数字化多媒体等各种方式，对非物质文化遗产进行真实、系统和全面的记录，建立档案和数据库。

（二）建立非物质文化遗产代表作名录体系。要通过制定评审标准并经过科学认定，建立市、县级非物质文化遗产代表作名录体系。市、县级非物质文化遗产代表作名录由同级政府批准公布，并报上一级政府备案。

（三）加强非物质文化遗产的研究、认定、保存和传播。要组织各类文化单位、科研机构、大专院校及专家学者对非物质文化遗产的重大理论和实践问题进行研究，注重科研成果和现代技术的应用。组织力量对非物质文化遗产进行科学认定，鉴别真伪。经各级政府授权的有关单位可以征集非物质文化遗产实物、资料，并予以妥善保管。采取有效措施，防止珍贵的非物质文化遗产实物和资料流出境外。对非物质文化遗产的物质载体也要予以保护，对已被确定为文物的，要按照《中华人民共和国文物保护法》的相关规定执行。充分发挥各级图书馆、文化馆、博物馆、科技馆等公共文化机构的作用，有条件的县（市）区可设立专题博物馆或展示中心。

（四）建立科学有效的非物质文化遗产传承机制。对列入各级名录的非物质文化遗产代表作，可采取命名、授予称号、表彰奖励、资助扶持等方式，鼓励代表作传承人（团体）进行传习活动。通过社会教育和学校教育，使非物质文化遗产代表作的传承后继有人。要加强非物质文化遗产知识产权的保护。研究探索对传统文化生态保持较完整并具有特殊价值的村落或特定区域，采取动态整体性保护的方式。在传统文化特色鲜明、具有广泛群众基础的社区、乡村，开展创建民间传统文化之乡的活动。

四、加强领导，落实责任，建立协调有效的工作机制

（一）发挥政府主导作用，建立协调有效的保护工作领导机制。成立由市领导任组长，文化、财政、发改委等有关部门参加的石家庄市非物质文化遗产保护工作领导小组，统一协调非物质文化遗产保护工作。文化行政部门与各相关部门要积极配合，形成合力。同时，要广泛吸纳有关学术研究机构、大专院校、企事业单位、社会团体等各方面力量，共同开展非物质文化遗产保护工作。充分发挥专家的作用，建立非物质文化遗产保护的专家咨询机制和检查监督制度。各级政府要加强领导，将保护工作列入重要工作议程，纳入国民经济和社会发展整体规划，纳入文化发展纲要。及时研究制定有关政策措施。要制定非物质文化遗产保护规划，明确保护范围、保护措施和目标。

（二）不断加大非物质文化遗产保护工作的经费投入和队伍建设。市财政设立"石家庄市非物质文化遗产保护专项资金"，重点支持市级非物质文

化遗产代表作的保护和研究工作。各县（市）区财政部门也要将非物质文化遗产保护工作纳入财政预算，给予经费保障。特别是市级非物质文化遗产代表作项目所在县（市）区必须安排适当的配套资金。同时，通过政策引导等措施，鼓励个人、企业和社会团体对非物质文化遗产保护工作进行资助。要加强非物质文化遗产保护工作队伍建设。通过有计划的教育培训，提高现有人员的工作能力和业务水平；充分利用科研院所、高等院校的人才优势和科研优势，大力培养专门人才。

（三）充分发挥非物质文化遗产对广大未成年人进行传统文化教育和爱国主义教育的重要作用。各级图书馆、文化馆、博物馆、科技馆等公共文化机构要积极开展对非物质文化遗产的传播和展示。各级各类学校要利用优秀的、体现民族精神与民间特色的非物质文化遗产内容开展教学活动。鼓励和支持新闻出版、广播电视、互联网等媒体对非物质文化遗产及其保护工作进行宣传展示，普及保护知识，强化保护意识，努力在全社会形成共识，营造保护非物质文化遗产的良好环境和氛围。

《邢台市人民政府办公室关于加强全市非物质文化遗产保护工作的意见》

各县（市、区）人民政府，开发区、大曹庄管委会，市政府各部门：

为贯彻落实《河北省人民政府办公厅关于加强全省非物质文化遗产保护工作的意见》（冀政办〔2005〕26号），努力建设文化大市，经市政府同意，现就进一步加强我省非物质文化遗产保护工作提出如下意见：

一、充分认识我市非物质文化遗产保护工作的重要性和紧迫性

非物质文化遗产是各族人民世代相承的、与群众生活密切相关的各种传统文化表现形式和文化空间。非物质文化遗产既是历史发展的见证，又是珍贵的、具有重要价值的文化资源。我市历史悠久，文化底蕴深厚，非物质文化遗产内容丰富、形式多样，口头传统、传统表演艺术、民俗活动、礼仪、节庆、传统手工艺技能以及与这些表现形式相关的文化空间大量存在，与丰富的物质文化遗产共同构成邢台文化遗产的整体。保护和利用好我市非物质文化遗产，对落实科学发展观，实现经济社会的全面、协调、可持续发展具有重要意义。

当前，我市非物质文化遗产保护工作形势严峻：非物质文化遗产生存的文化生态环境急剧改变，资源流失状况严重，后继乏人，一些传统技艺濒临消亡；非物质文化遗产还没有得到依法保护，有关法律法规建设有待加快步伐；文化遗产保护意识有待提高；保护机制急需完善等。积极采取有效措施对我市非物质文化遗产进行抢救保护，已刻不容缓。

二、科学确立非物质文化遗产保护工作的目标和方针

我市的非物质文化遗产保护工作要坚持"保护为主、抢救第一、合理利用、传承发展"的工作方针和"政府主导、社会参与，明确职责、形成合力长远规划、分步实施，点面结合、讲求实效"的工作原则，通过全社会的努力，逐步建立起比较完备的、有邢台特色的非物质文化遗产保护制度和保护体系，在全社会形成自觉保护非物质文化遗产的意识和氛围，使我市珍贵、

濒危并具有历史、文化和科学价值的非物质文化遗产得到有效抢救和保护，并得以传承和发扬。

三、形成科学完备的非物质文化遗产保护制度和保护体系

加强非物质文化遗产濒危项目的抢救和保护。采取及时有效的措施，对我市具有重大历史、文化和科学价值、邢台特色鲜明，又处于濒危状态的项目进行抢救性保护。对年事已高、掌握特殊传统技艺的民间艺人的生活条件进行改善，并对其技艺抓紧进行记录、整理和传承。对珍贵、濒临消失的非物质文化遗产实物、资料等，按照分级负责的原则，尽快进行征集、收藏和保存。

认真开展非物质文化遗产普查工作。要将普查摸底作为非物质文化遗产保护的基础性工作来抓，统一部署、有序进行。要在充分利用已有工作成果和研究成果的基础上，组织开展对全市非物质文化遗产的现状调查，全面了解和掌握我市非物质文化遗产资源的种类、数量、分布状况、生存环境、保护现状及存在问题。要运用文字、录音、录像、数字化多媒体等各种方式，对非物质文化遗产进行真实、系统和全面的记录，建立档案和数据库。

建立非物质文化遗产代表作名录体系。要按照《邢台市非物质文化遗产代表作申报评定暂行办法》，逐步建立市、县级非物质文化遗产代表作名录体系。市级非物质文化遗产代表作名录由市人民政府批准公布并报省政府备案。县级非物质文化遗产代表作名录由县级人民政府批准公布，并报市政府备案。在此基础上积极做好省级非物质文化遗产代表作名录的申报工作。

加强非物质文化遗产的研究、认定、保存和传播。要组织力量切实加强对我市非物质文化遗产的研究和科学认定。经各级政府授权的有关单位可以征集非物质文化遗产实物、资料，并予以妥善保管。按照有关法规，采取有效措施，防止珍贵的非物质文化遗产实物和资料流出境外。对非物质文化遗产的物质载体也要予以保护，对已被确定为文物的，要按照《中华人民共和国文物保护法》的相关规定执行。充分发挥各级公共文化机构的作用，对非物质文化遗产进行研究、展示和传播。

建立科学有效的非物质文化遗产传承机制。通过社会教育、学校教育以及鼓励传承人讲习、带徒等多种方式，使非物质文化遗产代表作的传承后继

有人。注重非物质文化遗产保护工作队伍建设，大力培养专门人才。要加强非物质文化遗产知识产权的保护。研究探索对传统文化生态保持较完整并具有特殊价值的村落或特定区域，进行动态整体性保护的方式。在传统文化特色鲜明、具有广泛群众基础的社区、乡村，开展创建民间传统文化之乡的活动。

四、加强领导，落实责任，建立协调有效的工作机制

各级政府要承担起非物质文化遗产保护工作的领导责任。要真正把保护工作列入政府重要工作议程，纳入国民经济和社会发展整体规划，纳入文化发展纲要。要结合当地实际，制定切实可行的保护规划，研究制定有关政策措施。加强非物质文化遗产保护的法律法规建设。各级政府应根据非物质文化遗产保护总体规划和实际工作需要，安排必要的经费投入。通过政策引导，鼓励个人、企业和社会团体对非物质文化遗产保护工作进行资助。

要广泛动员和吸纳社会各方面力量共同开展非物质文化遗产保护工作。教育部门和各级各类学校要逐步将优秀的、体现民族精神与民间特色的非物质文化遗产内容编入有关教材，开展教学活动。要发挥各高校、科研机构及学术社团专家的作用，建立非物质文化遗产保护的专家咨询机制和检查监督制度。各级公共文化机构及各种新闻媒体要积极开展对非物质文化遗产的展示和传播，努力在全社会形成共识，营造保护非物质文化遗产的良好氛围。

濒危并具有历史、文化和科学价值的非物质文化遗产得到有效抢救和保护，并得以传承和发扬。

三、形成科学完备的非物质文化遗产保护制度和保护体系

加强非物质文化遗产濒危项目的抢救和保护。采取及时有效的措施，对我市具有重大历史、文化和科学价值、邢台特色鲜明，又处于濒危状态的项目进行抢救性保护。对年事已高、掌握特殊传统技艺的民间艺人的生活条件进行改善，并对其技艺抓紧进行记录、整理和传承。对珍贵、濒临消失的非物质文化遗产实物、资料等，按照分级负责的原则，尽快进行征集、收藏和保存。

认真开展非物质文化遗产普查工作。要将普查摸底作为非物质文化遗产保护的基础性工作来抓，统一部署、有序进行。要在充分利用已有工作成果和研究成果的基础上，组织开展对全市非物质文化遗产的现状调查，全面了解和掌握我市非物质文化遗产资源的种类、数量、分布状况、生存环境、保护现状及存在问题。要运用文字、录音、录像、数字化多媒体等各种方式，对非物质文化遗产进行真实、系统和全面的记录，建立档案和数据库。

建立非物质文化遗产代表作名录体系。要按照《邢台市非物质文化遗产代表作申报评定暂行办法》，逐步建立市、县级非物质文化遗产代表作名录体系。市级非物质文化遗产代表作名录由市人民政府批准公布并报省政府备案。县级非物质文化遗产代表作名录由县级人民政府批准公布，并报市政府备案。在此基础上积极做好省级非物质文化遗产代表作名录的申报工作。

加强非物质文化遗产的研究、认定、保存和传播。要组织力量切实加强对我市非物质文化遗产的研究和科学认定。经各级政府授权的有关单位可以征集非物质文化遗产实物、资料，并予以妥善保管。按照有关法规，采取有效措施，防止珍贵的非物质文化遗产实物和资料流出境外。对非物质文化遗产的物质载体也要予以保护，对已被确定为文物的，要按照《中华人民共和国文物保护法》的相关规定执行。充分发挥各级公共文化机构的作用，对非物质文化遗产进行研究、展示和传播。

建立科学有效的非物质文化遗产传承机制。通过社会教育、学校教育以及鼓励传承人讲习、带徒等多种方式，使非物质文化遗产代表作的传承后继

有人。注重非物质文化遗产保护工作队伍建设，大力培养专门人才。要加强非物质文化遗产知识产权的保护。研究探索对传统文化生态保持较完整并具有特殊价值的村落或特定区域，进行动态整体性保护的方式。在传统文化特色鲜明、具有广泛群众基础的社区、乡村，开展创建民间传统文化之乡的活动。

四、加强领导，落实责任，建立协调有效的工作机制

各级政府要承担起非物质文化遗产保护工作的领导责任。要真正把保护工作列入政府重要工作议程，纳入国民经济和社会发展整体规划，纳入文化发展纲要。要结合当地实际，制定切实可行的保护规划，研究制定有关政策措施。加强非物质文化遗产保护的法律法规建设。各级政府应根据非物质文化遗产保护总体规划和实际工作需要，安排必要的经费投入。通过政策引导，鼓励个人、企业和社会团体对非物质文化遗产保护工作进行资助。

要广泛动员和吸纳社会各方面力量共同开展非物质文化遗产保护工作。教育部门和各级各类学校要逐步将优秀的、体现民族精神与民间特色的非物质文化遗产内容编入有关教材，开展教学活动。要发挥各高校、科研机构及学术社团专家的作用，建立非物质文化遗产保护的专家咨询机制和检查监督制度。各级公共文化机构及各种新闻媒体要积极开展对非物质文化遗产的展示和传播，努力在全社会形成共识，营造保护非物质文化遗产的良好氛围。

《河北省人民政府关于进一步规范使用汉语拼音拼写标准地名的通知》

(冀政函 [2003] 35 号)

各设区市人民政府,省政府各部门:

根据联合国第三届地名标准化会议通过的我国采用汉语拼音方案作为中国地名罗马字母拼法的国际标准和国务院关于"使用汉语拼音字母拼写我国标准地名"的规定要求,现就进一步规范使用汉语拼音拼写标准地名的有关问题通知如下:

一、标准地名书写、拼写:

(一)用汉字书写地名,应使用国家确定的规范汉字。

(二)用汉语拼音字母拼写汉语地名,必须按照《中国地名汉语拼音字母拼写规则(汉语地名部分)》的规定拼写。

(三)少数民族语地名汉字译写,按照有关规定执行;其拼写方法按照《少数民族语地名汉字拼音字母音译转写法》执行。

(四)不得使用英文及其他外文拼写地名。

二、标准地名包括:

(一)省、市、县(含县级市、区)、乡(镇)等行政区划名称,村民委员会、自然村、街道办事处、居民委员会等名称;

(二)街、路、道、巷、胡同、里、弄等名称;

(三)开发区、工业区、商贸区、居民区、生活小区及楼(院)门牌(单元牌、户牌)等名称;

(四)山、河、湖、海、淀、海湾、滩涂、岛礁等自然地理实体名称;

(五)具有地名意义的台、站、港、场、铁路、公路、桥梁、闸涵、水库、渠道、风景区、名胜古迹、纪念地、游览地、建筑物(群)、文化体育场、企事业单位等名称。

三、在下列活动和事项中必须使用标准地名:

(一)对外签订的协议和涉外文件中;

（二）机关、部队、社会团体、企事业单位印发的文件、公告、证件等；

（三）出版各类报刊、地图或有关书籍及广播、影视等；

（四）制作各类商标、牌匾、广告、印信等；

（五）设置街（路）巷（胡同）标志、楼（院）门牌（单元牌、户牌）、景点指示标志、交通指示标志、公共交通站牌等。

（六）办理邮政、通信、户籍、有效证件、营业执照、房地产注册等项事宜。

四、以前下发的有关规定，凡与本通知内容不一致的，以本通知为准。有关标志设置不符合与本通知规定的要立即纠正。